Liebe – die transformierende Kraft in Beziehungen und Gesellschaft

Brigitte Dorst / Christiane Neuen / Wolfgang Teichert (Hg.)

Liebe – die transformierende Kraft in Beziehungen und Gesellschaft

Mit einem Vorwort von Verena Kast
und Beiträgen von Guy Bodenmann, Karl Heinz Brisch,
Brigitte Dorst, Rainer Funk, Christian Kreiß,
Daniel Krochmalnik, Kathrin Latsch, Bärbel Wardetzki,
Sylvia Wetzel

Patmos Verlag

Veröffentlichungen der Internationalen Gesellschaft
für Tiefenpsychologie e. V. Stuttgart
Geschäftsstelle: Postfach 701080, D-81310 München

Diesen Band erhalten die Mitglieder der Gesellschaft als Dokumentation über ihre
Arbeit. Der Gesellschaft gehören als Mitglieder an: Ärztinnen und Ärzte,
Seelsorgerinnen und Seelsorger, Psychotherapeutinnen und Psychotherapeuten,
Psychagoginnen und Psychagogen, Psychologinnen und Psychologen, Pädagoginnen und
Pädagogen, Juristinnen und Juristen, Sozialarbeiterinnen und Sozialarbeiter, im
Heilberuf Tätige.
Das Thema der Jahrestagung 2013 war »Liebe – die transformierende Kraft in
Beziehungen und Gesellschaft«.
Die Vorträge wurden durch Kurse und Gruppenarbeit vertieft und ergänzt.

Für die Schwabenverlag AG ist Nachhaltigkeit ein wichtiger Maßstab ihres Handelns.
Wir achten daher auf den Einsatz umweltschonender Ressourcen und Materialien.

Bibliografische Information der Deutschen Nationalbibliothek
Die Deutsche Nationalbibliothek verzeichnet diese Publikation in der
Deutschen Nationalbibliografie; detaillierte bibliografische Daten sind
im Internet über http://dnb.d-nb.de abrufbar.

Umschlaggestaltung: Finken & Bumiller, Stuttgart
Umschlagabbildung: © iStock.com
Druck: CPI – Ebner & Spiegel, Ulm
Hergestellt in Deutschland
ISBN 978-3-8436-0560-1

Inhalt

Vorwort

Ob es um Eros geht, um Philia oder um Agape – es ist immer die eine Liebe, die in verschiedenen Facetten einen großen Einfluss auf den einzelnen Menschen hat, auf die zwischenmenschlichen Beziehungen und letztlich auch auf die Einstellung in der Gesellschaft, die Menschen untereinander einnehmen.

Eros und Sexualität – sie bewegen die Menschen, sie verändern die Menschen aber auch.

Da geht es nach Plato darum, im Anderen leidenschaftlich das zu suchen und zu finden, was einem fehlt. In der Philia, dem liebevollen Interesse, ja dem leidenschaftlichen Interesse, freut man sich am Anderen; mehr noch: Mit den Augen der Liebe sieht man auch die verborgenen Anteile des geliebten Menschen. Wir lieben aber auch geistige Inhalte, sind an etwas interessiert, sind wohlwollend gespannt auf Gedanken, Ideen, Kreationen. Das zeigt sich etwa in der Liebe zur Weisheit, in der Philosophie. In dieser Liebe drückt sich auch eine Haltung aus, die weit über ein einzelnes Wissensgebiet hinausgeht: Liebe im Sinne der Freude und der Teilnahme an vielem, als Interesse am Einzelnen, aber auch als Interesse an zentralen Inhalten für das Leben der Menschen miteinander, für gesellschaftliche Einstellungen, die durch diese Gefühle transformiert werden können.

Agape, besser bekannt als Caritas, betrifft die Liebe als Mitgefühl mit anderen Menschen, weil der Andere mein Mitmensch ist, in vielem mir auch ähnlich, und wenn dieser Aspekt der Liebe als wichtig, als wesentlich für das Menschsein erkannt wird, führt Agape zur Verbundenheit und zur Solidarität der Menschen miteinander.

Liebe ist eine bedeutende transformierende Kraft. Sie weist über die Liebe als »Revolution zu zweit«, die die beiden Liebenden entschieden verändern kann, weit hinaus in die Gesellschaft und wird zu einer grundsätzlichen Haltung dem Leben gegenüber. Deshalb ist es wichtig, die Liebe in ihren verschiedenen weiten Kontexten immer wieder zu reflektieren und dabei auch herauszuarbeiten, was denn jeweils gegen die Liebe steht, was sie beeinträchtigt, was sie blockiert, aber auch, was sie befördern kann – sei es im individuellen Leben, sei es in der Gesellschaft.

Wir alle wissen: Am Anfang macht Liebe alles neu – und sie endet, wenn es gut geht, in einer lieben Gewohnheit. Manchmal aber kommt sie den Liebenden auch heimlich abhanden: Viele Menschen suchen Psychotherapie, weil sie ihre Beziehungen als zu wenig »liebevoll« erleben, sei es in ihren Liebesbeziehungen, sei es im Zusammenleben mit nicht so nahen Menschen. Gerade eine freundliche, interessierte, liebevolle therapeutische Beziehung kann dazu führen, dass die in dieser Hinsicht Hilfesuchenden diese Erfahrung machen und sie auch in ihre alltäglichen Beziehungen übertragen können.

Es geht bei unserem Thema um viel mehr als um die romantische Liebe, es geht um die Liebe zum Leben als solchem, in seiner ganzen Bandbreite. Nicht Hass und Zerstörung sollen die Oberhand behalten, sondern zwischenmenschliche Bindungen und die Hoffnung, daraus etwas Neues zu schöpfen.

In diesem Band sind die Vorträge abgedruckt, die auf der Tagung der Internationalen Gesellschaft für Tiefenpsychologie (IGT) vom 27.10. bis 31.10.2013 in Lindau gehalten wurden. Sie sind einmal mehr auf individuelle Beziehungen und die Entwicklung zur Beziehungsfähigkeit fokussiert, einmal mehr auf gesellschaftliche Probleme und auf die Frage nach dem Verhältnis von Menschenliebe und Gottesliebe, auf die Fragestellung, was der transzendentale Aspekt der Liebe in die Liebe der Menschen untereinander einbringen kann. Die Autorinnen und Autoren decken also eine große Bandbreite des Themas ab und verdeutlichen das Transformationspotential der Liebe aus unterschiedlichen Perspektiven.

Verena Kast

Karl Heinz Brisch

Wie die Liebe Wurzeln schlägt

Die Entwicklung von Bindung, Bindungsstörungen, Therapie und Prävention

Einleitung

Der englische Psychiater und Psychoanalytiker John Bowlby begründete in den 50er Jahren die Bindungstheorie (Bowlby 1958). Diese besagt, dass der Säugling im Laufe des ersten Lebensjahres auf der Grundlage eines biologisch angelegten Verhaltenssystems eine starke emotionale Bindung zu einer Hauptbindungsperson entwickelt. Erlebt der Säugling oder das Kleinkind Angst, wie etwa bei Trennung von der Hauptbindungsperson, bei Schmerz oder äußerer oder innerer Bedrohung, wird sein »Bindungssystem« als innere Verhaltensbereitschaft aktiviert. Je nach Bindungsmuster zeigt der Säugling hieraufhin verschiedene Bindungsverhaltensweisen. Diese sind dadurch gekennzeichnet, dass der Säugling nach der Bindungsperson sucht, ihr nachläuft und sich an ihr festklammert. Durch Weinen und ärgerlichen Protest bringt er zum Ausdruck, dass er die Trennung von der Bindungsperson verhindern möchte oder dass er ihre Nähe dringend benötigt. Ist die primäre Bindungsperson nicht erreichbar, so können auch andere sekundäre Bindungspersonen anstelle dieser ersatzweise aufgesucht werden, wie etwa der Vater, die Großmutter oder die Tagesmutter.

Das Bindungsverhalten hat sich evolutionsbiologisch zur Arterhaltung entwickelt. Diejenigen Säuglinge, die durch Bindungsverhalten Nähe und Schutz durch ihre Bindungsperson sicherstellen konnten, hatten vermutlich eine höhere Überlebenswahrscheinlichkeit, so dass sich dieses Verhalten in der Phylogenese durchsetzte. Für das unselbstständige menschliche Neugeborene und

Kleinkind ist die Schutzfunktion durch eine Bindungsperson von absolut lebenserhaltender Bedeutung. Ohne diese Schutzfunktion wäre der Säugling verloren (Bowlby 1988; Bowlby 1983; Bowlby 1975; Bowlby 1976). Das Bindungssystem, das sich im ersten Lebensjahr entwickelt, bleibt während des gesamten Lebens aktiv. Auch Erwachsene suchen in Gefahrensituationen die Nähe zu anderen Personen auf, von denen sie sich Hilfe und Unterstützung erwarten (Parkes et al. 1991). Werden diese Bedürfnisse nach Bindungssicherheit befriedigt, so wird das Bindungssystem beruhigt und es kann als Ergänzung zum Bindungssystem das System der »Exploration« aktiviert werden. Ohne sichere emotionale Bindung ist keine offene uneingeschränkte Exploration möglich (Ainsworth/Bell 1970).

Werden die Bindungsbedürfnisse oder auch die Explorationswünsche nicht befriedigt, missachtet oder nur in sehr unzuverlässiger und unvorhersehbarer Weise beantwortet, so führt dies zu ambivalenten Gefühlen gegenüber der Bindungsperson, aber auch zu Wut und Enttäuschung sowie zu aggressiven Verhaltensweisen (vgl. auch Parens 1993; Parens et al. 1995; Parens 2014; Brisch 2014; Parens 2011).

Die Konzepte der Bindungsforschung

Durch intensive entwicklungspsychologische Forschungsarbeiten und Längsschnittstudien konnten verschiedene Konzepte der Bindungstheorie empirisch validiert werden (Brisch 2009b).

Konzept der Feinfühligkeit

Als Mitarbeiterin von John Bowlby untersuchte Mary Ainsworth die Bedeutung des feinfühligen Pflegeverhaltens der Bindungsperson (Ainsworth 1977). Sie fand heraus, dass Säuglinge sich an diejenige Pflegeperson binden, die ihre Bedürfnisse in einer feinfühligen Weise beantwortet. Dies bedeutet, dass die Pflegeperson die Signale des Säuglings richtig wahrnimmt und sie ohne Verzerrungen durch eigene Bedürfnisse und Wünsche auch richtig interpretiert. Weiterhin muss die Pflegeperson die Bedürfnisse angemessen und prompt – entsprechend dem jeweiligen Alter des Säuglings – beantworten. Je älter der Säugling wird, desto länger können auch die Zeiten sein, die ihm bis zur Bedürfnisbefriedigung zugemutet werden.

Der Sensibilität der Mutter für die Signale ihres Säuglings sowie ihre emotionale Verfügbarkeit entspricht eine intrapsychische Repräsentation, die von George (1989; 1999) auch als »internal model of caregiving« bezeichnet wird. Wenn Mütter in Interviews über ihr potentielles Verhalten in bindungsrelevanten Situationen befragt werden, so schildern sie – abhängig von ihrer eigenen Bindungshaltung –, wie sie in solchen Situationen voraussichtlich gegenüber ihrem Kind reagieren würden. In der täglichen Pflege- und Spielerfahrung einer Mutter mit ihrem Kind werden aber auch Erinnerungen und Gefühle aus der eigenen Kindheit und den Bindungserfahrungen mit den eigenen Eltern wachgerufen. Die damit verbundenen angenehmen sowie emotional belastenden Gefühle und Bilder können durch Projektionen die Feinfühligkeit und das Verhalten gegenüber dem eigenen Kind bereichern oder auch erheblich behindern. Im schlimmsten Fall werden wiedererlebte Erinnerungen – etwa eine Missbrauchs- oder eine Verlassenheitserfahrung – mit dem eigenen Kind wiederholt (Fraiberg et al. 1980; Lieberman/Pawl 1993).

Forschungen aus jüngerer Zeit haben das Konzept der elterlichen Feinfühligkeit in der Interaktion mit dem Säugling um die Bedeutung der Sprache ergänzt sowie auch auf den Einfluss des Rhythmus und der Zeit in der Interaktion hingewiesen.

Die Ergebnisse von Jaffe et al. (2001) weisen darauf hin, dass ein mittleres Maß an rhythmischer Koordination in der zeitlichen Abfolge von Interaktionen zwischen Mutter und Säugling besonders förderlich für die sichere Bindungsentwicklung ist. Bemerkenswert ist, dass das Ziel nicht eine perfekt synchrone Kommunikation ist, die offensichtlich nicht so entwicklungsfördernd für die emotionale Entwicklung ist, sondern im Gegenteil: Wahrgenommene und korrigierte Missverständnisse können sich geradezu beziehungsfördernd auf die Bindungsentwicklung auswirken, sofern sie nicht so ausgeprägt sind, dass die Interaktion vollständig abbricht oder auseinanderdriftet. Analysen der sprachlichen Interaktion zwischen Mutter und Säugling konnten eine sichere Bindungsentwicklung des Kindes vorhersagen, wenn die Mutter aufgrund ihrer Empathie in der Lage war, die affektiven Zustände ihres Säuglings angemessen zu verbalisieren (Meins 1997).

Diese Ergebnisse sind bemerkenswert, weil sie darauf hinweisen, wie die Säuglinge nicht nur auf einer Verhaltensebene in der konkreten Pflege die Feinfühligkeit ihrer Bezugspersonen wahrnehmen und sich an diese sicher binden, sondern sich auch durch die empathische Verbalisation von Affektzuständen verstanden fühlen, auch wenn sie entwicklungsbedingt den deklarativen Inhalt der Worte der Mutter noch gar nicht verstehen können. Es muss also mehr um die Aufnahme von prosodischen Inhalten (etwa Tonfall, Melodie, Rhythmus, Lautstärke) in der mütterlichen Sprache gehen, die den inneren und äußeren Zustand des Säuglings erfassen und diesem widerspiegeln, so dass sich der Säugling feinfühlig verstanden fühlt. In diesem Zusammenhang weisen die Forschungsergebnisse von Fonagy et al. (1991; Steele et al. 1991) darauf hin, dass eine sichere Bindungsentwicklung auch die Fähigkeit des Säuglings zu einer selbstreflexiven mentalen Funktion fördert. Diese Fähigkeit ermöglicht dem Kind in zunehmendem Ausmaß, über sich, andere und die Welt in einer empathischen Weise nachzudenken und nachzuspüren. Somit könnte ein wesentlicher Vorteil einer sicheren Bindung darin liegen, dass sie die Grundlage für die Entwicklung der Mentalisierungsfähigkeit darstellt (Fonagy et al. 2011; Gergely et al. 2003).

Bindungsqualität des Kindes

Werden die Bedürfnisse des Säuglings in dieser von Ainsworth geforderten feinfühligen Art und Weise von einer Pflegeperson beantwortet, so besteht eine relativ große Wahrscheinlichkeit, dass der Säugling zu dieser Person im Laufe des ersten Lebensjahres eine *sichere Bindung* (Typ B) entwickelt. Dies bedeutet, dass er diese spezifische Person bei Bedrohung und Gefahr als »sicheren Hort« und mit der Erwartung von Schutz und Geborgenheit aufsuchen wird.

Wird die Pflegeperson eher mit Zurückweisung auf seine Bindungsbedürfnisse reagieren, so besteht eine höhere Wahrscheinlichkeit, dass der Säugling sich an diese Pflegeperson mit einer *unsicher-vermeidenden* Bindungshaltung (Typ A) bindet. Ein *unsicher-vermeidend* gebundenes Kind wird etwa nach einer Trennungserfahrung die Bindungsperson eher meiden oder nur wenig von seinen Bindungsbedürfnissen äußern. Es hat eine Anpassung an die Verhaltensbereitschaften seiner Bindungsperson gefunden. Nähewünsche werden vom Säugling erst gar nicht so intensiv geäußert, da er weiß, dass diese von seiner Bindungsperson auch nicht so intensiv mit Bindungsverhalten im Sinne von Gewähren von Nähe, Schutz und Geborgenheit beantwortet werden. Dies führt aber zu einer erhöhten inneren Stressbelastung des Säuglings, die an erhöhten Werten von Cortisol gemessen werden kann (Spangler/Schieche 1998). Allerdings reagieren diese unsicher-vermeidend gebundenen Kinder bei extremer Aktivierung ihres Bindungssystems, wie etwa durch einen schweren Unfall, indem sie ihre Bindungsvermeidung aufgeben und sich hilfe- und schutzsuchend an ihre Mütter wenden. Auch die Mütter können in diesen Situationen großer Bedrohung und Angst ihre Säuglinge schützen. Das Beispiel soll verdeutlichen, dass bei diesen »vermeidenden« Mutter-Kind-Paaren die »Schwelle« für Bindungsverhalten sowohl bei den Kindern als auch bei ihren Müttern höher liegt als bei Mutter-Kind-Paaren, die auf einer sicheren Bindungsbasis interagieren.

Werden die Signale manchmal zuverlässig und feinfühlig, ein anderes Mal aber eher mit Zurückweisung und Ablehnung beantwortet, so entwickelt sich eine *unsicher-ambivalente* Bindungsqualität (Typ C) zur Bindungsperson, zum Beispiel zur Mutter. Säuglinge mit einer *unsicher-ambivalenten* Bindung reagieren auf eine Trennung von ihrer Hauptbindungsperson mit einer intensiven Aktivierung ihres Bindungssystems, indem sie lautstark weinen und sich intensiv an die Bindungsperson klammern. Nach einer kurzen Trennung – wenn diese überhaupt gelingt – und der baldigen Rückkehr der Mutter sind sie für längere Zeit kaum zu beruhigen und können nicht mehr zum Spiel in einer ausgeglichenen emotionalen Verfassung zurückkehren. Während sie sich einerseits an die Mutter klammern, zeigen sie andererseits aber auch aggressives Verhalten. Wenn sie etwa bei der Mutter auf dem Arm sind, strampeln sie und treten nach der Mutter mit den Füßchen, während sie gleichzeitig mit ihren Ärmchen klammern und Nähe suchen. Dieses Verhalten wird als Ausdruck ihrer Bindungsambivalenz interpretiert.

Erst später wurde noch ein weiteres Bindungsmuster gefunden, das als *desorganisiertes und desorientiertes* Muster (Typ D) bezeichnet wurde (Main/Solomon 1986). Diese desorganisierten Bindungsverhaltensweisen, wie sie bereits bei 12 Monate alten Säuglingen beobachtet werden können (Main/Hesse 1990a), sind insbesondere durch motorische Sequenzen von stereotypen Verhaltensweisen gekennzeichnet, oder die Kinder halten im Ablauf ihrer Bewegungen inne und erstarren für die Dauer von einigen Sekunden, was auch als »Einfrieren« bezeichnet wird. Diese tranceartigen Zustände erinnern an dissoziative Phänomene. Nach einer Trennung von der Mutter laufen manche desorganisierten Kinder bei der Wiederbegegnung mit der Mutter auf diese zu, halten auf halbem Weg inne, drehen sich plötzlich um, laufen von der Mutter weg und oszillieren so in ihrem motorischen Verhalten »vor und zurück«. Wieder andere bringen vorwiegend non-verbal deutliche Zeichen von Angst und Erregung zum Ausdruck, wenn sie mit ihrer Bindungsperson wieder zusammenkommen (Main/Hesse 1990a).

Die Aktivierung von emotional sich widersprechenden Bindungserfahrungen könnte sich in den desorientierten Bindungsverhaltensweisen des Kindes widerspiegeln und Ausdruck eines desorganisierten »inneren Arbeitsmodells« der Bindung zur spezifischen Bindungsperson sein (Main/Solomon 1986). Die Mutter wurde etwa für diese Kinder nicht nur zu einem sicheren emotionalen

Hafen, sondern auch manchmal zu einer Quelle der Angst und Bedrohung, weil sie sich etwa den Kindern gegenüber in Bindungssituationen aggressiv und damit ängstigend oder auch selbst sehr ängstlich gegenüber ihren Kindern verhielten (Schuengel et al. 1999; Schuengel et al. 1997; Hesse/Main 2002). Ein solches ängstliches Verhalten der Mutter kommt in ihrer Gestik und Mimik zum Ausdruck. Es könnte von den Kindern in der Interaktion registriert werden und wiederum deren Verhalten gegenüber der Mutter beeinflussen.

Vorteile einer sicheren Bindung

Aus vielen Längsschnittstudien ist bekannt, dass ein sicheres Bindungsmuster ein Schutzfaktor für die weitere kindliche Entwicklung ist (Egeland 2002; Grossmann/Grossmann 2004/2012; Grossmann 2003; Werner 2000; Grossmann et al. 2005). Diese Kinder reagieren mit einer größeren psychischen Widerstandskraft (»resilience«) auf emotionale Belastungen, wie etwa eine Scheidung der Eltern. Eine unsichere Bindungsentwicklung dagegen ist ein Risikofaktor, so dass bei Belastungen häufiger eine psychische Dekompensation droht oder Konflikte weniger sozial kompetent in einer Beziehung geklärt werden. So zeigen etwa Kinder mit unsicheren Bindungsmustern schon im Kindergartenalter in Konfliktsituationen weniger pro-soziale Verhaltensweisen und eher aggressive Interpretationen des Verhaltens ihrer Spielkameraden (Suess et al. 1992). Im Jugendalter sind sie eher isoliert, haben weniger Freundschaftsbeziehungen und schätzen Beziehungen insgesamt weniger bedeutungsvoll für ihr Leben ein.

Bindungsrepräsentation (Bindungshaltung) der Bezugsperson

Durch ein spezifisches, halbstrukturiertes Erwachsenen-Bindungs-Interview (Main/Goldwyn 1982) gelang es, auch Aufschluss über die Bindungshaltung der Erwachsenen zu gewinnen. Es fanden sich ähnliche Bindungsstile wie bei den Kindern.

• Erwachsene mit einer *sicheren* Bindungshaltung (Typ »free-autonomous«) können im Interview frei und in einem kohärenten

Sprachfluss über ihre Erfahrungen von Bindung, Verlust und Trauer sprechen, die sie mit ihren Eltern und wichtigen Bezugspersonen erlebt haben.

- Erwachsene mit einer *unsicher-distanzierten* Bindungshaltung (Typ »dismissive«) weisen zwischenmenschlichen Beziehungen und emotionalen Bindungen wenig Bedeutung zu.
- Erwachsene mit einer *unsicher-verstrickten* Bindungshaltung (Typ »preoccupied«) zeigen im Interview durch eine langatmige, oft inkohärente Geschichte und Beschreibung ihrer vielfältigen Beziehungen, wie emotional verstrickt sie zum Beispiel mit ihren Eltern und anderen Beziehungen bis zum Erwachsenenalter noch sind.
- Es wurde später noch ein weiteres Bindungsmuster in Zusammenhang mit ungelösten, traumatischen Erlebnissen gefunden, wie etwa nach *unverarbeiteten Verlusten* sowie nach *Missbrauchs- und Misshandlungserfahrungen* (Typ »unresolved loss and trauma«) (Main/Hesse, 1990b; Hesse/Main 1999).

Bindungskontinuität zwischen den Generationen

Durch verschiedene Längsschnittstudien sowohl in Deutschland als auch in den USA und in England konnte nachgewiesen werden, dass mit einer 75 % Übereinstimmung sicher gebundene Mütter häufiger auch sicher gebundene Kinder haben beziehungsweise Mütter mit einer unsicheren Bindungshaltung auch häufiger Kinder, die mit einem Jahr unsicher gebunden sind. Ähnliche Zusammenhänge, wenn auch nicht mit gleicher Intensität (nur 65 % Übereinstimmung), fanden sich für die Beziehung zwischen der Bindungshaltung der Väter und der Bindungsqualität ihrer Kinder (van IJzendoorn / Sagi 1999).

Diese Studien weisen auf eine Weitergabe von Bindungsstilen und -mustern zwischen Generationen hin. Die eigene Bindungshaltung der Mutter (bzw. des Vaters) beeinflusst ihr Verhalten gegenüber ihrem Säugling. Es konnte nachgewiesen werden, dass sicher gebundene Mütter sich auch in der Pflegeinteraktion mit ihren Kindern feinfühliger verhielten als dies unsicher gebundene

Mütter taten. Die Mutter-Kind-Interaktion scheint einer der wichtigen Prädiktoren zu sein, aus dem heraus sich in Teilbereichen die Ausbildung der Bindungsqualität des Säuglings im ersten Lebensjahr erklären lässt (van IJzendoorn / Bakermans-Kranenburg 1997). Neuere Längsschnittstudien kamen allerdings zu dem Ergebnis, dass nur 36 % der Varianz in der Bindungsentwicklung der Kinder durch die mütterliche Feinfühligkeit aufgeklärt wird (Raval et al. 2001). Dieses Ergebnis weist auf die Bedeutung von anderen Einflussfaktoren hin.

Bindungsstörungen

In klinischen Stichproben von Patienten finden sich darüber hinaus verschiedene Bindungsstörungen, die auf tief greifendere Veränderungen und Deformierungen in der Bindungsentwicklung zurückzuführen sind (Brisch 2009b). Grundlegend bei allen Bindungsstörungen ist, dass frühe Bedürfnisse nach Nähe und Schutz in Bedrohungssituationen und bei ängstlicher Aktivierung der Bindungsbedürfnisse in einem extremen Ausmaß nicht adäquat, unzureichend oder widersprüchlich beantwortet wurden. Dies kann insbesondere bei vielfältigen abrupten Trennungserfahrungen des Kindes durch Wechsel der Betreuungssysteme, wie etwa bei Kindern, die in Heimen aufwuchsen, bei psychisch kranken Eltern oder bei erheblicher chronischer sozialer Belastung und Überforderung der Eltern entstehen (etwa durch Krankheit, Armut, Verlust des Arbeitsplatzes).

Bindungsstörungen weisen mit den oben skizzierten Mustern der Bindungssicherheit beziehungsweise -unsicherheit kaum mehr Ähnlichkeiten auf. In bindungsrelevanten Situationen sind die Störungen in ihrem Bindungsverhalten so ausgeprägt, dass diese als Psychopathologie diagnostiziert werden können. Zwei extreme Formen der reaktiven Bindungsstörung können auch nach ICD 10 klassifiziert und diagnostiziert werden: eine Form mit Hemmung (F 94.1) und eine mit Enthemmung (F 94.2) des Bindungsverhaltens (Dilling et al. 1991).

Eine Bindungsstörung sollte allerdings nicht vor dem 8. Lebensmonat wegen der in diesem Alter bekannten »Fremdenangst« diagnostiziert werden. Diese ist eine entwicklungsbedingte Durchgangsphase mit Angst des Säuglings gegenüber Fremden. Die psychopathologischen Auffälligkeiten sollten mindestens über einen Zeitraum von 6 Monaten und in verschiedenen Beziehungssystemen beobachtet worden sein.

Zusätzlich zu den in den internationalen Klassifikationssystemen bisher erfassten Formen von Bindungsstörungen können weitere klinisch klassifizierbare Typen von Bindungsstörungen diagnostiziert werden (Brisch 1999). Diese äußern sich klinisch darin, dass Kinder *kein Bindungsverhalten (Typ I)* zeigen. Auch in Bedrohungssituationen wenden sie sich an keine Bezugsperson, in Trennungssituationen zeigen sie keinen Trennungsprotest.

Eine weitere Form ist durch *undifferenziertes Bindungsverhalten (Typ II a)* gekennzeichnet. Solche Kinder zeigen eine soziale Promiskuität: Sie zeichnen sich durch undifferenzierte Freundlichkeit gegenüber allen Personen aus. Sie suchen in stressvollen Situationen zwar Trost, aber ohne die Bevorzugung einer bestimmten Bindungsperson. Sie erlauben jeder fremden Person, die sich in ihrer Nähe aufhält, sie auf den Arm zu nehmen und sie zu trösten.

Andere Kinder neigen zu einem deutlichen *Unfallrisikoverhalten (Typ II b)*: In Gefahrensituationen suchen sie nicht eine sichernde Bindungsperson auf, sondern begeben sich vielmehr durch zusätzliches Risikoverhalten in unfallträchtige Situationen. Auf diese Weise mobilisieren sie das Fürsorgeverhalten etwa ihrer Eltern, die nur angesichts der massiven Unfallbedrohung oder realen Verletzung ihres Kindes adäquates Bindungsverhalten zeigen.

Eine weitere Form der Bindungsstörung drückt sich durch *übermäßiges Klammern (Typ III)* aus. Diese Kinder, obwohl schon im Vorschulalter oder sogar im Schulalter, sind nur in absoluter, fast körperlicher Nähe zu ihrer Bezugs- und Bindungsperson wirklich ruhig und zufrieden. Sie sind aber dadurch in ihrem freien Spiel und in ihrer Erkundung der Umgebung entsprechend eingeschränkt, weil sie fast immer auf die Anwesenheit der Bindungsperson angewiesen sind. Sie wirken insgesamt sehr ängstlich und können sich kaum von ihrer Bindungsperson trennen, so dass sie in der Regel weder den Kindergarten noch die Schule besuchen oder außerhalb des familiären Rahmens mit anderen Kindern spielen können. Sie haben somit selten Freunde und wachsen von Gleichaltrigen sozial isoliert auf. Unvermeidlichen Trennungen setzen sie massiven Widerstand entgegen und reagieren mit größtem Stress und panikartigem Verhalten.

Andere Kinder wiederum sind im Beisein ihrer Bindungsperson übermäßig angepasst und in ihrem Bindungsverhalten *gehemmt (Typ IV)*. Sie reagieren in *Ab*wesenheit der Bezugsperson weniger ängstlich als in deren Gegenwart und können in der Obhut von fremden Personen besser ihre Umwelt erkunden als in Anwesenheit ihrer vertrauten Bindungs- und Bezugsperson. Besonders Kinder etwa nach körperlicher Misshandlung und bei Erziehungsstilen mit körperlicher Gewaltanwendung oder -androhung reagieren auf diese Art und Weise.

Bei einem weiteren Stil der Bindungsstörung verhalten sich Kinder oft *aggressiv (Typ V)* als Form der Bindungs- und Kontaktaufnahme. Solche Kinder haben zwar eine mehr oder weniger bevorzugte Bindungsperson, aber sowohl mit dieser als auch mit anderen Menschen nehmen sie über aggressive Interaktionsformen sowohl körperlicher als auch verbaler Art Kontakt auf, wenn sie Bindungsnähe suchen. Dies führt aber in der Regel zur Zurückweisung, da der versteckte Bindungswunsch nicht gesehen wird. Auf diese Weise entsteht schnell ein Teufelskreis, der die zugrunde liegenden emotionalen Bedürfnisse verdeckt.

Manchmal ist die Bindungsstörung dadurch gekennzeichnet, dass es zu einer *Rollenumkehr (Typ VI)* kommt. Diese Kinder müssen dann für ihre Eltern, die zum Beispiel körperlich erkrankt sind oder an Depressionen mit Suizidabsichten und Ängsten leiden, als sichere Basis dienen. Diese Kinder können ihre Eltern nicht als Hort der Sicherheit aufsuchen, vielmehr müssen sie selbst diesen die notwendige emotionale Sicherheit geben. Dies hat zur Folge, dass die Ablösungsentwicklung der Kinder gehemmt und verzögert wird und eine große emotionale Verunsicherung besteht. Diese

Kinder wenden sich in eigenen Gefahrensituationen und psychischer Not etwa nicht an ihre Bindungspersonen, da sie dort keine Hilfe erwarten, weil diese mit sich und ihren Bedürfnissen ganz beschäftigt sind und den Kindern vielmehr Grund zur Sorge geben. Im Rahmen von Bindungsstörungen kommt es manchmal auch zur Ausbildung von psychosomatischen Störungen, wie etwa mit Schrei-, Schlaf- und Essproblemen im Säuglingsalter. Auch ausgeprägte psychosomatische Reaktionen im Kleinkindalter, wie etwa die psychogene Wachstumsretardierung bei emotionaler Deprivation, sind bekannt *(Typ VII)*.

Bindung und Trauma

Forschungsergebnisse weisen darauf hin, dass es einen Zusammenhang zwischen desorganisierten Bindungsmustern bei Kindern und ungelösten Traumata der Eltern gibt (Lyons-Ruth/Jacobvitz 1999). Diese Eltern haben in der eigenen Kindheit Vernachlässigung, Missbrauch und Misshandlung erlebt, mussten Verluste wichtiger Bezugspersonen erleiden oder andere schwere Traumata. Das Verhalten des eigenen Kindes, etwa das Schreien eines Säuglings, triggert das einst erlebte Trauma, da es etwa an das eigene Weinen und den eigenen Schmerz erinnert. Dadurch können dissoziative oder auch traumaspezifische und das Kind ängstigende Verhaltensweisen bei der Mutter oder dem Vater ausgelöst werden (Lyons-Ruth et al. 1999; Liotti 1992; Brisch/Hellbrügge 2003). Dies könnte auch erklären, warum Eltern, deren Kinder stationär in der Kinderklinik aufgenommen worden waren, selbst mehr Traumata erlebt hatten und ihre Kinder mehr Bindungsstörungen und Verhaltensstörungen zeigten als eine Vergleichsgruppe von Eltern und Kindern, die nicht stationär pädiatrisch behandelt wurden (Kügel et al. 2003; Kroesen et al. 2003).

In einer prospektiven Längsschnittstudie konnten Brisch et al. (2003a) zeigen, dass Frühgeborene, die neurologisch erkrankt sind, signifikant häufiger eine unsichere Bindung an ihre Mutter entwickeln als neurologisch gesund entwickelte Frühgeborene, ganz unabhängig von der mütterlichen Bindungsrepräsentation. Dieses

Ergebnis fand sich nicht mehr, wenn die Eltern an einer psychotherapeutischen Intervention teilgenommen hatten. Für die Bindungsentwicklung von Kindern mit besonderen somatischen Risiken, wie etwa Frühgeborene oder pädiatrisch erkrankte Kinder, oder von Kindern mit Traumaerfahrungen könnten außer der elterlichen Bindungsrepräsentation auch die elterlichen Bewältigungsfähigkeiten und die erfahrene soziale Unterstützung von Bedeutung sein (siehe auch Brisch et al. 2003b). Das Kind könnte sich somit in der Lage befinden, dass es dieselbe Person, die etwa durch sein Verhalten oder seine Erkrankung geängstigt ist, gleichzeitig als Trostspender braucht. Die Bindungsperson steht ihm aber emotional nicht zur Verfügung, da die Eltern, etwa wegen der Erkrankung des Kindes, mit ihren eigenen Ängsten und Bewältigungsversuchen beschäftigt sind. Auf dieser Basis wird das rasch wechselnde, desorganisierte Annäherungs- und Vermeidungsverhalten der Kinder mit desorganisierter Bindung gut nachvollziehbar (Lyons-Ruth 1996).

Eine Metaanalyse aus 80 Studien mit 6282 Eltern-Kind-Dyaden und 1285 als desorganisiert gebunden klassifizierten Kindern ergab folgende Ergebnisse (van IJzendoorn et al. 1999):

In nichtklinischen Stichproben beträgt der Anteil an Kindern mit desorganisiertem Bindungsmuster 15 %, wobei er in niedrigeren sozialen Schichten je nach Messinstrument zwischen 25–34 % variiert. In klinischen Stichproben zeigen Kinder mit neurologischen Auffälligkeiten zu 35 % desorganisierte Bindungsmuster und Kinder von alkohol- oder drogenabhängigen Müttern zu 43 %. Den höchsten Anteil desorganisiert gebundener Kinder, nämlich 48–77 %, hatten misshandelnde Eltern. Faktoren wie etwa Konstitution und Temperament sowie das Geschlecht ergaben keinen signifikanten Einfluss auf die Entwicklung eines desorganisierten Bindungsmusters. Der stärkste Prädiktor für eine desorganisierte Bindung ist die Kindesmisshandlung (siehe auch Lyons-Ruth/ Block 1996).

Der zweitstärkste Effekt auf die Entwicklung desorganisierter Bindung des Kindes besteht in erlebten Traumata der Eltern. Traumatisierungen und damit einhergehendes dissoziatives, ängstigendes Verhalten der Erziehungsperson beeinflussen die Entwicklung einer desorganisierten Bindung mehr als Scheidung der Eltern oder Depression (Lyons-Ruth/Jacobvitz 1999; Lyons-Ruth et al. 1990; Lyons-Ruth et al. 1986). Als Folge desorganisierter Bindung ergaben sich signifikant häufig dissoziative Symptome und externalisierende Verhaltensstörungen (Lyons-Ruth 1996; Putnam 1993; Green/Goldwyn 2002).

Es gibt Studien, die einen Zusammenhang zwischen frühen Verhaltensproblemen – besonders bei Jungen – und unsicher-desorganisierter Bindung feststellen konnten (Lyons-Ruth et al. 1993; Speltz et al. 1999). Es wurde eine Verbindung zwischen ungelösten Traumata der Eltern bzw. desorganisierten Bindungsmustern der Kinder *und* aggressiven Verhaltensproblemen und Defiziten sprachlicher Fertigkeiten dieser Kinder gefunden (Lyons-Ruth 1996). Wenn traumatische Erfahrungen der Eltern und/oder der Kinder Prädiktoren für die Entwicklung einer desorganisierten Bindung sind und desorganisierte Bindung wiederum ein Prädiktor für externalisierende Verhaltensstörungen ist, wozu Aufmerksamkeits- und Hyperaktivitätsstörungen gehören, liegt die Hypothese nahe, dass Traumata des Kindes oder der Eltern in einem Zusammenhang mit der Entstehung der Aufmerksamkeitsdefizit-/Hyperaktivitätsstörung (ADHS) stehen könnten (Kern et al. 2011; Vuksanovic/Brisch 2010). Das Bindungsmuster fungiert möglicherweise als vermittelnde Variable, wobei desorganisierte Bindung als Vulnerabilitätsfaktor und sichere Bindung als Schutzfaktor angenommen werden könnten (Brisch 2003; Kreppner et al. 2001).

Die längsschnittlichen Untersuchungen über die emotionale Entwicklung von Säuglingen und Vorschulkindern, die unter den Bedingungen schwerer früher Deprivation in rumänischen Heimen aufgewachsen waren und dann von englischen und kanadischen Familien adoptiert wurden, sind für das Verständnis der Entwicklung von Bindungsstörungen von großer Bedeutung. Diese Kinder litten teilweise auch Jahre nach der Adoption noch an den Symptomen von ausgeprägten reaktiven Bindungsstörungen mit zusätzlichen Störungen der Aufmerksamkeit, Überaktivität und solchen Verhaltensstörungen, die den Symptomen von Störungen aus dem autistischen Erkrankungsspektrum ähnelten (O'Connor et al. 1999; Rutter 1999; Rutter et al. 2001). Obwohl sich bei 20 % der Kinder eine Tendenz zur emotionalen Normalisierung im weiteren Entwicklungsverlauf zeigte, fand sich insgesamt eine hohe Stabilität der pathologischen Symptomatik des ADHS auch unter den emotional günstigeren Adoptionsbedingungen (O'Connor et al. 1999). Je länger die Erfahrung der frühen Deprivation unter Heimbedingungen gewesen war, desto ausgeprägter waren die Symptome des ADHS. Es bestand ein signifikanter Zusammenhang zwischen der Ausprägung der ADHS-Störung und den Symptomen einer Bindungsstörung. Die gefundenen Effekte konnten nicht durch schlechte Ernährung, niedriges Geburtsgewicht oder kognitive Defizite der Kinder erklärt werden (Kreppner et al. 2001). Diesen Befunden entspricht auch die klinische Erfahrung, dass Kinder mit Bindungsstörungen gehäuft traumatische Erfahrungen durchgemacht haben, häufig desorganisierte Verhaltensweisen in Beziehungen zeigen, die in der Summe den Symptomen eines ausgeprägten ADHS-Syndroms vergleichbar sein können.

Wenn pathogene Faktoren, wie Deprivation, Misshandlung, schwerwiegende Störungen in der Eltern-Kind-Interaktion, nur vorübergehend oder phasenweise auftreten, können sie häufig mit desorganisiertem Bindungsverhalten assoziiert sein. Sind sie dagegen *das* vorherrschende frühe Interaktionsmuster und wurden die pathogenen Bindungserfahrungen über mehrere Jahre gemacht, können hieraus Bindungsstörungen resultieren, die selbst nach Milieuwechsel, etwa durch Adoption, unter besseren emotionalen familiären Bedingungen weiter bestehen bleiben und eine hohe Belastung für die neue Adoptiveltern-Kind-Beziehung darstellen (Steele et al. 2002). Bindungsstörungen lassen oftmals wegen der extremen Verzerrungen im Verhaltensausdruck die verborgenen Bindungsbedürfnisse der Kinder nicht mehr erkennen und können sich im schlimmsten Fall zu überdauernden psychopathologischen

Mustern einer schweren Persönlichkeitsstörung verfestigen (Brisch/ Hellbrügge 2003).

Der Einfluss von traumatischen Erfahrungen auf Funktion und Struktur des Gehirns

Forschungsergebnisse der vergangenen Jahre eröffnen ein Denken, welches das Erleben eines seelischen Traumas mit der Entwicklung von Struktur und Funktion des menschlichen Gehirns verknüpft. Teicher (2002) kam in seinen Studien an der Harvard Medical School zu neuen Forschungsergebnissen: Opfer von Missbrauch und Vernachlässigung in der Kindheit wiesen im Erwachsenenalter im Vergleich mit nicht missbrauchten Kontrollprobanden strukturelle Veränderungen mit Volumenverminderungen im Hippocampus, dem Corpus callosum und der Amygdala auf.

Perry et al. (1995; 2001) stellten bei der Schilderung ihrer Untersuchungen die gebrauchsabhängige Entwicklung des Gehirns dar. Das sich entwickelnde Gehirn organisiert und internalisiert neue Informationen in einer gebrauchsabhängigen Art und Weise. Je mehr das Kind sich in einem Zustand des Hyperarousal oder der Dissoziation befindet, desto mehr wird es nach einer Traumaerfahrung neuropsychiatrische Symptome in Richtung einer posttraumatischen Belastungsstörung (posttraumatic stress disorder – PTSD) entwickeln. Der momentane Zustand der neuronalen Aktivierung und der humoralen Stressreaktion kann als Anpassung an die überfordernden traumatischen Situationen persistieren und in eine Eigenschaft der Fehlanpassung übergehen. Als Folge kann das Individuum auf spezifische Erfordernisse der sozialen Umwelt nicht adäquat reagieren. Im sich entwickelnden Gehirn hängen die noch undifferenzierten neuronalen Systeme von Schlüsselreizen der Umwelt und der Mikroumwelt ab (etwa von Neurotransmittern und Neurohormonen, zu denen auch das Cortisol und das neuronale Wachstumshormon zählen), um sich von ihren undifferenzierten, unreifen Formen zu ihren vorgesehenen Funktionen zu entwickeln. Das Fehlen oder eine Störung innerhalb dieser sensiblen Phasen oder dieser kritischen Schlüsselreize kann etwa zu anormalen neuronalen Teilungen und Synapsenentwicklungen führen. Nach Perry et al. (1995) ist die Wirkung früher kindlicher Interaktionserfahrungen in einem Entwicklungsmodell der gebrauchsabhängigen Ausformung neuronaler und organischer Hirnstrukturen zu konzeptualisieren (vgl. auch Hüther 1996; Hüther 1998; Hüther 1999; Hüther et al. 1999; Liu et al. 1997; Meaney et al. 1988; Meaney et al. 1990; Spitzer 2000). Ein ähnlicher Einfluss insbesondere auf die Reifung der orbito-frontalen Hirnregion, die für die Steuerung, Integration und Modulation von Affekten zuständig ist, kann auch für andere traumatische Erfahrungen im Kindesalter während der Reifungszeit des kindlichen Gehirns angenommen werden (Schore 1996; Schore 1997; Schore 2001b; Schore 2001a). Misshandlung bzw. Trauma in der frühen Kindheit verändern auch stark die Entwicklung der rechten nonverbalen Gehirnhälfte, die für verschiedene Aspekte der Bindung und Affektregulation verantwortlich ist (Schore 2001a).

Aufgrund der bis jetzt gefundenen Zusammenhänge kann vermutet werden, dass ein ungelöstes Trauma der Mutter und/oder des Vaters und/oder des Kindes selbst zu entsprechenden Störungen in der ganz frühen Interaktion zwischen Eltern und Säugling führt. Diese Störung in der Interaktion könnte die Ausbildung eines desorganisierten Bindungsverhaltensmusters sowie eines desorganisierten »inneren« Arbeitsmodells der Bindung beim Säugling zur Folge haben. Falls es zu wiederholten traumatischen Erfahrungen kam, könnte sich nicht nur eine desorganisierte Bindung, sondern – quasi als psychopathologische Steigerung – eine Bindungsstörung entwickeln.

Säuglinge mit einer genetischen Veränderung im Dopamin-Regulationssystem könnten hierfür besonders empfänglich sein. Die inkohärenten neuronalen Muster, die auf dem Hintergrund dieser regulatorischen Vulnerabilität ausgebildet werden, könnten durch die ängstlichen, ängstigenden und hilflosen Interaktionen von traumatisierten Eltern mit ihren Kindern noch verstärkt oder fixiert werden. Diese inkohärenten neuronalen Muster könnten sich in den desorganisierten Verhaltensweisen des Säuglings oder Kindes in bindungsrelevanten Situationen abbilden, die einen Stressor für die regulatorischen neuro-humoralen Fähigkeiten des Kindes darstellen. Diese kindlichen Verhaltensweisen bei desorganisiertem Bindungsmuster haben auf der Symptomebene Ähnlichkeiten mit dem ADHS-Syndrom und sind im Kindergarten- und Grundschulalter häufig mit aggressiven Verhaltensweisen assoziiert. Somit könnte ein desorganisiertes Bindungsmuster bei Säuglingen und Kleinkindern ein Vorläufer für eine ADHS-Symptomatik bei Vorschulkindern und Schulkindern sein.

Eine frühzeitige Diagnostik und psychotherapeutische Behandlung des Kindes sowie seiner Bezugspersonen ist dringend notwendig, um durch neue Interaktions- und Bindungserfahrungen des Kindes die neurobiologischen Reifungsprozesse positiv zu beeinflussen und eine Chronifizierung der Störung zu verhindern (Brisch et al. 2010c; Brisch et al. 2010b).

Bindungsbasierte Beratung und Therapie – Bindungspsychotherapie

Bowlby selbst hat sich in verschiedenen Beiträgen mit der therapeutischen Anwendung seiner Bindungstheorie auseinandergesetzt. Diese sind als Vortragssammlung in *Elternbindung und Persönlichkeitsentwicklung. Therapeutische Aspekte der Bindungstheorie* (Bowlby 1995) zusammengefasst (Brisch 1999; 2009b).

Allgemeine Gesichtspunkte zur Psychotherapie von Erwachsenen

Der Patient ist wegen seiner Probleme beunruhigt und voll Angst, wenn er einen Therapeuten aufsucht. Der Therapeut muss sich bewusst sein, dass das Bindungssystem des Patienten mehr oder weniger aktiviert ist. Dieser wird mit allen ihm zur Verfügung stehenden Möglichkeiten seines – auch durch entsprechende Störungen verzerrten – Bindungsverhaltens nach einer Person suchen, die die Rolle der Bindungsperson übernehmen wird. Diese Erwartung wird vom Patienten auf den Therapeuten übertragen.

In Anlehnung an Bowlby muss der Therapeut nach meiner Erfahrung in der Psychotherapie von Erwachsenen folgende Aspekte berücksichtigen und ihnen entsprechen:

- Der Therapeut muss sich in seinem Fürsorgeverhalten durch das aktivierte Bindungssystem des hilfesuchenden Patienten ansprechen lassen und ihm zeitlich, räumlich und emotional zur Verfügung stehen.
- Der Therapeut muss als eine verlässliche sichere Basis fungieren, von welcher aus der Patient seine Probleme mit emotionaler Sicherheit bearbeiten kann.
- Der Therapeut verhält sich in Kenntnis der unterschiedlichen Bindungsmuster flexibel im Hinblick auf den Umgang mit Nähe und Distanz in der realen Interaktion mit dem Patienten sowie im Hinblick auf die Gestaltung des Settings.
- Der Therapeut sollte den Patienten dazu ermutigen, sich Gedanken darüber zu machen, in welcher Beziehungsform er heute seinen wichtigen Bezugspersonen begegnet.
- Der Patient muss angeregt werden, und der Therapeut muss darauf fokussieren, die therapeutische Beziehung genau zu überprüfen, weil sich hier alle von den Selbst- und Elternrepräsentanzen geprägten Beziehungswahrnehmungen widerspiegeln.
- Der Patient sollte behutsam aufgefordert werden, seine aktuellen Wahrnehmungen und Gefühle mit denen aus der Kindheit zu vergleichen.
- Dem Patienten sollte einsichtig gemacht werden, dass seine schmerzlichen Bindungs- und Beziehungserfahrungen und die daraus entstandenen verzerrten Selbst- und Objektrepräsentanzen für die aktuelle Lebensbewältigung von relevanten Beziehungen vermutlich nicht mehr angemessen, also überholt sind.
- Der Therapeut verhält sich bei der behutsamen Lösung des therapeutischen Bündnisses als Vorbild für den Umgang mit Trennungen. Die Initiative für die Trennung wird dem Patienten überlassen. Dieser wird darin ermutigt, Trennungsängste einerseits und die Neugier auf Erkundung eigenständiger Wege ohne Therapie andererseits zu verbalisieren und vielleicht auch auszu-

probieren. Eine vom Therapeuten forcierte Trennung könnte vom Patienten als Zurückweisung erlebt werden. Die physische Trennung ist nicht gleichbedeutend mit dem Verlust der »sicheren Basis«. Die Möglichkeit, bei erneuter »Not und Angst« zu einem späteren Zeitpunkt auf die Hilfe des Therapeuten zurückzugreifen, bleibt bestehen.

• Frühzeitige Wünsche nach Trennung und/oder mehr Distanzierung in der therapeutischen Beziehung könnten bei Patienten mit bindungsvermeidendem Muster dadurch ausgelöst worden sein, dass der Therapeut zu viel emotionale Nähe anbot, die der Patient noch nicht aushielt und als Bedrohung erlebte.

Diese Aspekte und Forderungen für eine therapeutische Technik basieren auf einem interaktionellen therapeutischen Verständnis, das die Situation der frühkindlichen Interaktion zwischen Mutter und Kind auf die Therapie überträgt. Dabei wird dem Bindungsaspekt zur Herstellung einer therapeutischen Beziehung eine grundlegende, wesentliche Funktion zugeordnet, die als zentrale Variable im therapeutischen Prozess gesehen wird. Dies wird umso verständlicher, als die Patienten mit ihren Störungen in ihren sozialen Beziehungen in der Regel keine sichere Bindungseinstellung in die Beziehung zum Therapeuten mitbringen. So ist es die zentrale Aufgabe des Therapeuten, eine sichere Basis mit dem Patienten herzustellen. Dies erfordert sehr viel Feinfühligkeit und Empathie und macht es nötig, sich auf die verzerrten Bindungsbedürfnisse und auf das daraus abgeleitete, oft bizarre Interaktionsverhalten des Patienten einzustellen oder einzustimmen. In dieser Hinsicht unterscheiden sich auch die Therapien von Kindern und Jugendlichen sowie von Erwachsenen in keiner Weise. Die von Ainsworth geforderten Qualitäten der Feinfühligkeit im Wahrnehmen der Signale des Säuglings, im richtigen Verständnis und in der angemessenen und prompten Reaktion auf diese Signale, wie sie zur Herstellung der Bindung zwischen Mutter und Kind hilfreich sind, können direkt auch auf die therapeutische Situation übertragen werden.

In der psychotherapeutischen Technik der Traumatherapie ist es eine wesentliche Voraussetzung zur Bearbeitung des Traumas, dass sich der Therapeut vor der Bearbeitung ausreichend Zeit nimmt, um mit dem Patienten einen »sicheren Ort« ausfindig zu machen. Dieser vom Patienten imaginierte Ort kann innerhalb oder außerhalb der Person liegen. Der Patient sucht in Augenblicken größter Angst während der Aktivierung von traumatischen Erinnerungen diesen »sicheren Ort« in seiner Fantasie auf, um dort emotional Schutz und Sicherheit zu erfahren. Auch die Imagination von »inneren hilfreichen Begleitern«, die an eine Bindungsperson erinnern und welche Schutz, Sicherheit und Angstentlastung bieten sowie Hilfs-Ich-Funktionen übernehmen, erinnert an das Konstrukt der »sicheren Basis« der Bindungstheorie (Reddemann/Sachsse 1996).

Auch wenn der Patient ein bestimmtes Leitsymptom – wie etwa Schlafstörungen – scheinbar ohne Beziehungsbezug in den Vordergrund rückt, werden sich relativ rasch Beziehungskonstellationen mit dem Symptom verknüpfen, die der Therapeut als bedeutungsvolle Auslöser oder aufrechterhaltende Faktoren der Symptomatik erkennt.

Bowlbys Forderung, mit dem Patienten über derzeitige und frühere Beziehungsformen zu wichtigen Bezugspersonen zu sprechen, wird sich sehr wahrscheinlich in der Therapie nicht automatisch erfüllen lassen, weil der Patient zwar in die Therapie kommt, um – mehr oder weniger bewusst – über interaktionelle Beziehungsprobleme und Schwierigkeiten zu sprechen, sein Unbewusstes diesem Wunsch wegen der angstmachenden Themen und Konflikte aber Widerstände entgegensetzt. Wegen dieser Problematik ist es so entscheidend, wie der Therapeut die therapeutische Beziehung gestaltet.

Bowlby geht davon aus, dass die Selbst- und Elternrepräsentanzen mit den entsprechenden Bindungs- und Explorationsmustern aus der frühen Kindheit in der therapeutischen Übertragungsbeziehung reaktiviert werden. Durch die Betrachtung der Beziehungs- und speziell der Bindungserlebnisse in der Therapie können frühere Selbst- und Objektrepräsentanzen des Patienten analysiert und verstanden werden. In diesem Sinne ist Bowlby ganz Psychoanalytiker und Vertreter der Objektbeziehungstheorie. Dabei können gerade auch unfeinfühlige Verhaltensweisen des Therapeuten mitunter heilsam wirken, sofern sie vom Patienten angesprochen und als reale Wahrnehmung des Patienten vom Therapeuten ernst genommen werden und nicht einer defensiven Übertragungsdeutung anheimfallen. Letzteres würde bedeuten, dass der Therapeut die realen Wahrnehmungen des Patienten im Hinblick auf seine (des Therapeuten) unfeinfühligen Verhaltensweisen verleugnet und in den Bereich frühkindlicher Erlebnisweisen des Patienten zurückverweist. Damit wird die Chance vertan, in der aktuellen therapeutischen Interaktion aufgetauchte reale Bindungserlebnisse zu analysieren.

Bowlbys Forderung, den Patienten behutsam auf die Wiederbelebung von Gefühlen aus der frühen Kindheit, die im Hier und Jetzt ausgelöst wurden, hinzuweisen, entspricht ganz der Vorstellung eines angemessenen und feinfühligen Umgangs mit dem, was der Patient in der Therapie präsentiert. Genetische Deutungen, mit denen die reale Wahrnehmung des Patienten von erlebten Verletzungen durch das aktuelle Verhalten des Therapeuten zurückgewiesen wird, dienen der Abwehr des Therapeuten, dessen Selbstwerterleben etwa durch die Kritik des Patienten gefährdet ist. Sie bedeuten zweifellos für den Patienten eine massive Kränkung und schwächen eher das therapeutische Bündnis. Sie führen sogar zu Abbruchtendenzen in der Therapie, weil eben die primären Bindungsbedürfnisse des Patienten missachtet wurden. In diesem Fall erlebt der Patient unter Umständen eine Wiederholung seiner frühkindlichen problematischen Bindungsmuster.

Der Patient gelangt im Rahmen der Behandlung schließlich zu seinen schmerzlichen Bindungs- und Beziehungserfahrungen, sofern er nach und nach seine Affekte, in der Regel Wut und Trauer, wahrnimmt. Er erlebt, wie sich aus diesen frühkindlichen Erlebnissen fixe Selbst- und Objektrepräsentanzen entwickelten, die bis heute seine Beziehungen zu Menschen durch entsprechende Wahrnehmungsverzerrungen und mit entsprechenden destruktiven Handlungsinteraktionen prägen. Nach Bowlbys Vorstellungen entsteht an dieser Stelle in der frühkindlichen Entwicklung Aggression, wenn die Bindungsbedürfnisse des Kindes oder seine Explorationsbedürfnisse nicht in adäquater Weise befriedigt werden. Eine solche Vorstellung steht ganz im Einklang mit der Aggressionstheorie von Parens. Dieser unterscheidet auf der einen Seite zwischen einer gutartigen, gesunden Aggression im Hinblick auf die Auseinandersetzung mit der Welt. Sie steht in sehr engem Kontext mit einem Explorationskonzept. Auf der anderen Seite definiert er eine destruktive Aggression, deren Ursache er in massiven frühkindlichen Frustrationserlebnissen sieht (Parens 2014).

Allgemeine Gesichtspunkte zur Psychotherapie von Kindern

Bowlbys Überlegungen müssen für die Psychotherapie von Kindern modifiziert werden. Das kann wie folgt geschehen:

• Der Kindertherapeut muss in seinem Zuwendungsverhalten als verlässliche psychische und physische Basis fungieren, damit sich trotz der Bindungsstörung des Kindes eine sichere Bindungsbeziehung entwickeln kann.

• Der Therapeut ermöglicht ein Spielverhalten, das sowohl in der direkten Interaktion als auch im Symbolspiel die Darstellung von bindungsrelevanten Inhalten aus den erlebten Beziehungen zu den bisherigen Bezugspersonen des Kindes fördert.

• Der Therapeut deutet bindungsrelevante Interaktionen zwischen sich und dem Kind direkt verbal oder durch teilnehmende Spielinteraktion auf der symbolischen Ebene.

• Der Therapeut fördert emotionale Äußerungen des Kindes, die sich auf die Bindungsaspekte in der Übertragung beziehen, und setzt sie in Beziehung zu den erfahrenen Bindungserlebnissen der Vergangenheit.

• Der Therapeut ermöglicht durch neue sichere Bindungserlebnisse, dass das Kind sich von früheren destruktiven unsicheren Bindungsmustern lösen und eine sichere Bindungsqualität entwickeln kann.

• Der Therapeut muss das therapeutische Bündnis behutsam lösen, als Vorbild für den Umgang mit Trennungen: Die Trennung sollte vom Kind und/oder den Eltern initiiert werden. Dann wird sie weniger leicht als Zurückweisung durch den Therapeuten erlebt. Die physische Trennung ist nicht gleichbedeutend mit dem Verlust der »sicheren Basis«, weil für das Kind und für die Eltern die Möglichkeit bestehen bleibt, bei erneuter »Not und Angst« zu einem späteren Zeitpunkt auf die Hilfe des Therapeuten zurückzugreifen.

In der Kinderpsychotherapie ist es noch naheliegender, dass der Therapeut eine sichere Bindungsbasis für das »Therapiekind« herstellen muss, weil sie dem frühkindlichen Prozess zeitlich noch näher zugeordnet ist. Je jünger das Kind ist, desto mehr ist es auf eine *reale* Bindungsperson angewiesen. Der Therapeut muss noch stärker als beim erwachsenen Patienten auch durch seine physische Präsenz als sichere Basis fungieren. Auch hier ist das feinfühlige Interaktionsverhalten des Therapeuten von grundlegender Bedeutung. Kinder sind wesentlich ehrlicher und direkter als Erwachsene, die eine Beziehung auf einer kognitiven Ebene pro forma eingehen können. Wenn die Bindungsbedürfnisse von Kindern in den Anfangsstunden einer Therapie nicht beantwortet und angemessen berücksichtigt werden, kommt die Therapie in der Regel gar nicht zustande oder sie endet nach wenigen Stunden mit einem Abbruch.

Auch in der Kindertherapie wird im Spielverhalten des Kindes auf bindungsrelevante Inhalte von Bindung, Trennung, Exploration fokussiert. Je nach Alter des Kindes und therapeutischer Orientierung können bindungsrelevante Spielinteraktionen zwischen Kind und Therapeut direkt verbal oder durch Deutung im teilnehmenden Spiel angesprochen werden, und das Kind kann in gewisser Weise damit konfrontiert werden. Das Ausmaß der Konfrontation oder der verbal aufdeckenden direkt formulierten Bindungsthemen hängt vom Alter der Kinder und ihren Fähigkeiten zur kognitiven Verarbeitung ab. In der Regel können Kinder aber auch selbst Bindungserlebnisse im Hinblick auf die Übertragung zum Therapeuten wie auch real erfahrene Bindungserlebnisse aus ihrer Vergangenheit ansprechen. Wenn diese sehr angst- und aggressionsbesetzt sind, muss man nach meiner Erfahrung sehr vorsichtig vorgehen, weil ein Überfluten durch die mit den Erlebnissen verbundenen Affekte durch zu frühe Interpretationen und Deutungen in der Regel eine noch nicht so sichere therapeutische Bindung überfordern können.

Bei Unterbrechungen der Therapie am Ende der Stunde, am Wochenende oder bei längerem Urlaub und Erkrankungen wird das Bindungssystem aktiviert. In der Kindertherapie können Spielsachen aus dem therapeutischen Raum, die von den Kindern in Trennungssituationen mitgenommen werden, als hilfreiche Übergangsobjekte (Winnicott 1969) eingesetzt werden, die symbolisch für den Therapeuten und die therapeutische Beziehung stehen. Manche Kinder bitten um eine Postkarte oder auch um regelmäßige Postkarten als »Beweis«, dass der Therapeut durch die Trennung nicht als Bindungsperson verloren gegangen ist.

In der Behandlung von Kindern spielt die begleitende Psychotherapie von Eltern oder Bezugspersonen eine große Rolle. Da das Kind seine in der Therapie gewonnenen Behandlungsfortschritte nur so weit realisieren kann, wie die Eltern in der Lage sind, diese zu akzeptieren und wohlwollend oder auch verständnisvoll zu begleiten, muss der Therapeut die Eltern über das therapeutische Vorgehen, das therapeutische Verständnis, die zugrunde liegende Theorie und die zu erwartenden Behandlungsschritte und Veränderungen beim Kind informieren. Darüber hinaus kann je nach elterlicher Psychopathologie auch eine intensivere Einzel- oder Paarpsychotherapie der Eltern stattfinden. In diesem Fall sind die gleichen bindungstherapeutischen Aspekte wie bei der Erwachsenenbehandlung zu berücksichtigen. Der Kindertherapeut muss daher nicht nur mit dem Kind, sondern auch mit den Eltern eine positive therapeutische Bindung im Sinne einer sicheren Basis eingehen.

Wenn die Beziehung des Therapeuten zum Kind oder die Veränderung der Symptomatik des Kindes für die Eltern eine Verunsicherung darstellt und wenn diese eine Ablehnung durch den Therapeuten spüren oder ihn ihrerseits ablehnen, wird die Behandlung früher oder später misslingen, weil die Eltern dann aus Angst zum Abbruch der Behandlung neigen. Mit großer Feinfühligkeit für die Bindungsbedürfnisse der Eltern – bei der Mutter und beim Vater können sie durchaus unterschiedlich sein – muss der Therapeut auch für diese eine emotional sichere Basis herstellen, von der aus sie im Laufe der begleitenden Elterntherapie eigene Verletzungen, Kränkungen, Verlust- und Trennungserlebnisse aus ihrer Lebensgeschichte besprechen können. Dabei sind in der Regel auch Bindungs- und Explorationsbedürfnisse im Rahmen der Beziehung der Eltern untereinander von wesentlicher Bedeutung. Sind diese Bindungs- und Explorationswünsche in der Partnerschaft nicht gut integriert, so kann es zur Übertragung dieser Wünsche eines Elternteils auf das Kind kommen, und dieses kann in eine Partnerersatzfunktion gedrängt werden. Ähnliche Übertragungswünsche können auch auf den Therapeuten gerichtet sein.

Ausführliche Fallbeispiele, wie eine bindungsbasierte Beratung und Therapie in Schwangerschaft, Geburt sowie im Säuglings- und Kleinkindalter und weiteren Altersstufen angewendet werden kann, finden sich in einer neuen Buchreihe von Brisch (Brisch 2013d; Brisch 2013c).

Prävention von Bindungsstörungen

Es wäre ein großer Gewinn, wenn möglichst viele Kinder eine sichere Bindungsentwicklung machen könnten und Bindungsstörungen auf dem Hintergrund von frühen traumatischen Erfahrungen vermieden werden könnten, da wir aus Längsschnittstudien die langfristigen Auswirkungen auf die Entwicklung von späterer Psychopathologie kennen (Brisch 2011). Um dies zu erreichen, können wir Empathie und feinfühlige Verhaltensweisen der Bindungspersonen schulen, so dass diese Teufelskreise von Gewalterfahrungen über Generationen hinweg möglichst früh durchbrochen werden. Hierzu wurden von uns zwei Präventionsprogramme entwickelt (Brisch 2007):

Prävention: SAFE® – Sichere Ausbildung für Eltern

Um die transgenerationale Weitergabe von traumatischen Erfahrungen zu unterbrechen und Eltern zu helfen, eine sichere Bindung mit ihrem Kind aufzubauen, haben wir das Präventionsprogramm »SAFE® – Sichere Ausbildung für Eltern« entwickelt (Brisch 2013b). Das SAFE®-Programm begleitet werdende Eltern durch die Schwangerschaft und das erste Lebensjahr ihres Kindes, um ihre elterlichen Kompetenzen zu stärken und ihnen zu helfen, eine positive Eltern-Kind-Beziehung aufzubauen (Brisch et al. 2013; Brisch 2013a; Brisch 2010; Brisch et al. 2010a).

Dieses Programm wurde von uns entwickelt, um die Erkenntnisse der empirischen Bindungsforschung in Form eines Trainingsprogramms an interessierte Eltern weiterzugeben. Das Trainingsprogramm findet in einer Gruppe mit anderen Eltern bzw. mit Alleinerziehenden statt, die in einer ähnlichen Schwangerschaftsphase sind. Die Kurse werden jeweils von zwei SAFE®-MentorInnen geleitet, die eine für dieses Programm entwickelte Weiterbildung durchlaufen haben und bereits über einschlägige Erfahrungen in der Arbeit mit Eltern und Säuglingen verfügen – ob als Hebamme, Kinderkrankenschwester, als Arzt oder Psychologin.

Der Kurs besteht aus zehn ganztägigen Seminaren, wobei vier Termine während der Schwangerschaft und sechs Termine nach der Geburt im Laufe des ersten Lebensjahres des Kindes stattfinden.

Die Inhalte beziehen sich u. a. auf die Kompetenzen des Säuglings und der Eltern, die vor- und nachgeburtliche Bindungsentwicklung und die Veränderung der Partnerschaft durch ein Kind. Auch die Erwartungen, Hoffnungen, Fantasien und Ängste in Bezug auf das Kind werden in Kleingruppen thematisiert. Stabilisierungs- und Imaginationsübungen werden trainiert, um diese in stressvollen Situationen anwenden zu können, z. B. in der Adaptationsphase nach der Geburt.

Wichtiger Bestandteil des Kurses ist das videogestützte Feinfühligkeitstraining, das eingesetzt wird, um die werdenden Eltern möglichst frühzeitig für die Signale und Bedürfnisse des Säuglings zu sensibilisieren. Anhand eigener Videoaufnahmen von Eltern-Kind-Interaktionen lernen sie, dessen Bedürfnisse besser wahrzunehmen sowie prompt und feinfühlig auf diese zu reagieren, indem sie konkrete Rückmeldungen erhalten.

Zusätzlich zu den prä- und postnatalen Modulen können die Vermittlung einer Traumatherapie und eine über den Kurszeitraum hinausgehende Hotline individuelle Hilfestellungen anbieten.

Mit allen Eltern wird ein Erwachsenen-Bindungsinterview durchgeführt und es werden diagnostische Fragebögen eingesetzt, um die Bindungsrepräsentation der Mütter und Väter und eventuelle traumatische Erfahrungen zu erfassen, welche die Beziehung zu ihrem Kind belasten können.

Eine Traumatherapie wird von spezialisierten PsychotherapeutInnen, die nicht gleichzeitig die SAFE®-MentorInnen sind, durchgeführt. Dabei können Eltern mit belastenden und unverarbeiteten Erfahrungen in der eigenen Lebensgeschichte diese aufarbeiten, um der Weitergabe von Ängsten und Gewalterfahrungen an ihr Kind vorzubeugen. Diese Interventionsform soll negative Auswirkungen auf die Bindungsentwicklung verhindern und den Teufelskreis der Weitergabe von traumatischen Erfahrungen von Eltern an ihre Kinder durchbrechen.

Auch nach Ablauf der Kurstage stehen die vertrauten SAFE®-MentorInnen den Eltern mit einer Hotline in belastenden Situationen zur Seite. Ziel des SAFE®-Programms ist, dass möglichst viele Kinder eine sichere Bindungsbeziehung zu ihren Eltern entwickeln. Zudem dient es der Gewaltprävention, indem der Weitergabe traumatischer Erfahrungen von Eltern an ihre Kinder vorgebeugt werden soll.

Nach einer erfolgreich abgeschlossenen Pilotstudie wird das SAFE®-Programm im Rahmen einer randomisierten, prospektiven Längsschnittstudie am Dr. von Haunerschen Kinderspital der Ludwig-Maximilians-Universität München untersucht. Das SAFE®-Programm könnte auch einen Einfluss auf die Prävention von ADHS-Störungen haben (www.safe-programm.de) (Brisch 2009a).

B.A.S.E® – Babywatching gegen Aggression und Angst für
Sensitivität und Empathie

In diesem Präventionsprogramm kommt eine Mutter mit einem
Säugling einmal in der Woche für ca. 30 Minuten in den Kindergarten. Zu Beginn ist der Säugling erst wenige Wochen alt und die
Mutter kommt mit ihm bis zum Ende des ersten Lebensjahres,
wenn der Säugling läuft und seine ersten Worte spricht. Unter Anleitung von geschulten Erzieherinnen werden ca. 25 Kinder für
eine halbe Stunde zur Mutter-Kind-Beobachtung angeleitet, während die Kinder im Stuhlkreis sitzen. Diese angeleitete Beobachtung schult die Empathiefähigkeit der Kinder und es können positive Verhaltensänderungen gesehen werden. Für viele Einzelkinder
besteht zum ersten Mal die Chance, über die Dauer von einem Jahr
ein Baby zu beobachten und sich empathisch in die Nöte, Gefühle,
Bedürfnisse, Wünsche und Ängste eines Babys und seiner Mutter
einzufühlen. Diejenigen Kinder, die in diesen Babybeobachtungs-
gruppen waren, verhalten sich im Vergleich mit Kindern einer
Kontrollgruppe nach einem Jahr weniger aggressiv, sind weniger
ängstlich, verhalten sich kooperativer, sind flexibler, und holen sich
eher Rat und Hilfe bei der Erzieherin. Dies zeigt, dass vermutlich
die erlernten Empathiefähigkeiten von den Kindern auch auf all-
tägliche Interaktionen untereinander übertragen werden können
und es zu einer Generalisierung der erlernten Verhaltensweisen
kommt (www.base-babywatching.de) (Haneder 2011).

Zusammenfassung und Ausblick

Die Kenntnis der Bindungstheorie und die Entwicklung von psychopathologischen Bindungsprozessen sollten zum Grundlagen-
wissen psychologischer und pädagogischer Ausbildung gehören.
Hieraus können entsprechende Ansätze für die Psychotherapie
sowie auch für Beratung und pädagogische Arbeit abgeleitet werden.

Das vorgestellte multidimensionale entwicklungspsychologische

Modell integriert vielfältige Aspekte der Bindungstheorie zur psychopathologischen Entwicklung, der Traumaforschung sowie der Genetik und Neurobiologie. Bei genetischer Vulnerabilität könnten Säuglinge für die traumabedingten interaktionellen Verhaltensänderungen ihrer Bezugspersonen sensibler sein, so dass sich die Wahrscheinlichkeit für die Ausbildung einer desorganisierten Bindung oder sogar einer Bindungsstörung erhöht. Ein therapeutisches Vorgehen, das bei den Beziehungen zwischen den Kindern und ihren Eltern, den Erzieherinnen und Lehrern ansetzt, verlangt Kooperation sowie Introspektions- und Beziehungsbereitschaft bei allen Beteiligten.

Die Bindungstheorie kann auch als Grundlage für die Entwicklung von Präventionsprogrammen dienen, die bereits in der Schwangerschaft beginnen und Eltern helfen, den Aufbau einer sicheren Eltern-Kind-Bindung als wichtige Ressource für die kindliche Persönlichkeit zu fördern.

Die Möglichkeit zu neuen bindungsorientierten Beziehungserfahrungen durch das Präventionsprogramm *SAFE®* – *Sichere Ausbildung für Eltern* sowie durch *B.A.S.E.®* – *Babywatching* sind vielversprechende Ansätze, die die Empathiefähigkeit der Beteiligten schulen und auf diese Weise zu einer gesünderen sozial-emotionalen Entwicklung von Kindern beitragen können.

Literatur

Ainsworth, M. D. S. (1977): Feinfühligkeit versus Unfeinfühligkeit gegenüber Signalen des Babys. In: Grossmann, K. E. (Hg.): Entwicklung der Lernfähigkeit in der sozialen Umwelt. (Geist und Psyche.) Kindler, München, S. 98–107.

Ainsworth, M. D. S. / Bell, S. M. (1970): Attachment, exploration, and separation: Illustrated by the behavior of one-year-olds in a strange situation. In: Child Development, 41, S. 49–67.

Bowlby, J. (1958): Über das Wesen der Mutter-Kind-Bindung. In: Psyche, 13, S. 415–456.

Bowlby, J. (1975): Bindung. Eine Analyse der Mutter-Kind-Beziehung. Kindler, München.

Bowlby, J. (1976): Trennung. Psychische Schäden als Folge der Trennung von Mutter und Kind. Kindler, München.
Bowlby, J. (1983): Verlust, Trauer und Depression. (Geist und Psyche.) S. Fischer, Frankfurt am Main.
Bowlby, J. (1988): A Secure Base: Clinical Implications of Attachment Theory. Routledge, London. Dt. (1995): Elternbindung und Persönlichkeitsentwicklung. Therapeutische Aspekte der Bindungstheorie. Dexter, Heidelberg.
Bowlby, J. (1995): Elternbindung und Persönlichkeitsentwicklung. Therapeutische Aspekte der Bindungstheorie. Dexter, Heidelberg.
Brisch, K. H. (1999): Bindungsstörungen. Von der Bindungstheorie zur Therapie. Klett-Cotta, Stuttgart (12. Auflage 2013).
Brisch, K. H. (2003): Bindungsstörungen und Trauma. Grundlagen für eine gesunde Bindungsentwicklung. In: Brisch, K. H. / Hellbrügge, T. (Hg.): Bindung und Trauma. Risiken und Schutzfaktoren für die Entwicklung von Kindern. Klett-Cotta, Stuttgart, S. 105–135.
Brisch, K. H. (2007): Prävention von Bindungsstörungen. In: von Suchodoletz, W. (Hg.): Prävention von Entwicklungsstörungen. Hogrefe, Göttingen, S. 167–181.
Brisch, K. H. (2009a): Bindung, Psychopathologie und gesellschaftliche Entwicklungen. In: Brisch, K. H. / Hellbrügge, T. (Hg.): Wege zu sicheren Bindungen in Familie und Gesellschaft. Prävention, Begleitung, Beratung und Psychotherapie. Klett-Cotta, Stuttgart, S. 350–371.
Brisch, K. H. (2009b): Bindungsstörungen. Von der Bindungstheorie zur Therapie. Stuttgart. 10. vollständig überarbeitete Neuauflage. Klett-Cotta, Stuttgart.
Brisch, K. H. (2010): SAFE® – Sichere Ausbildung für Eltern. Sichere Bindung zwischen Eltern und Kind. Klett-Cotta, Stuttgart.
Brisch, K. H. (Hg.) (2011): Bindung und frühe Störungen der Entwicklung. Klett-Cotta, Stuttgart.
Brisch, K. H. (2013a): Attachment-based intervention programs to prevent transgenerational trauma: »SAFE – Safe attachment formation for educators« and »B.A.S.E. – Babywatching: Aims, methods, implementation and preliminary results«. Vortrag, gehalten bei der Dutch Association of Marital and Family Therapy, Amsterdam, 21. September 2013.
Brisch, K. H. (2013b): SAFE® – Sichere Ausbildung für Eltern. Sichere Bindung zwischen Eltern und Kind. 5. Aufl. Klett-Cotta, Stuttgart.
Brisch, K. H. (2013c): Säuglings- und Kleinkindalter. (Reihe Bindungspsychotherapie.) Klett-Cotta, Stuttgart.
Brisch, K. H. (2013d): Schwangerschaft und Geburt. (Reihe Bindungspsychotherapie.) Klett-Cotta, Stuttgart.
Brisch, K. H. (2014): German perspectives on Henri Parens' pioneering work in Philadelphia: The development of attachment-based parenting programmes. In: Emde, R. N. / Leuzinger-Bohleber, M. (Hg.): Early Parenting and Prevention of Disorder. Psychoanalytic Research at Interdisciplinary Frontiers. Karnac, London, S. 200–212.

Brisch, K. H. / Bechinger, D. / Betzler, S. / Heinemann, H. (2003a): Early preventive attachment-oriented psychotherapeutic intervention program with parents of a very low birthweight premature infant: Results of attachment and neurological development. In: Attachment & Human Development, 5, S. 120–135.

Brisch, K. H. / Erhardt, I. / Kern, C. (2010a): Video-feedback training for expectant parents to promote parental sensitivity. Poster 12th World Congress of the World Association for Infant Mental Health, Leipzig, 2. Juli 2010.

Brisch, K. H. / Hellbrügge, T. (Hg.) (2003): Bindung und Trauma. Risiken und Schutzfaktoren für die Entwicklung von Kindern. (3. Auflage 2009.) Klett-Cotta, Stuttgart.

Brisch, K. H. / Kern, C. / Vuksanovic, N. (2010b): Infants, trauma and ADHD. In: Infant Mental Health Journal, 31, Abstract Supplement, S. 182.

Brisch, K. H. / Kern, C. / Vuksanovic, N. (2010c): Reactivity of HPA axis to attachment related stress in former very low birthweight preterm infants. In: Infant Mental Health Journal, 31, Abstract Supplement, S. 183.

Brisch, K. H. / Munz, D. / Bemmerer-Mayer, K. / Terinde, R. / Kreienberg, R. / R. Kächele, H. (2003b): Coping styles of pregnant women after prenatal ultrasound screening for fetal malformation. In: Journal of Psychosomatic Research, 55, S. 91–97.

Brisch, K. H. / Quehenberger, J. / Budke, A. / Forstner, B. / Kern, C. / Menken, V. (2013): SAFE®-Spezial in Kinderkrippen zur Förderung einer sicheren Bindungsentwicklung von Säuglingen und Kleinkindern. In: Pedrina, F. / Hauser, S. (Hg.): Babys und Kleinkinder. Praxis und Forschung im Dialog. Brandes & Apsel, Frankfurt am Main, S. 302–317.

Dilling, H. / Mombour, W. / Schmidt, M. H. (1991): Internationale Klassifikation psychischer Störungen. ICD-10 Kapitel V (F). Klinisch-diagnostische Leitlinien. Huber, Bern/Göttingen/Toronto.

Egeland, B. (2002): Ergebnisse einer Langzeitstudie an Hoch-Risiko-Familien – Implikationen für Prävention und Intervention. In: Brisch, K. H. / Grossmann, K. E. / Grossmann, K. / Köhler, L. (Hg.): Bindung und seelische Entwicklungswege. Grundlagen, Prävention und klinische Praxis. Klett-Cotta, Stuttgart, S. 305–324.

Erhardt, I. / Brisch K. H. (2010): SAFE® – Sichere Ausbildung für Eltern. Ein bindungstheoretisch basiertes Präventionsprogramm für werdende Eltern. In: Familiendynamik, 35, S. 84–85.

Fonagy, P. / Bateman, A. / Bateman, A. (2011): The widening scope of mentalizing: A discussion. In: Psychology and Psychotherapy-Theory Research and Practice, 84, S. 98–110.

Fonagy, P. / Steele, M. / Steele, H. / Moran, G. S. / Higgitt, A. C. (1991): The capacity for understanding mental states: The reflective self in parent and child and its significance for security of attachment. In: Infant Mental Health Journal, 12, S. 201–218.

Fraiberg, S. / Adelson, E. / Shapiro, V. (1980): Ghosts in the nursery. A psychoanalytic approach to the problems of impaired infant-mother relationship. In: Fraiberg, S. (Hg.): Clinical Studies in Infant Mental Health. Basic Books, New York, S. 164–196.

George, C. / Solomon, J. (1989): Internal working models of caregiving and security of attachment at age six. In: Infant Mental Health Journal, 10, S. 222–237.

George, C. / Solomon, J. (1999): Attachment and caregiving: The Caregiving behavioral system. In: Cassidy, J. / Shaver, P. R. (Hg.): Handbook of Attachment: Theory, Research and Clinical Applications. Guilford, New York / London, S. 649–670.

Gergely, G. / Fonagy, P. / Target, M. (2003): Bindung, Mentalisierung und die Ätiologie der Borderline-Persönlichkeitsstörung. In: Fonagy, P. / Target, M. (Hg.): Frühe Bindung und psychische Entwicklung. Psychosozial, Gießen, S. 219–231.

Green, J. / Goldwyn, R. (2002): Annotation: Attachment disorganisation and psychopathology: New findings in attachment research and their potential implications for developmental psychopathology in childhood. In: Journal of Child Psychology and Psychiatry, 43, S. 835–846.

Grossmann, K. / Grossmann, K. E. (2004/2012): Bindung – das Gefüge psychischer Sicherheit. 5. vollständig überarbeitete Neuauflage 2012. Klett-Cotta, Stuttgart.

Grossmann, K. E. (2003): Emmy Werner: Engagement für ein Lebenswerk zum Verständnis menschlicher Entwicklungen über den Lebenslauf. In: Brisch, K. H. / Hellbrügge, T. (Hg.): Bindung und Trauma. Risiken und Schutzfaktoren für die Entwicklung von Kindern. Klett-Cotta, Stuttgart, S. 15–33.

Grossmann, K. E. / Grossmann, K. / Waters, E. (Hg.) (2005): Attachment from infancy to adulthood: The major longitudinal studies. Guilford, New York.

Haneder, A. (2011): B.A.S.E.® – Babywatching – ein Programm für Empathie und Feinfühligkeit & gegen Angst und Aggression. Implementierung und Evaluierung an Tiroler Volksschulen. Diplomarbeit zur Erlangung des akademischen Grades einer Magistra der Naturwissenschaften. Innsbruck (Institut für Psychologie. Fakultät für Psychologie und Sportwissenschaften der Leopold-Franzens-Universität Innsbruck).

Hesse, E. / Main, M. (1999): Second-generation effects of unresolved trauma in non maltreating parents: Dissociated, frightened, and threatening parental behavior. In: Psychoanalytic Inquiry, 19, S. 481–540.

Hesse, E. / Main, M. (2002): Desorganisiertes Bindungsverhalten bei Kleinkindern, Kindern und Erwachsenen – Zusammenbruch von Strategien des Verhaltens und der Aufmerksamkeit. In: Brisch, K. H. / Grossmann, K. E. / Grossmann, K. / Köhler, L. (Hg.): Bindung und seelische Entwicklungswege – Grundlagen, Prävention und klinische Praxis. Klett-Cotta, Stuttgart, S. 219–248.

Hüther, G. (1996): The central adaptation syndrom: Psychosocial stress as a trigger for adaptive modifications of brain structure and brain function. In: Progress in Neurobiology, 48, S. 569–612.

Hüther, G. (1998): Stress and the adaptive self-organization of neuronal connectivity during early childhood. In: International Journal of Developmental Neuroscience, 16, S. 297–306.

Hüther, G. (1999): Stress und die Selbstorganisation verhaltenssteuernder neuronaler Netzwerke. In: Bildung und Erziehung, 52, S. 273–289.
Hüther, G. / Doering, S. / Rüger, U. / Rüther, E. / Schüssler, G. (1999): The stress-reaction process and the adaptive modification and reorganization of neuronal network. In: Psychiatry Research, 87, S. 83–95.
Jaffe, J. / Beebe, B. / Feldstein, S. / Crown, C. L. / Jasnow, M. D. (2001): Rhythms of Dialogue in Infancy: Coordinated Timing in Development. (Monographs of the Society for Research in Child Development: 66, No. 2, Serial No. 265.) Blackwell, Boston/Oxford.
Kern, C. / Vuksanovic, N. / Brisch, K. H. (2011): Early trauma and insecure attachment in boys with ADHD symptoms. In: European Journal of Psychotraumatology, Supplement 1, S. 65.
Kreppner, J. M. / O'Connor, T. G. / Rutter, M. / the English and Romanian Adoptees (ERA) Study Team (2001): Can inattention/overactivity be an institutional deprivation syndrome? In: Journal of Abnormal Child Psychology, 29, S. 513–528.
Kroesen, S. / Kügel, C. / Thaler, D. / Wörle, S. / Brisch, K. H. (2003): Traumaerfahrungen und posttraumatische Belastungen bei Kindern in stationärer pädiatrischer Behandlung. In: Lehmkuhl, U. (Hg.): Therapie in der Kinder- und Jugendpsychiatrie. Von den Therapieschulen zu störungsspezifischen Behandlungen. Vandenhoeck & Ruprecht, Göttingen, S. 35.
Kügel, C. / Kroesen, S. / Thaler, D. / Wörle, S. / Brisch, K. H. (2003): Bindungsstörungen bei Kindern in stationärer pädiatrischer Behandlung. In: Lehmkuhl, U. (Hg.): Therapie in der Kinder- und Jugendpsychiatrie. Von den Therapieschulen zu störungsspezifischen Behandlungen. Vandenhoeck & Ruprecht, Göttingen, S. 35.
Lieberman, A. F. / Pawl, J. H. (1993): Infant-parent psychotherapy. In: Zeanah, C. H. (Hg.): Handbook of Infant Mental Health. Guilford, New York / London, S. 427–442.
Liotti, G. (1992): Disorganized/disoriented attachment in the etiology of the dissociative disorders. In: Dissociation, 4, S. 196–204.
Liu, D. / Diorio, J. / Tannenbaum, B. / Caldji, C. / Francis, D. / Freedman, A. / Sharma, S. / Pearson, D. / Plotsky, P. M. / Meaney, M. J. (1997): Maternal care, hippocampal glucocorticoid receptors, and hypothalamic-pituitary-adrenal responses to stress. In: Science, 277, S. 1659–1662.
Lyons-Ruth, K. (1996): Attachment relationships among children with aggressive behavior problems: The role of disorganized early attachment patterns. In: Journal of Consulting and Clinical Psychology, 64, S. 64–73.
Lyons-Ruth, K. / Alpern, L. / Repacholi, B. (1993): Disorganized infant attachment classification and maternal psychosocial problems as predictors of hostile-aggressive behavior in the preschool classroom. In: Child Development, 64, S. 572–585.
Lyons-Ruth, K. / Block, D. (1996): The disturbed caregiving system: Relations among childhood trauma, maternal caregiving, and infant affect and attachment. In: Infant Mental Health Journal, 17, S. 257–275.
Lyons-Ruth, K. / Bronfman, E. / Parsons, E. (1999): Frightened, frightening,

and atypical maternal behavior and disorganized infant attachment strategies. In: Vondra, J. / Barnett, D. (Hg.): Atypical Patterns of Infant Attachment: Theory, Research, and Current Directions. Monographs of the Society for Research in Child Development. University of Chicago Press, Chicago, S. 67–96.

Lyons-Ruth, K. / Connell, D. B. / Grunebaum, H. U. (1990): Infants at social risk: Maternal depression and family support services as mediators of infant development and security of attachment. In: Child Development, 61, S. 85–98.

Lyons-Ruth, K. / Jacobvitz, D. (1999): Attachment disorganization: Unresolved loss, relational violence, and lapses in behavioral and attentional strategies. In: Cassidy, J. / Shaver, P. R. (Hg.): Handbook of Attachment: Theory, Research and Clinical Applications. Guilford, New York / London, S. 520–554.

Lyons-Ruth, K. / Zoll, D. / Connell, D. / Grunebaum, H. (1986): The depressed mother and her one-year-old infant: Environmental context, mother-infant interaction and attachment and infant development. In: Tronick, E. / Field, T. (Hg.): Maternal Depression and Infant Disturbances. New Directions for Child Development. Jossey-Bass, San Francisco, S. 61–82.

Main, M. / Goldwyn, R. (1982): Adult attachment interview: Scoring and classification manual. Unpublished manual. University of California, Department of Psychology, Berkeley.

Main, M. / Hesse, E. (1990a): The insecure disorganized/disoriented attachment pattern in infancy: Precursors and sequelae. In: Greenberg, M. / Cicchetti, D. / Cummings, E. M. (Hg.): Attachment during the Preschool Years: Theory, Research, and Intervention. University of Chicago Press, Chicago, S. 161–182.

Main, M. / Hesse, E. (1990b): Parents' unresolved traumatic experiences are related to infant disorganized attachment status: Is frightened and/or frightening parental behavior the linking mechanism? In: Greenberg, M. / Cicchetti, D. / Cummings, E. M. (Hg.): Attachment in the Preschool Years: Theory, Research, and Intervention. University of Chicago Press, Chicago, S. 161–184.

Main, M. / Solomon, J. (1986): Discovery of an insecure-disorganized/disoriented attachment pattern: Procedures, findings and implications for the classification of behavior. In: Brazelton, T. B. / Yogman, M. W. (Hg.): Affective Development in Infancy. Ablex, Norwood , S. 95–124.

Meaney, M. / Aitken, D. / Berkel, C. v. / Bhatnagar, S. / Sapolsky, R. (1988): Effect of neonatal handling on age-related impairments associated with the hippocampus. In: Science, 239, S. 766–768.

Meaney, M. J. / Aitken, D. / Bhatnagar, S. / Bodnoff, S. R. / Mitchell, J. B. / Sarrieau, A. (1990): Neonatal handling and the development of the adrenocortical response to stress. In: Gunzenhauser, N. (Hg.): Advances in Touch: New Implications in Human Development. (Summary Publications in the Johnson & Johnson Pediatric Round Table Series.) Johnson & Johnson Consumer Products, Skillman, NJ, S. 11–23.

Meins, E. (1997): Security of attachment and maternal tutoring strategies: Interaction within the zone of proximal development. In: British Journal of Developmental Psychology, 15, S. 129–144.

O'Connor, T. G. / Bredenkamp, D. / Rutter, M. (1999): Attachment disturbances and disorders in children exposed to early severe deprivation. In: Infant Mental Health Journal, 20, S. 10–29.

Parens, H. (1993): Toward the prevention of experience-derived emotional disorders in children by education for parenting. In: Parens, H. / Kramer, S. (Hg.): Prevention in Mental Health. Jason Aronson, Northvale, NJ / London, S. 123–148.

Parens, H. (2011): Handling Children's Aggression Constructively. Toward Taming Human Destructiveness. Jason Aronson, Lanham.

Parens, H. (2014): The evolution of an early parenting education programme, its follow-up, and its implications. In: Emde, R. N. / Leuzinger-Bohleber, M. (Hg.): Early Parenting and Prevention of Disorder. Psychoanalytic Research at Interdisciplinary Frontiers. Karnac, London, S. 186–199.

Parens, H. / Scattergood, E. / Singletary, W. / Duff, A. (1995): Kindliche Aggressionen. Kösel, München.

Parkes, C. M. / Stevenson-Hinde, J. / Marris, P. (Hrsg.) (1991): Attachment across the Life Cycle. Tavistock, London / New York.

Perry, B. D. (2001): The neurodevelopmental impact of violence in childhood. In: Schetky, D. / Benedek, E. (Hg.): Textbook of Child and Adolescent Forensic Psychiatry. American Psychiatric Press, Washington, D. C., S. 221–238.

Perry, B. D. / Pollard, A. R. / Blakley, T. L. / Baker, W. L. / Wigilante, D. (1995): Childhood trauma, the neurobiology of adaptation and use dependant development of the brain: How states become traits. In: Infant Mental Health Journal, 16, S. 271–291.

Putnam, F. W. (1993): Dissociative disorders in children: Behavioral profiles and problems. In: Child Abuse and Neglect, 17, S. 39–45.

Reddemann, L. / Sachsse, U. (1996): Imaginative Psychotherapieverfahren zur Behandlung in der Kindheit traumatisierter Patientinnen und Patienten. In: Psychotherapeut, S. 169–174.

Rutter, M. (1999): Resilience concepts and findings: Implications for family therapy. In: Journal of Family Therapy, 21, S. 119–144.

Rutter, M. / Kreppner, J. M. / O'Connor, T. G. / the English and Romanian Adoptees (ERA) Study Team (2001): Specificity and heterogeneity in children's responses to profound institutional privation. In: British Journal of Psychiatry, 179, S. 97–103.

Schore, A. N. (1996): The experience-dependent maturation of regulatory system in the orbital prefrontal cortex and the origin of developmental psychopathology. In: Development and Psychopathology, 8, S. 59–87.

Schore, A. N. (1997): Early organization of the nonliniar right brain and development of a predisposition to psychiatric disorders. In: Development and Psychopatholgy, 9, S. 595–631.

Schore, A. N. (2001a): The effects of early relational trauma on right brain development, affect regulation, and infant mental health. In: Infant Mental Health Journal, 22, S. 201–269.

Schore, A. N. (2001b): Effects of secure attachment relationship on right brain development, affect regulation, and infant mental health. In: Infant Mental Health Journal, 22, S. 7–66.

Schuengel, C. / van IJzendoorn, M. H. / Bakermans-Kranenburg, M. J. / Blom, M. (1997): Frightening, frightened and/or dissociated behavior, unresolved loss and infant disorganization. Vortrag, gehalten auf dem Biennial Meeting of the Society for Research in Child Development: Caregiving Correlates and Longitudinal Outcomes of Disorganized Attachments in Infants (Symposium, Chairman: D. Jacobvitz), Washington, D. C., April 1997.

Schuengel, C. / van IJzendoorn, M. H. / Bakermans-Kranenburg, M. J. / Blom, M. (1999): Attachment and loss: Frightening maternal behavior linking unresolved loss and disorganized infant attachment. In: Journal of Consulting and Clinical Psychology, 67, S. 54–63.

Spangler, G. / Schieche, M. (1998): Emotional and adrenocortical responses of infants to the strange situation: The differential function of emotional expression. In: International Journal of Behavioral Development, 22, S. 681–706.

Speltz, M. / DeKlyen, M. / Greenberg, M. T. (1999): Attachment in boys with early onset conduct problems. In: Developmental Psychopathology, 11, S. 269–285.

Spitzer, M. (2000): Das hast Du von der Mutter – aber nicht geerbt. Nichtgenetische Weitergabe von Charaktereigenschaften über mehrere Generationen im Tierexperiment. In: Nervenheilkunde, 19, S. 48–87.

Steele, M. / Hodges, J. / Kaniuk, J. / Henderson, K. / Hillman, S. / Bennett, P. (2002): Weitererzählungen von Geschichten als Methode zur Erfassung der inneren Welt des Kindes – Implikationen für die Adoption. In: Brisch, K. H. / Grossmann, K. E. / Grossmann, K. / Köhler, L. (Hg.): Bindung und seelische Entwicklungswege – Grundlagen, Prävention und klinische Praxis. Klett-Cotta, Stuttgart, S. 339–352.

Steele, M. / Moran, G. S. / Steele, H. / Higgitt, A. C. (1991): The capacity for understanding mental states: The reflective self in parent and child and its significance for security of attachment. In: Infant Mental Health Journal, 13, S. 200–216.

Suess, G. J. / Grossmann, K. E. / Sroufe, L. A. (1992): Effects of infant attachment to mother and father on quality of adaptation in preschool: From dyadic to individual organization of self. In: International Journal of Behavioral Development, 15, S. 43–65.

Teicher, M. H. / Andersen, S. L. / Polcari, A. / Anderson, C. M. / Navalta, C. P. (2002): Developmental neurobiology of childhood stress and trauma. In: The Psychiatric Clinics of North America, 25 (2), S. 397–426.

van IJzendoorn, M. H. / Bakermans-Kranenburg, M. J. (1997): Intergenerational transmission of attachment: A move to the contextual level. In: Atkinson, L. / Zucker, K. J. (Hg.): Attachment and Psychopathology. Guilford, New York / London, S. 135–170.

van IJzendoorn, M. H. / Sagi, A. (1999): Cross-cultural patterns of attachment: Universal and contextual dimensions. In: Cassidy, J. / Shaver, P. R. (Hg.):

Handbook of Attachment: Theory, Research and Clinical Applications. Guilford, New York, London, S. 713–734.

van IJzendoorn, M. H. / Schuengel, C. / Bakermans-Kranenburg, M. J. (1999): Disorganized attachment in early childhood: Meta-analysis of precursors, concomitants and sequelae. In: Development and Psychopathology, 11, S. 225–249.

Vuksanovic, N. / Brisch, K. H. (2010): ADHD-Trauma-Attachment: A new aetiological model. In: Infant Mental Health Journal, 31, Abstract Supplement, S. 182.

Werner, E. E. (2000): Protective factors and individual resilience. In: Shonkoff, J. P. / Meisels, S. J. (Hg.): Handbook of Early Childhood Intervention. 2. Aufl. Cambridge University Press, Cambridge, S. 115–132.

Winnicott, D. W. (1969): Übergangsobjekte und Übergangsphänomene. In: Psyche, 23, S. 666–682.

BRIGITTE DORST

»Das Geheimnis des Lebens ist zwischen Zweien verborgen« (C. G. Jung)

Der therapeutische Eros und die heilende Kraft der Liebe

1. Einleitung

Mein Thema heute Morgen ist, wie sich die transformierende Kraft der Liebe im Raum der Psychotherapie zeigen kann.

Das, was sich in der Begegnung zweier Menschen in den Rollen des Therapeuten und des Patienten ereignet, ist eine besondere Beziehung, die für mich auch nach über 45 Jahren Erfahrung noch immer etwas Geheimnisvolles hat, das ich im Satz von C. G. Jung angedeutet finde:

> »Das lebendige Geheimnis des Lebens ist immer zwischen Zweien verborgen, und es ist das wahre Mysterium, das Worte nicht verraten und Argumente nicht erschöpfen können« (Briefe III, S. 328).

Ich möchte zunächst von den zwei Worten »Therapie« und »Eros« ausgehen, um dann den Raum der Therapie und die Beziehung zwischen beiden, TherapeutIn und PatientIn, etwas näher auszuleuchten und vor allem nach jenen besonderen und bedeutsamen Momenten zu suchen, in denen etwas Entscheidendes geschieht, eine Veränderung, eine Wandlung, etwas Heilsames, etwas, wo im Kräftefeld der transformierenden Liebe eine Art Sprung passiert.

Gehen wir zunächst auf die griechische Bedeutung des Wortes Therapie ein. Das Verb *therapeúein* bedeutet: dienen, Dienst tun, pflegen, sorgfältig behandeln, aufwarten, begleiten, gut für etwas sorgen. Ein Psychotherapeut, eine Psychotherapeutin ist also ein

Mensch, der die Seele pflegt und behandelt und auch ein Wegge-
fährte oder eine Weggefährtin ist.

Die therapeutische Gefährtenschaft ist jeweils etwas sehr Individuelles. Manche Therapien habe ich als einen Kampf mit der Patientin um ihr Leben, ihr Lebensrecht und ihre Lebensmöglichkei-
ten erlebt, manche als ein gemeinsames Ringen mit einem
Mutterdrachen oder einem Vaterungeheuer im Hintergrund. Manche Passagen in der Begleitung eines Patienten oder einer Klientin
waren eher philosophisch-sokratische Gespräche über die rechte
Lebenskunst und den Sinn des Lebens, in anderen war es eine Art
Flick- und Webearbeit, die verworrenen und abgerissenen Lebens-
fäden eines Menschen mit ihm zusammen wieder zu ordnen und
im Gewebe seines Lebens neu zu verknüpfen.

Welche Form auch immer die Zusammenarbeit und die zeitweise Begleitung eines Menschen auf seinem Lebensweg hat, alles
steht unter dem Einfluss von Eros (oder lat. Amor), dem Gott der
Liebe. Wer ist Eros? Was bedeutet »therapeutischer Eros«, um den
es hier gehen soll?

Das Wort Eros lässt heutige Menschen ja weitaus eher an »Eros-
Center« denken als an einen griechischen Gott, der einstmals als
der Mächtigste der Götter angesehen wurde, weil alle, Menschen
und Götter und Göttinnen, seiner Macht unterlagen. Zeitweise
galt er als Weltschöpfer, etwa bei den Orphikern, zuweilen als Sohn
der Aphrodite, der Göttin der Schönheit, und des Kriegsgottes
Ares. In Platons Gastmahl gibt Sokrates weiter, was ihn Diotima
über Eros gelehrt hat: Eros sei ein großer Daimon, ein Mittler zwischen Gottheit und Menschheit. Der Mythos von Amor und Psyche in der Version des Apuleius beschreibt das Verhältnis zwischen
dem Gott Amor und Psyche, der personifizierten Menschenseele.
Psyche darf Amor nicht sehen, erfährt ihn nur des Nachts als ihren
geheimnisvollen Gatten.

All das will ich nicht weiter vertiefen, sondern auf die zeitge-
mäße Vorstellung von Eros eingehen. Nach unserem heutigen Verständnis ist Eros ein Prinzip der Bezogenheit. C. G. Jung betont:
»Bezogenheit [ist] eine natürliche Eigenschaft der menschlichen

Psyche« (Briefe II, S. 82). Sie erscheint, wo Menschen in Kontakt zueinander treten. In diesem Sinne ist Eros für Jung stets »etwas Reales und Beobachtbares« (ebd.). Er formuliert kurz und knapp: »Man könnte den Begriff des Eros in moderner Sprache als seelische Beziehung [...] ausdrücken« (GW 10, § 255).

2. Der therapeutische Eros und die therapeutische Beziehung

Der therapeutische Eros ist also eine Form der Bezogenheit, die sich aufseiten des Therapeuten, der Therapeutin als eine fürsorgliche, ermutigende, schützende Begleitung zeigt. Der Begleiter stellt sich in den Dienst des Selbst des Patienten.

Der therapeutische Eros bestimmt das je förderliche Maß an Nähe und Distanz, an »Holding« und auch an herausfordernder Konfrontation; er gibt den Raum für Entwicklung und Nachreifung. Ingrid Riedel beschreibt diese Bezogenheit als ein »Mutterfeld« (den Begriff übernimmt sie von Paul Haerlin), und es bedeutet für sie: »ein Raum des Seins, einer fraglosen, selbstvergessenen Teilhabe am Leben [...], einer Zugehörigkeit, die noch vor allem Leistungsanspruch besteht und die es ermöglicht, die heilenden Lebenskräfte aus dem Unbewußten aufsteigen zu lassen« (Riedel 1992, S. 28).

Aufseiten des Patienten geht es um »das Gefühl eines primären Getragenseins« (ebd.).

Lutz Müller und Dieter Knoll schreiben in ihrem Buch *Ins Innere der Dinge schauen* über die therapeutische Beziehung: »Für diese Art von Begegnung und Beziehung steht das archetypische Symbol des Eros. [...] Immer, wenn Beziehungen entstehen und Menschen auf so tiefer Ebene miteinander arbeiten, wie es in einer Therapie der Fall ist, ist Eros anwesend, indem er die Seelen auf vielfältige Weise miteinander verknüpft und manchmal auch verstrickt« (Müller/Knoll 1998, S. 87 f.).

In diesem Sinne forderte Jung bereits 1934 in seinem Aufsatz

Zur gegenwärtigen Lage der Psychotherapie: »Der Psychotherapeut sollte nicht mehr dem Wahne huldigen, daß die Neurosenbehandlung nichts erfordere als die Kenntnis einer Technik, sondern er sollte sich restlos darüber klar werden, daß die seelische Behandlung eines Kranken eine Beziehung ist, in welcher der Arzt ebensosehr darinsteht wie der Patient. Eine wirkliche seelische Behandlung kann nur individuell sein, weshalb auch die beste Technik nur relativen Wert besitzt« (GW 10, § 352).

Der therapeutische Eros entsteht also im Zwischenraum zwischen TherapeutIn und PatientIn. Von Seiten des Patienten, der Patientin wird er durch das Sich-Einlassen auf die Therapie und die Person des Therapeuten, der Therapeutin ermöglicht – nicht ohne Angst, Ambivalenzen und Widerständigkeit, in einem gewissen »Dennoch will ich's mit ihr oder ihm versuchen«.

Es wird heute allgemein von den verschiedenen therapeutischen Schulen und Richtungen akzeptiert, dass die therapeutische Beziehung das Herzstück der Therapie ist. Mehrfach wurde in empirischen Studien nachgewiesen, dass Beziehung der zentrale Wirkfaktor für Veränderungen und für den Erfolg von Therapie ist. 85 % der therapeutischen Wirkung sind auf Beziehungsvariablen zurückführbar, die restlichen 15 % auf Methoden. Die Beziehung ist also das A und O.

Die therapeutische Beziehung ist keine Technik, die angewendet werden kann. Sie ist vielmehr ein Prozess zwischen beiden Beteiligten. Der Beziehungsaufbau muss eine wesentliche Vertrauensbasis schaffen, auf der schwierige Auseinandersetzungen und angstbesetzte Veränderungen möglich werden. Die therapeutische Beziehung selbst ist ständig in Entwicklung und Veränderung, zeigt sich zu Therapiebeginn anders als im Verlauf oder am Ende einer Therapie. Entscheidend im therapeutischen Prozess ist die Qualität der Beziehung, sie ist der Veränderungskatalysator und bestimmt auch mit, welche therapeutischen Techniken und Methoden für einen Patienten, eine Patientin hilfreich sein können.

Die therapeutische Beziehung selbst ist in schwierigen Zeiten auch immer wieder störanfällig und kann Verstörungen erfahren.

Hierbei spielen Übertragungen eine große Rolle. Es kann zu Krisen und sehr komplexhaften, unbewussten Verstrickungen kommen. Die Berliner Psychotherapeutin Eva Jaeggi betont in ihrem Buch *Liebe und Heilung. Neue Perspektiven in der therapeutischen Beziehung* (2004), wie sehr sich in den vergangenen Jahrhunderten die Vorstellungen über Beziehung und zwischenmenschliche Umgangsformen insgesamt verändert haben. Das heißt, dass auch die therapeutische Beziehung historischen Wandlungsprozessen unterworfen war und ist. Insbesondere die Humanistische Psychologie hat wesentlich zu einem Wandel der therapeutischen Beziehung beigetragen – vor allem die zugewandte, warmherzige und feinfühlige Form einer authentischen therapeutischen Beziehung, wie Carl Rogers sie beschrieb und für unabdingbar hielt.

Auch die Ziele einer Therapie haben sich historisch gesehen gewandelt, von der Betonung der Heilung von psychischem Leiden und der Beseitigung von Symptomen über vertiefte Selbsterkenntnis, Einsicht in seelische Grundkonflikte und Veränderung der Person bis hin zur Förderung von Entwicklung und Reifung sowie Identitätssicherung. Es sind ja vor allem Beziehungen, die unsere Identität bestärken und sichern.

Was sind Merkmale und Besonderheiten der therapeutischen Beziehung?

Zunächst einmal gilt: Die therapeutische Beziehung ist die tragende Basis jeder Psychotherapie. Sie hat verschiedene Ebenen:
- die reale zwischenmenschliche Ebene,
- das Arbeitsbündnis,
- die Übertragungs-/Gegenübertragungsebene,
- die transpersonale Ebene.

In der Fachliteratur fällt auf, dass die tiefenpsychologischen Schulen sich am intensivsten mit den Themen Übertragung und Gegenübertragung beschäftigt haben; weitaus weniger Beachtung fand die Bedeutung der realen zwischenmenschlichen Ebene.

Eine Besonderheit der therapeutischen Beziehung ist ihre rollenmäßig vorgegebene Asymmetrie. Diese bestimmt auch die Verpflichtungen und Erwartungen aufseiten von TherapeutIn und PatientIn.

Wozu ist ein Therapeut verpflichtet?

- Zuerst vor allem, den uralten ärztlichen Grundsatz zu beachten, dem Patienten nicht zu schaden, ihn vielmehr zu heilen bzw. zu seiner Heilung beizutragen,
- ihm bei seinen Anliegen zu helfen,
- die Autonomie der Patientin zu achten,
- ihr Wertschätzung und Akzeptanz entgegenzubringen.

Was erwarten Menschen, die in die Therapie kommen?

- Heilung von Leiden und Hilfe zur Veränderung,
- Angenommensein,
- Unterstützung,
- Entlastung,
- Entängstigung,
- Verständnis,
- Wohlwollen und Achtung,
- Vertrauenswürdigkeit und Verschwiegenheit,
- Kompetenz der Therapeutin / des Therapeuten.

Die Persönlichkeiten von TherapeutIn und PatientIn müssen zusammenpassen; hierbei spielen Alter, Geschlecht, kulturelle Herkunft, emotionale und kognitive Faktoren eine Rolle. Passungsprobleme können sich in Bezug auf die Störungen der Patientin und das methodische Handwerkszeug der Therapeutin ergeben sowie im Hinblick auf institutionelle Faktoren und Rahmenbedingungen.

Was erwarten und was möchten TherapeutInnen in der Beziehung? Ebenfalls:

- Anerkennung,
- Wertschätzung als Fachfrau bzw. Fachmann.

Darüber hinaus wünschen sie sich Befriedigung und Selbstverwirklichung im Beruf, und natürlich ist die therapeutische Tätigkeit auch Erwerb und Lebensunterhalt und soll ein gutes Leben ermöglichen.

Die Rolle der Therapeutin ist die der Fachfrau, die ihr Wissen, ihre professionelle Kompetenz und ihr Erfahrungswissen einbringt und sich engagiert, um dem Patienten bei der Auseinandersetzung mit seiner Lebensgeschichte, seiner Lebensgestaltung, seinen Problem- und Konfliktthemen sowie bei seinen weiteren Schritten in Richtung Entwicklung und Reifung zu helfen.

Zu einem guten Therapeuten gehört auch die selbstreflexive Achtsamkeit für das eigene Befinden, das Umgehen mit den spezifischen psychischen Belastungen und kommunikativen Anforderungen dieses Berufes, mit Idealisierungen und Entwertungen. Für den Schutz vor Burnout ist die Balance durch ein persönlich erfüllendes Leben wesentlich.

Beide, TherapeutIn und PatientIn, konstruieren die therapeutische Beziehung. Der Therapeut stellt den Raum dafür zur Verfügung. Das Unbewusste und Bewusste von beiden bestimmt und gestaltet die Beziehung. Das therapeutische Bündnis, das beide eingehen, basiert auf Freiwilligkeit, Gemeinsamkeit in den Zielen und Vertrauen; es beinhaltet Abmachungen und organisatorische Regelungen der Zusammenarbeit. Das Arbeitsbündnis ist aber noch mehr. Hans Dieckmann betont, dass es keine rational bestimmte Abmachung ist: »Dieses Bündnis kann man nicht ›machen‹. Es geht im Grunde genommen nicht vom bewußten Ich aus, sondern stammt aus der tieferen Schicht des Selbst« (Dieckmann 1981, S. 59). Ich würde das, was Dieckmann die »tiefere Schicht des Selbst« nennt, als die transpersonale Ebene bezeichnen. Ich bleibe aber zunächst bei der Darstellung der realen Beziehungsebene.

Aus meiner Ausbildung in Gesprächspsychotherapie sind mir die Anforderungen, die Carl Rogers an einen guten Therapeuten, eine gute Therapeutin stellt – Echtheit, Wertschätzung, Authentizität – wichtig geblieben, insbesondere sein hoher Anspruch an die Emphathiefähigkeit. Er meint damit, in die subjektive Erlebniswelt eines anderen so einzutauchen, dass ich mich wie vertraut darin bewegen kann, behutsam und feinfühlig die Bedeutung zu erspüren, die etwas für die Patientin, den Klienten hat, und ihr bzw. ihm ein Gefühl von Sicherheit zu vermitteln. Er sagt: »Man ist für diese Person ein Begleiter durch ihre innere Welt, bei dem sie sich sicher fühlen kann« (Rogers 1975, S. 4).[1]

Carl Rogers beschreibt also schon 1975, was wir heute aus der entwicklungspsychologischen Bindungsforschung wissen: Nicht nur Kinder, sondern auch Erwachsene brauchen bei ihrem Explorieren ihrer inneren Welt eine sichere Bindung an den Therapeuten, die Therapeutin.

Die Arbeit von Therapeutin und Patientin ist dann, sich miteinander in der seelischen Innenwelt der Patientin zu bewegen und gemeinsam »Verstehenshypothesen« (Auckenthaler 2004, S. 93) für das zu entwickeln, was die Patientin als ihre innere Wahrheit erfährt.

Chancen und Gefahren der therapeutischen Beziehung

Die therapeutische Beziehung hat Chancen, Grenzen und Gefahren. Die Chancen beziehen sich auf Heilung, Entwicklung und Befreiung. Diese Aspekte werden von den verschiedenen Therapierichtungen unterschiedlich benannt und beschrieben. Und auch wenn viele Kolleginnen und Kollegen sich heute eher scheuen, von Heil und Heilung zu sprechen, ist das, was mit diesen Worten gemeint ist, unverzichtbar. Der Arzt und Nobelpreisträger Bernard Lown hat in seinem Buch *Die verlorene Kunst des Heilens. Anleitung zum Umdenken* (2002) ein eindringliches Plädoyer für das Heilende im achtsamen Zuhören und bezogenen Gespräch gehalten – ein wegweisendes Buch, das die Summe seiner Lebenserfahrungen in der Heilkunst enthält.

In den Wünschen und Sehnsüchten nach Heilwerden und Heilung steckt gewiss auch ein utopisches Potential. Die heutige Psychotherapie ist aber realistisch und bescheiden, was ihre Möglichkeiten angeht. Zwei Stimmen dazu:

Eva Jaeggi schreibt in ihrem Buch *Liebe und Heilung*: »War Heilung von psychischen Störungen und Leiden im 19. und 20. Jahrhundert noch das vorrangige Ziel der Behandlung, so gilt für die heutige Zeit: Wir haben [...] längst nicht mehr die Naivität zu glauben, dass Therapie immer die ganz große und endgültige ›Heilung‹ hervorbringt. Auch bei noch so befriedigender therapeutischer Beziehung ist sie selten zu erreichen. Realistisch ist es, eine Symptomverbesserung zu erzielen, ein adäquateres Umgehen mit immer wieder auftauchenden Problemen und auch Symptomen. [...] Der ›depressive‹ Patient wird mit seinen immer wieder auftauchenden Verstimmungen anders umgehen können, wenn die Therapie Erfolg hat. Dass er nach einer Therapie depressionsfrei durch das Leben gehen wird [...], das glaubt auch der naivste Therapeut nicht mehr« (Jaeggi 2004, S. 35 f.).

Und Günter Hole, Psychiater, Psychotherapeut und langjähriges Vorstandsmitglied der IGT, sagt: »Das Unvollkommene in der Heilung und im Heil ist der Realfall und Regelfall, und von ihm her bestimmt sich unser Alltag. Ihn [diesen Regelfall] trotzdem und gerade umso mehr positiv aufzuwerten, ist eine dankbare, wenn auch oft schwere Aufgabe« (Hole 2003, S. 217). Es geht um das Annehmen eines Leidens, das bleibt.

Neben ihren Chancen hat die therapeutische Beziehung auch Gefahren, auf die ich im Folgenden kurz hinweisen möchte.

Allgemein akzeptiert ist, dass im therapeutischen Raum ethische Grundsätze und berufsspezifische Normen gelten. Grenzverletzungen durch unterschiedliche Formen von Missbrauch von Macht und Abhängigkeit sind Risiken und Gefahren in der Therapie. Auch Therapien sind nicht frei davon. Es gibt Missbrauch in der Therapie mit schweren Folgeschäden für die davon betroffenen Patientinnen – es sind zumeist Frauen. Ich erlebe zurzeit in der Arbeit mit einer Patientin wieder einmal, wie verletzend und zerstörerisch sich ein solcher Missbrauch auswirken kann. Zur Missbrauchsproblematik zähle ich sexuellen und emotionalen Missbrauch, narzisstisches Ausnutzen von Patientinnen und Patienten, ebenso ökonomischen Missbrauch, ohne dass ich diese Themen hier weiter vertiefen will.

Groß ist die Neigung unserer Berufsgruppe, das Gelungene und die Erfolge der Therapie dem eigenen Können und dem eigenen Einfluss zuzuschreiben und die Misserfolge und Schwierigkeiten hingegen der Abwehr der Patienten, ihren Lebensumständen, dem Schweregrad der Störungen bzw. den schwierigen Setting-Bedingungen.

Der narzisstische Anteil an der Macht der Therapeutenrolle darf nicht geleugnet werden, und vor der narzisstischen Ausbeutung von Klienten und Patientinnen schützt wohl am besten, wenn Therapeuten und Therapeutinnen sich immer wieder um die eigenen Wunden und Beschädigungen und um die eigene Weiterentwicklung an dafür geeigneten Orten kümmern.

3. Was ist von C. G. Jung für die Psychotherapie zu lernen?

An zahlreichen Stellen in seinem Gesamtwerk beschäftigt sich Jung mit der Rolle des Arztes bzw. des Psychotherapeuten und seinen Aufgaben und macht Aussagen, die auch heute noch wegweisend sind für die therapeutische Praxis und die Ausbildung im therapeutischen Beruf: »Jeder Psychotherapeut hat nicht nur seine Methode: *er selber ist sie.* [...] Der große Heilfaktor der Psychotherapie ist die Persönlichkeit des Arztes [...]« (GW 16, § 198). Jung weiter: »Alles hängt davon ab, ob ich die Sprache des Patienten erlernen kann und dem tastenden Suchen seines Unbewußten nach einem Weg zum Licht zu folgen vermag. Der eine braucht dies, und der andere das Gegenteil davon. Solcher Art sind die Unterschiede zwischen den Individuen« (GW 18/I, § 518).

Er verlangt: »Der Therapeut muß sich jederzeit Rechenschaft darüber ablegen, wie er selber auf die Konfrontation mit dem Patienten reagiert. Man reagiert ja nicht nur mit dem Bewußtsein, sondern man muß sich immer auch fragen: wie erlebt mein Unbewußtes die Situation?« (Erinnerungen, S. 139) Und er betont: »Der Prüfstein jeder Analyse, die sich nicht mit einem teilweisen Erfolg zufrieden gibt oder erfolglos zum Stillstand kommt, ist immer diese Mensch-zu-Mensch-Beziehung. In dieser psychologischen

Situation steht der Patient dem Arzt als Gleichberechtigter gegenüber [...]« (GW 16, § 289).

Jung hat immer wieder für die therapeutische Beziehung das Symbol des *Vas hermeticum* aus der Alchemie benutzt und damit darauf hingewiesen, dass in diesem geschlossenen Gefäß beide, TherapeutIn und PatientIn, wesentlich beeinflusst und verändert, regelrecht durchgeschüttelt werden.

Gleichzeitig ist Normalität in der Begegnung zwischen Therapeut und Patient für C. G. Jung ein wichtiger Leitwert. So berichtet er: »Oft kommen Leute zu mir in der Erwartung, ich würde jetzt einen medizinischen Zauber loslassen. Dann sind sie enttäuscht, wenn ich sie wie normale Menschen behandle und mich wie ein normaler Mensch benehme« (GW 10, § 881).

Ebenso wichtig ist ihm, die Begegnung und die Arbeit mit jedem Menschen wirklich als etwas Neues zu beginnen. So sagt er: »Meine im Lauf von sechzig Jahren gesammelte Erfahrung und Menschenkenntnis hat mich gelehrt, jeden einzelnen Fall als ein neues Erlebnis zu betrachten, bei dem es zuallererst darauf ankommt, den individuellen Zugang zu finden« (GW 18/I, § 518).

Und er warnt eindringlich, sich nicht verführen zu lassen von der Projektion des Archetyps des großen Heilers und Erlösers, die er als Gefahr und Risiko des Berufs ansieht. Wie groß die Gefahr der Verführung durch solche archetypischen Bilder ist, hängt davon ab, »bis zu welchem Grad der Arzt selber seiner eigenen psychischen Problematik gewachsen ist« (GW 18/II, § 1172). Denn: »Nur das, was einer wirklich ist, hat heilende Kraft« (GW 7, § 258).

4. Der besondere Moment: Wandlungsphänomene im Prozess der Therapie

Einen neuen Blick im Sinne einer Zwei-Personen-Psychologie bietet das von Daniel Stern und der Boston Change Process Study Group (BCPSG) entwickelte Paradigma »Veränderungsprozesse«

(Stern et al. 2012). Die Forscher kamen ursprünglich aus der mikroanalytischen Kleinkindforschung mit ihrem spezifischen Verständnis von Intersubjektivität und impliziter Kommunikation. Sie wandten sich nun dem Therapeuten-Patienten-Paar zu mit dem Vorsatz, mit ihrem Wissen aus der Kleinkindforschung Veränderungsprozesse in der Psychotherapie zu erhellen.

Stern et al. untersuchten wechselseitige Regulierungen in therapeutischen Prozessen. Ihre Frage war: Was genau bestimmt die Qualität der therapeutischen Beziehung und was sind die besonderen Momente des Austausches, in denen beide, TherapeutIn und PatientIn, in ganz besonderer Weise sie selbst sind?

Die Forscher und Forscherinnen richteten ihr Augenmerk auf ganz besondere Momente, in denen sich etwas Unvorhergesehenes, Nicht-Lineares und Emergentes ereignet: Geschehnisse, die von beiden, TherapeutIn und PatientIn, ko-kreativ als verändernde Momente von besonderer impliziter Bedeutung hervorgebracht werden – als Momente, in denen Patienten eine persönliche, authentische Verbindung zum Therapeuten erleben, Augenblicke, die ihre Beziehung zu ihm und auch ihre Selbstwahrnehmung verändern. Stern et al. nennen sie »moments of meeting« bzw. »Begegnungsmomente«, zu denen jeder Beteiligte etwas Einzigartiges beiträgt. Sie sprechen auch von »now moments«, »Gegenwartsmomenten«, die »subjektiv und affektiv als einschlagend erlebt werden und die Beteiligten verstärkt in die Gegenwart hineinziehen« (Stern et al. 2012, S. 35). Man könnte das Geschehen auch mit dem griechischen Begriff des »Kairos« bezeichnen, als schicksalhaften Moment in der PatientIn-TherapeutIn-Beziehung. Es geht um solche Momente, in denen sich für beide etwas Besonderes ereignet und in der Beziehung sich etwas implizit verändert. Es muss nicht verbal thematisiert werden, kann aber nachträglich besprochen werden.

Daniel Stern und seine Forschungsgruppe verstehen die dyadische TherapeutIn-PatientIn-Beziehung als einen fortlaufenden Prozess, bei dem die Partner einander kennenlernen. In diesem Prozess ereignen sich die Momente, »in denen sie in eine andere

Form des Zusammenseins und Aufeinander-Bezogenseins eintreten, in einen anderen unmittelbar gelebten Fluss« (Stern et al. 2012, S. 247).

Und woran bemisst sich die Qualität der therapeutischen Beziehung in den weniger dramatischen Momenten? Was ist mit dem ganz normalen therapeutischen Prozess? Er wird, so Stern, bestimmt »durch das unablässige Suchen nach dem nächsten gemeinsamen Schritt und durch das gemeinsame Ausprobieren.«

Solche Prozesse der »wechselseitigen Regulierung verlaufen zumeist weder unkompliziert und gradlinig. Ständige Bemühungen, Verhandlungen, Fehlschläge und Korrekturen, Kursberichtigungen und Unterstützungsmaßnahmen sind erforderlich, damit die Regulierungsprozesse sich innerhalb eines bestimmten Gleichgewichts bewegen oder zu diesem zurückfinden können. Dies verlangt von beiden Partnern Hartnäckigkeit und Toleranz für Fehlschläge« (Stern et al. 2012, S. 27). Sie betonen, dass vom Therapeuten die Bereitschaft erwartet wird, seine Lebenserfahrungen und subjektiven Sichtweisen mit einfließen zu lassen und sie hinterfragen zu können. Der Patient hat die Chance, neue Beziehungserfahrungen zu machen und die Beziehung aktiv mitzugestalten.

Mit fielen bei der Beschäftigung mit diesem Konzept spontan eine Reihe solcher ganz besonderen, Therapie entscheidenden Momente – »moments of meeting«, »Begegnungsmomente« oder »now moments«, »Gegenwartsmomente« – ein:

- das beiderseitige tiefe Angerührtsein von der Botschaft eines Traumes, der die aktuelle Problematik des Patienten perfekt ins Bild setzt,
- das Ritual einer Handreinigung bei einer Patientin, die einen sexuellen Missbrauch über ihre Hände erlebt hatte,
- ein Streicheln über den Kopf einer Patientin bei einem lange zurückgehaltenen erlösenden Weinen,
- ein kleines Geschenk an eine Patientin: eine Kerze für schwere Stunden der Trauer,
- ein Haiku, das eine Situation mit wenigen Worten erhellte,

- ein selbst verfasstes Gedicht einer Patientin, das sie mir zum Geschenk machte,
- ein gemeinsames befreiendes Lachen nach Auflösung eines Beziehungskonfliktes zwischen Therapeutin und Klient,
- eine überraschende Lösung für ein Problem, die sich in einer rasch hingeworfenen Skizze eines Familiensoziogramms enthüllte, die uns beiden schlagartig etwas klarmachte, wonach wir gesucht hatten.

Vielleicht fallen auch Ihnen solche besonderen Ereignisse ein, in denen – ganz undramatisch und doch in einer besonderen Tiefe – sich innerhalb einer Beziehung etwas veränderte.

Ein Fallbeispiel

Frau F., Mitte fünfzig, von Beruf Sozialpädagogin, ist seit fünfeinhalb Jahren arbeitslos. Sie hatte vor fünf Jahren wegen ihres Partners ihren Beruf und ihre Wohnung im Rheinland aufgegeben und war ins Münsterland gezogen. Nun ist der Halt aus einer langjährigen Beziehung zerbrochen, sie muss ausziehen, sich wieder eine Wohnung für sich allein suchen. Sie ist deprimiert wegen der immer erneut erfahrenen Ablehnung bei den Bewerbungen. Sie bewirbt sich zwar weiter, ist aber schon lange nicht mehr zu einem Vorstellungsgespräch eingeladen worden. Früh erfahrene Ablehnung von älteren Geschwistern und gescheiterte vorherige Beziehungsversuche sind wieder reaktualisiert. Der Weg in die Therapie ist ihr Versuch, den Mut nicht ganz zu verlieren. Und wir können uns aufeinander einlassen.

Ich will nicht von den ganzen ersten Phasen der biografischen therapeutischen Arbeit berichten, sondern eine Episode herausgreifen, als sie wieder so weit war, einen erneuten Anlauf für eine Bewerbung und ein Vorstellungsgespräch zu wagen. Ich schlage ihr vor, im Rollenspiel mit mir die Szene eines Bewerbungsgesprächs durchzuspielen – ein für sie überraschender Vorschlag. Aber sie lässt sich darauf ein. Ich übernehme die Rolle eines Geschäftsführers, der für die Personalfragen und die Einstellung zuständig ist.

Wir wiederholen mehrfach Rollenspiele mit anschließendem Feedback, die einen steigenden Schwierigkeitsgrad bezüglich unangenehmer Fragen zu ihrer Situation haben. Ich zeige deutlich, wie sehr es mir gefällt, dass sie bei jedem Durchgang besser wird, sich klarer ausdrückt, im Kontakt bleibt, Fragen gut beantwortet und Auskunft über sich gibt, gebe ihr positives Feedback. Spontan sage ich beim vorletzten Durchgang: »So haben Sie mich richtig überzeugt, so könnte ich Sie einstellen!« Sie strahlt mich an, spürt, dass sie einen Durchbruch im Rollenspiel geschafft hat. Wir freuen uns miteinander, sind in diesem Moment eng verbunden in dem Bemühen um eine neue Chance für sie. Sie selbst hat sich im Rollenspiel erfolgreich erlebt, konnte eine wichtige Erfahrung von Selbstwirksamkeit machen.

Es ist ein ganz besonderer Moment, in dem sich spürbar etwas in ihrem Selbstbild verändert, sie sich – für mich sichtbar – innerlich und im Körper aufrichtet, ihr Zutrauen zu sich wieder gestärkt ist. Sie geht anders aus der Stunde, gibt mir etwas anders die Hand beim Abschied. Etwas Heilsames war geschehen, im zwischenmenschlichen Raum. Hier wirkte etwas, das sie und mich verband, und es war nicht allein die verhaltenstherapeutische Übung, sondern ein numinoser Moment der Verbundenheit.

So war ich auch nicht sehr überrascht, als ich in der darauf folgenden Woche vom positiven Ausgang des Vorstellungsgesprächs hörte. Inzwischen hat sie die Probezeit überstanden, hat beruflich wieder Fuß gefasst.

Es sind diese besonderen Momente, die das »Geheimnis des Lebens, das zwischen Zweien verborgen ist«, ausmachen können, wo zwei »auf einer Wellenlänge« sind und der Therapieraum zum *temenos*, zum heiligen Bezirk wird, in dem sich etwas Heilendes, Heiliges ereignet, spontan und unvorhersehbar, ohne dass es als etwas Großartiges daherkommt.

Vielleicht können auch das die Dichter in der poetischen Sprache am besten ausdrücken. Mir fällt dazu ein Gedicht von Marie Luise Kaschnitz (1965, S. 167) ein, das lautet:

Auferstehung

Manchmal stehen wir auf
Stehen wir zur Auferstehung auf
Mitten am Tage
Mit unserem lebendigen Haar
Mit unserer atmenden Haut.

Nur das Gewohnte ist um uns.
Keine Fata Morgana von Palmen
Mit weidenden Löwen
Und sanften Wölfen.

Die Weckuhren hören nicht auf zu ticken
Ihre Leuchtzeiger löschen nicht aus.

Und dennoch leicht
Und dennoch unverwundbar
Geordnet in geheimnisvolle Ordnung
Vorweggenommen in ein Haus aus Licht.

MARIE LUISE KASCHNITZ

Es sind diese besonderen Momente, wo etwas geheimnisvoll wieder in Ordnung kommt.

5. Ein spirituelles Verständnis der therapeutischen Arbeit

Für mich basiert die therapeutische Arbeit auf einem spirituellen Grundverständnis.

Spiritualität als Begriff ist bekanntlich mit vielen Sinngehalten verbunden. Sie ist religionsübergreifend und traditionsunabhängig und verweist auf Tiefendimensionen menschlicher Erfahrung, die in vielen Formen von Religion nicht mehr spürbar sind. Zum Bedeutungsspektrum von Spiritualität benennt Bucher: Spiritualität als Verbundenheit und Einssein (*connectedness*), als Beziehung zu Gott oder einem höheren Wesen, als Verbundenheit mit der Natur, als Beziehung zu anderen, als Beziehung zum Selbst, als Formen spezifischer Praxis wie Gebet und Meditation, als paranormale Fähigkeiten und Erfahrungen, wie z. B. Nahtoderfahrungen, und als Erfahrungen von Selbsttranszendenz (Bucher 2007, S. 24–34).

Bereits 1995 wurde in einem Positionspapier der Weltgesundheitsorganisation (WHO) die Lebensqualität als multidimensional und mindestens vier Kategorien umfassend beschrieben: physisch, psychisch, sozial und spirituell. Die spirituelle Dimension in einem zeitgemäßen Paradigma von Gesundheit wird auch von Steinmann in der Studie *Spiritualität – die vierte Dimension der Gesundheit* (2008) besonders herausgearbeitet.

Heilung ist immer ein Prozess des Wieder-heil-Werdens des ganzen Menschen. Dabei geht es nicht um ein harmonistisch-idealistisches Bild von Ganzheit, sondern darum, das Gelungene und Misslungene, die lichtvollen und die Schattenseiten anzunehmen, Brüche und Fragmente in das Ganze eines Lebens zu integrieren.

Wenn in der Therapie Heilung, wieder Heil-Werden des ganzen Menschen möglich werden soll, so muss der Erfahrungsraum der Therapie offen sein für das Numinose, für Sinnsuche und alle spirituellen und religiösen Fragen, die zum Menschsein untrennbar dazugehören. Heil, heilen und heilig kommen nicht umsonst aus derselben Wortwurzel. Psychotherapie und Medizin dürfen den Menschen weder somatisch noch psychisch reduzieren. Sie müssen ihn als Einheit von Körper, Geist und Seele mit dem Verlangen und der Fähigkeit zur Transzendenz akzeptieren und behandeln.

Die spirituelle Ausrichtung eines Therapeuten, einer Therapeutin manifestiert sich in Haltung und Ausstrahlung. Ich finde an Grundhaltungen wichtig (Dorst 2008, S. 29):

- Wache Präsenz, Achtsamkeit und Aufmerksamkeit im Hier und Jetzt. Dies wird m. E. am besten geschult durch die eigene Praxis der regelmäßigen Meditation.
- Die Kunst des Zuhörens als Hören mit dem Dritten Ohr, dem Ohr des Herzens.

- Die Fähigkeit und Bereitschaft zum Bonding.
- Ein unverbrauchtes, sich immer wieder erneuerndes Mitgefühl, ein wirkliches An-teil-nehmen-Können, ein Inter-esse, also: In-Beziehung-Sein, auch auf einer transpersonalen Ebene.
- Zutrauen, Vertrauen vermitteln, das Prinzip Hoffnung und Ermutigung vertreten.

Hoffnung aufrechtzuerhalten und Vertrauen zu schaffen, ist nichts Einseitiges. Es bedarf ebenso des vertrauensvollen Annehmens und Schenkens von Vertrauen aufseiten der PatientInnen. Es berührt mich immer wieder tief, wie viel Vertrauen mir von Patienten oft schon im ersten Gespräch entgegengebracht wird. Doch auch in Bezug auf Vertrauen kann es zu Krisen und Erschütterungen im therapeutischen Prozess kommen. Ingrid Riedel hat dies in einem früheren Lindau-Vortrag einmal sehr offenherzig geschildert: »Wer es je erlebt hat, ob als Patientin oder Therapeutin, weiß, welche Werte der Vertrauensbildung, des gegenseitigen Gebens und Nehmens, der Geduld, der gegenseitigen Akzeptanz und Toleranz, des gegenseitigen Sichannehmens und Voneinanderabgrenzens, ja, des gegenseitigen Verzeihens in dieser Beziehung enthalten sind. Denn so ist es ja nicht, daß ich als Therapeutin Bezogenheit ununterbrochen und ohne jeden Fehler vermitteln könnte. Auch ich vergesse etwas, überhöre etwas, verschiebe meine Termine und verlasse meine Patienten, indem ich Urlaub mache. Es ist, wie man so schön sagt, wie im wirklichen Leben. Und so soll es wohl auch sein« (Riedel 2001, S. 137).

6. Der therapeutische Eros und die transpersonale Ebene der Therapie

Heilung und psychotherapeutische Behandlung ist nicht etwas, das ein Mensch für und an einem anderen tut. Es ist eine spezifische Form von Beziehung und Verbundenheit, ein Prozess, der sich innerhalb der Beziehung zwischen einem Therapeuten, einer Therapeutin und einem Heilung suchenden Menschen entwickelt. Das Geschehen ist für beide, wenn auch auf unterschiedliche Weise, existentiell bedeutsam und nur auf einer Basis von Vertrauen und therapeutischem Eros, als Heilung in der Begegnung möglich. Ich stimme der Kollegin Ursula Wirtz sehr zu, wenn sie schreibt: »Psychologische Theorien und analytisches Handwerkszeug reichen nicht aus, um einen Menschen in diesen Heilungs- und Wandlungsprozess hineinzubegleiten. Ohne die Liebe, ohne den wirklichen Dialog, der mehr ist als empathisches Verstehen, kann die Seele nicht heil werden. Es braucht die wahre Begegnung in der Therapie, das Sich-Hineinlassen in den anderen und das Abrücken von der Haltung des ›Als-Ob‹« (Wirtz 1989, S. 162).

Liebe gehört zu den intensivsten Erfahrungen, die Menschen machen können, zum »Höchsten und Tiefsten der Seele«. In *Erinnerungen, Träume, Gedanken* sagt C. G. Jung: »Meine ärztliche Erfahrung sowohl wie mein eigenes Leben haben mir unaufhörlich die Frage der Liebe vorgelegt, und ich vermochte es nie, eine gültige Antwort darauf zu geben. [...] Es geht hier um Größtes und Kleinstes, Fernstes und Nahestes, Höchstes und Tiefstes, und nie kann das eine ohne das andere gesagt werden. Keine Sprache ist dieser Paradoxie gewachsen. Was immer man sagen kann, kein Wort drückt das Ganze aus. Von Teilaspekten zu sprechen, ist immer zuviel oder zuwenig, wo doch nur das Ganze sinngemäß ist« (Jung 1984, S. 356).

Ursula Wirtz und Jürg Zöbeli versuchen gleichwohl in ihrem Buch *Hunger nach Sinn* dieses so schwer Sagbare, das Wirken der Liebe im Raum der Therapie, in Worte zu fassen: »Psychotherapie kann in diese letzte Tiefe hinabreichen, an die Schwelle des Unsagbaren und Geheimnisvollen, wo Sinn, Religiosität und Liebe beheimatet sind. Wenn in einer therapeutischen Begegnung diese Ebene berührt wird und ›sein‹ darf, ist Heil und Heilung möglich. Dann offenbart sich der letzte Sinn in der Liebe [...]« (Wirtz/Zöbeli 1995, S. 340).

Ich will versuchen, es einmal so zu sagen: Was sich in der Psychotherapie ereignet, geschieht auf der transpersonalen Ebene einer subtilen Verbundenheit. Wir sind Teile eines Kraftfeldes der Liebe: interaktiv, im Austausch, in Seelenberührung. Das Leid und der Schmerz des anderen werden zu den Meinigen – in einem tiefen Mit-Gefühl und Erkennen. Umgekehrt werden meine Kraft, mein Verstehen und meine Zuversicht zu seinen Energien, vermögen sie sein Potential an Selbstheilungskräften anzustoßen und zu verstärken.

Und für die Therapeutin ist das Helfen- und Geben-Dürfen und -Können etwas, das sie beschenkt und bereichert, mit tiefen Einsichten. Es ist ein Austausch, ein Geben und Nehmen.

Die transpersonale Ebene der Therapie ist die Erfahrung des Bezogenseins und Aufgehobenseins in einem Größeren und Umfassenderen, dem Kraftfeld einer universalen Liebe, das nur mit spirituellen Begriffen beschreibbar ist: als der Urgrund, das Absolute, das Transzendente. Es geht um ein erweitertes Bewusstsein einer Verbundenheit mit allem, was ist. Auch die Quantenphysik sagt uns heute, dass es keine getrennten Teile gibt und dass alles miteinander verbunden ist. Dies meine ich mit der transpersonalen und transzendenten Ebene der Therapie, die ermöglicht, in andere Bewusstseinsräume zu gelangen, in denen Antworten auf die Frage nach dem Sinn des Lebens auftauchen und die »Wirklichkeit hinter der Wirklichkeit« erfahrbar wird. Ursula Wirtz und Jürg Zöbeli ermutigen in diesem Sinne: »Wenn wir als TherapeutInnen ›in der Liebe sind‹, dann sind wir ›richtig‹.« »So kann auch Heilung nur geschehen über die hilfreiche sorgende Beziehung und liebende Begegnung, in der der andere als Geheimnis begriffen und auf einer tieferen Ebene angenommen wird« (Wirtz/Zöbeli 1995, S. 333).

7. Die Heilkraft der Liebe

Das Paradigma der Heilung mit Liebe wird durch zahlreiche empirische Forschungsergebnisse in vielen Bereichen der Medizin und Psychotherapie heute gestützt, auch wenn wir insgesamt über die Störungen und die Pathologie von körperlichen und seelischen

Krankheiten noch immer weitaus mehr wissen als über die Heilkräfte von liebevoller Zuwendung und Behandlung.

Die von dem amerikanischen Herzspezialisten Dean Ornish in seinem Buch *Die revolutionäre Therapie: Heilen mit Liebe* (1999) zusammengestellten wissenschaftlichen Studien belegen, dass Liebe, Zuwendung und menschliche Nähe für unsere körperliche und seelische Gesundheit und für das Überleben äußerst wichtig sind. Sie helfen Stress abzubauen, vermehren die Anzahl der Immunzellen, schützen vor Infektionen und Erkrankungen.

Gruppentherapien, in denen die Mitglieder sich gegenseitig stützen, Nähe, Akzeptanz erfahren, Gefühle ausdrücken und tragfähige soziale Bindungen entwickeln, wirken sich positiv auf den Krankheitsverlauf bzw. die Gesundung aus. Frauen, die an Brustkrebs erkrankt waren und an einer Gruppentherapie teilnehmen konnten, lebten sehr viel länger als Frauen ohne den unterstützenden emotionalen Halt der Gruppe.

Schon einfache, liebevolle Gesten der Zuwendung und Berührung haben heilsame und fördernde Wirkungen. Heilende Berührung und die Heilkraft menschlicher Nähe entdecken wir heute erst wieder: Forscherinnen und Forscher an der Medizinischen Fakultät der Universität von Miami fanden heraus, dass frühgeborene Kinder um 50 % mehr an Gewicht zunahmen und zehn Tage eher entlassen werden konnten, wenn sie dreimal am Tag für 15 Minuten gestreichelt wurden. Hunderte von Studien belegen den heilenden Wert von Berührungen: bei Säuglingen, bei alten Menschen, bei Schwerkranken auf den Intensivstationen (ebd.).

Heilung, so scheint es, bedarf einer qualitativen Veränderung im Beziehungsnetz eines Menschen – in der Beziehung zu sich selbst, zu seinen Mitmenschen, zur Welt, zum Spirituellen. Im Heilungsprozess geht es darum, das Vermisste, das zu kurz Gekommene, das Verlorene zu finden, das, was der Person zu ihrer Heilwerdung und Weiterentwicklung fehlt. Dieses Netz an Verbundenheit als Teilhabe an einer ungeteilten Welt ist das Entscheidende. Gerald Hüther weist in dem von ihm und Christa Spannbauer herausgegebenen Buch *Connectedness* auf die Notwendigkeit eines solchen neuen Paradigmas als eine neue Kultur der Beziehung und Verbundenheit für die Bewältigung der Probleme unserer Zeit eindrücklich hin (Hüther 2012).

Schon Sigmund Freud schrieb übrigens in einem Brief an C. G. Jung, die Psychoanalyse sei im Grunde eine Heilung durch Liebe. Es sei Eros, Lebenskraft, vermittelt durch den Analytiker, die sich gegen die Todeskraft, den Thanatos, im Patienten stemme (Freud/Jung 1974, S. 13).

8. Schluss

Versuchen wir zum Schluss nochmals, uns dem Geheimnis des therapeutischen Eros anzunähern, der transformierenden Kraft der Liebe.

Wir können darum wissen, weil wir es existentiell erfahren, jenseits der Grenzen des Intellekts. In seiner kleinen, noch immer kostbaren Schrift *Die Kunst des Liebens* hilft Erich Fromm, es vielleicht besser zu verstehen. Fromm sagt, »daß wir das Geheimnis des Menschen und das des Universums niemals intellektuell begreifen werden, daß wir es jedoch trotzdem im Akt der Liebe erfassen können« (Fromm 1956, S. 52).

Und so kann die Psychotherapie als Begleiten und Helfen und Arbeiten an Veränderung und Heilung letztlich als Akt der Liebe gesehen werden. Für Erich Fromm ist die Liebe »die letzte Konsequenz der Psychologie«. Er formuliert dies so: »Die Psychologie als Wissenschaft hat ihre Grenzen, und wie die logische Konsequenz der Theologie die Mystik ist, so ist die letzte Konsequenz der Psychologie die Liebe« (Fromm 1956, S. 32).[2]

Ich komme zum Schluss. Der schwedische Schriftsteller Per Olov Enquist hat einmal gesagt: »Die Liebe kann man nicht erklären. Wer aber wären wir, wenn wir es nicht versuchten?« Ich danke Ihnen für Ihre Aufmerksamkeit bei meinem Versuch, etwas vom Geheimnis des therapeutischen Eros zu erklären.

Anmerkungen

1 Zitiert nach: Auckenthaler/Bischkopf 2004, S. 390. Übersetzung von A. Auckenthaler / J. Bischkopf.
2 Übersetzung: B. D.

Literatur

Auckenthaler, A. / Bischkopf, J. (2004): Empathie und Akzeptanz in der Verhaltenstherapie: eine Annäherung an die Gesprächspsychotherapie. In: Psychotherapie im Dialog, 5. Jg., Heft 4, S. 388–392.

Broda, M. / Senf, W. (2004): Die therapeutische Beziehung als Boden für therapeutisches Handeln. In: Psychotherapie im Dialog, 5. Jg., Heft 4, S. 397–398.

Buber, M. (1972): Ich und Du. Hegner, Köln.

Bucher, A. (2007): Psychologie der Spiritualität. Handbuch. Beltz, Weinheim.

Dorst, B. (2007): Therapeutisches Arbeiten mit Symbolen. Wege in die innere Bilderwelt. Kohlhammer, Stuttgart.

Dorst, B. (2008): Therapeutischer Umgang mit Schicksals- und Sinnfragen. Zum Verhältnis von Psychotherapie und Spiritualität. In: Neuen, C. / Riedel, I. / Wiedemann, H.-G. (Hg.): Freiheit und Schicksal. Vom therapeutischen Umgang mit Zeit- und Lebensgeschichte. Patmos, Düsseldorf, S. 11–35.

Dorst, B. (Hg.) (2013): C. G. Jung: Schriften zu Spiritualität und Transzendenz. EDITION C. G. JUNG im Patmos Verlag, Ostfildern.

Dieckmann, H. (1981): Der Anstoß zur Individuation. Überlegungen zur therapeutischen Methode. In: Analytische Psychologie, 12, S. 52–46, 59.

Freud, S. / Jung, C. G. (1974): Briefwechsel. Hg. von McGuire, W. / Sauerländer, W.; S. Fischer, Frankfurt am Main.

Fromm, E. (1956): The Art of Loving. Harper & Row, New York.

Fürstenau, P. (2002): Neue therapeutische Welt durch beidäugiges diagnostisch-therapeutisches Sehen. Vortrag gehalten am 26.4.2002 auf den 52. Lindauer Psychotherapiewochen.

Hole, G. (2003): Gedanken zu den Grenzen unseres Tuns und zu den Berührungspunkten zwischen dem so genannten säkularen und dem so genannten religiösen Bereich. Forum zum Thema Heilung und Heil aus der Perspektive der Psychotherapie und der Medizin. In: Egner, H. (Hg.): Heilung und Heil. Begegnung – Verantwortung – Interkultureller Dialog. Walter, Düsseldorf/Zürich, S. 216–221.

Hüther, G. / Spannbauer, C. (Hg.) (2012): Connectedness. Warum wir ein neues Weltbild brauchen. Huber, Bern.

Jaeggi, E. (2004): Liebe und Heilung. Neue Perspektiven in der therapeutischen Beziehung. Walter, Düsseldorf/Zürich.

Jung, C. G. (1971 ff.): Gesammelte Werke (GW). 20 Bde. Hg. von L. Jung-Merker / E. Rüf / L. Zander et al. Walter, Olten/Düsseldorf.

Jung, C. G. (1972 f.): Briefe. 3 Bde. Hg. von A. Jaffé. In Zusammenarbeit mit G. Adler. Walter, Olten.

Jung, C. G. (1984): Erinnerungen, Träume, Gedanken. Aufgezeichnet und herausgegeben von A. Jaffé. Sonderausgabe. Walter, Olten / Freiburg im Breisgau.

Kaschnitz, M. L. (1965): Überallnie. Ausgewählte Gedichte 1928–1965. Claassen, Hamburg.

Lown, B. (2002): Die verlorene Kunst des Heilens. Anleitung zum Umdenken. Schattauer, Stuttgart / New York.

Müller, L. / Knoll, D. (1998): Ins Innere der Dinge schauen. Mit Symbolen schöpferisch leben. Walter, Zürich/Düsseldorf.

Ornish, D. (1999): Die revolutionäre Therapie: Heilen mit Liebe. Mosaik, München.

Riedel, I. (1992): Maltherapie. Kreuz, Stuttgart.

Riedel, I. (2001): Zu Werten motivieren? Vom Umgang mit Werten in der Psychotherapie. In: Egner, H. (Hg.): Neue Lust auf Werte. Herausforderung durch Globalisierung. Walter, Düsseldorf/Zürich, S. 134–162.

Rogers, C. R. (1975): An unappreciated way of being. In: Person-Centered Review, S. 2–10.

Steinmann, R. M. (2008): Spiritualität – die vierte Dimension der Gesundheit. Eine Einführung aus der Sicht von Gesundheitsförderung und Prävention (Psychologie des Bewusstseins, Bd. 11). LIT, Wien u. a.

Stern, D. N., et al. (The Boston Change Process Group) (2012): Veränderungsprozesse. Ein integratives Paradigma. Brandes & Apsel, Frankfurt am Main.

Wirtz, U. (1989): Seelenmord. Inzest und Therapie. Kreuz, Zürich.

Wirtz, U. / Zöbeli, J. (1995): Hunger nach Sinn. Menschen in Grenzsituationen – Grenzen der Psychotherapie. Kreuz, Zürich.

Rainer Funk

Verbunden sein, ohne sich zu binden
Liebesfähigkeit heute

Über die Liebe aus tiefenpsychologischer Perspektive zu sprechen, ist ohne die Erwähnung Erich Fromms kaum möglich. Tatsächlich war Fromm der erste Psychoanalytiker, der die Liebesfähigkeit des Menschen nicht als Epiphänomen einer bestimmten Triebstruktur begriff, sondern als eine Grundfrage und Grundfähigkeit des Menschen, die für das Gelingen von Mensch und Gesellschaft eine entscheidende Bedeutung haben. Bekannt geworden ist Fromm als Autor der Liebe mit seinem 1956 erschienenen Buch *The Art of Loving*[1], das mit einer Weltauflage von schätzungsweise 25 Millionen Exemplaren (davon allein im deutschen Sprachraum über 6 Millionen) wohl das meistgekaufte Sachbuch aller Zeiten ist. Dass Fromm der Liebe eine so zentrale Bedeutung beimisst, hat mit seiner Revision der psychoanalytischen Triebtheorie zu tun, die er bereits in den dreißiger Jahren vornahm.

Von diesem anderen Ansatz und dem daraus resultierenden Menschenbild ist zunächst zu sprechen. In einem zweiten Schritt soll dann nach dem heute immer mehr favorisierten gesellschaftlich erzeugten Verständnis von Liebe gefragt werden, das sich – zugespitzt – auf den Nenner bringen lässt: »Liebe bedeutet, verbunden zu sein, ohne sich zu binden.« Ob bei einem solchen Verständnis von Liebe von einer transformierenden Kraft der Liebe oder – wie Fromm formuliert hat – von einer »produktiven« Qualität der Liebe gesprochen werden kann und was diese auszeichnet, davon soll in einem dritten Abschnitt die Rede sein. Schließlich möchte ich am Beispiel der Liebesfähigkeit von Erich Fromm selbst zeigen, wie mühsam es sein kann, die transformierende Kraft der Liebe in Erfahrung zu bringen.

I. Erich Fromms tiefenpsychologischer Ansatz

Erich Fromm, im Jahr 1900 in Frankfurt am Main geboren und als Einzelkind bei orthodox jüdisch lebenden Eltern aufgewachsen, hatte in Heidelberg Soziologie studiert und 1930 in Berlin eine psychoanalytische Ausbildung abgeschlossen. Nach seiner Emigration in die USA im Jahr 1934 lernte er dort den Psychiater Harry Stack Sullivan kennen, für den das Grundproblem des Menschen nicht die Befriedigung angeborener Triebe, sondern das Bezogensein auf die Wirklichkeit ist. Selbst dann, so Sullivan, wenn die Wirklichkeit als absolut bedrohlich erlebt werde, müsse das Bedürfnis, auf die Wirklichkeit bezogen zu sein, befriedigt werden, notfalls mit dem Aufbau paranoider oder wahnhafter Wirklichkeitsbezüge.

a) Tiefenpsychologie und Beziehungstheorie

Den interpersonalen oder relationalen Ansatz Sullivans aufgreifend, kam Fromm zu einer damals auf breiter Front abgelehnten Revision der Freud'schen Triebtheorie. Für Fromm sind die meisten psychischen Erscheinungen – also etwa bestimmte Bedürfnisse, emotionale Eigenheiten, Strebungen, Symptom- und Charakterbildungen – *nicht* das Ergebnis einer intrinsisch programmierten Triebdynamik, sondern das Ergebnis von Bezogenheitserfahrungen. Ob ein Mensch eifersüchtig, überängstlich, kompromisslos oder empathisch, fürsorglich, selbstbewusst usw. ist, hängt nicht von einem bestimmten Triebschicksal ab, sondern von wiederholten Beziehungserfahrungen, die sich aufgrund des Bedürfnisses, bezogen sein zu müssen, verinnerlichen und in Gestalt von psychischen Antrieben und Strebungen das Selbsterleben und das Verhalten kennzeichnen.

Lange bevor die Bindungsforschung und die Entdeckung der Spiegelneuronen schließlich den empirischen Beweis für den Ansatz der Bezogenheit lieferten und das intersubjektive Paradigma in der Psychoanalyse hoffähig wurde, verfolgte Fromm konsequent einen bezogenheitstheoretischen Ansatz, dessen Hauptthesen hier kurz erwähnt werden:

- Die Bezogenheitserfahrungen spiegeln sich in erster Linie in entsprechenden, *triebhaft erlebten Strebungen*. Ein Mensch, der nichts lieber tut, als sich dem Konsum hinzugeben, tut dies nicht aufgrund seiner prägenitalen oralen Sexualität und einer verwöhnten oder frustrierten oralen Phase, sondern hat sich das wirtschaftlich und gesellschaftlich angebotene und geforderte konsumistische Bezogenheitsmuster zu eigen gemacht und einen konsumistischen Charakter ausgebildet.

- Die aufgrund internalisierter Bezogenheitserfahrungen entstandenen psychischen Antriebskräfte haben in erster Linie die *Funktion*, das Verhalten des Menschen zu steuern, und übernehmen damit beim Menschen die Aufgabe, die die Instinkte zur Sicherung des Lebens und des Überlebens beim Tier haben.

- Dass der Mensch – anders als das Tier – *selbst* sein Bedürfnis nach Bezogenheit befriedigen kann und muss, liegt an seiner biologischen, genauer gesagt: neurobiologischen Fähigkeit, *sich seiner selbst bewusst* zu sein und sich *Wirklichkeit* unabhängig von sinnlicher Wahrnehmung *vorstellen* zu können, gleichzeitig aber auch daran, nur über ein reduziertes instinktives Steuerungsvermögen zu verfügen. Nur der Mensch kann über etwas nachdenken, sich etwas vergegenwärtigen und imaginieren und sein Verhalten daran orientieren. Aufgrund dieser *biologischen* Besonderheit des Menschen ist es eigentlich viel naheliegender, die kognitiven und affektiven Strukturbildungen beim Menschen von dieser Notwendigkeit des Bezogenseins her zu begreifen und geprägt zu sehen als von dem auch dem Tier eigenen Sexualtrieb.

- Es sind die spezifisch menschlichen Fähigkeiten, die dafür sorgen, dass das existentielle Bedürfnis nach Bezogenheit ganz unterschiedliche Facetten hat, die es rechtfertigen, von einer ganzen *Reihe von existentiellen Bedürfnissen* zu sprechen.[2] So nennt Fromm jenseits des Bedürfnisses, *auf die Wirklichkeit* und *auf andere Menschen* bezogen zu sein:
  – das Bedürfnis, sich als Teil einer Gesellschaft zu begreifen (Bedürfnis nach *Verwurzelung*),

- das Bedürfnis, immer auch auf sich selbst bezogen sein zu müssen, was nichts mit Narzissmus zu tun hat, sondern aus dem existentiellen Bedürfnis nach einem *Identitätserleben* resultiert,
- das durch das Vorstellungsvermögen erzeugte Bedürfnis, die Vorfindlichkeit übersteigen zu wollen (Bedürfnis nach *Transzendenz*),
- das Bedürfnis nach einem *Rahmen der Orientierung* und nach einem *Objekt der Hingabe*, das sich in Religionen, Weltanschauungen, Wissenssuche und Wissenschaft, Literatur und Kunst manifestiert und zur Folge hat, dass jeder Mensch immer nach Sinn suchen muss und sich für etwas Sinnvolles engagieren will.

- Für alle genannten Bedürfnisse gilt, dass jeder Mensch sie *befriedigen muss.* Hindert man Menschen daran, diese Bedürfnisse zu befriedigen, etwa
  - durch Isolationshaft (keine zwischenmenschliche Bezogenheit),
  - durch gesellschaftliche Ächtung und Isolierung (keine Verwurzelung),
  - durch permanente Entwürdigung (kein Identitätserleben),
  - durch Foltern und Wehrlosmachen (keine Transzendenz), oder
  - durch Glaubensverfolgung und Gehirnwäsche (keine Orientierung und Hingabe),

  dann führen solche Verhinderungen der Bedürfnisbefriedigung zu massiven psychischen Erkrankungen und unter Umständen zum Tod.

- Obwohl diese Bedürfnisse unbedingt befriedigt werden müssen, so sind auf der anderen Seite den *Befriedigungsmöglichkeiten* so gut wie *keine Grenzen gesetzt.* Jedes und alles ist möglich, und zwar nicht nur situationsbezogen, sondern auch als sich durchhaltendes Beziehungsmuster im Sinne einer Charakterorientierung. Im zwischenmenschlichen Bereich etwa kann die Art des Bezogenseins bevorzugt fürsorglich oder vereinnahmend, entwertend oder idealisierend, die Autonomie fördernd oder abhängig machend sein. Auch wer in jeder Hinsicht auf Distanz bedacht ist, befriedigt sein Bedürfnis nach Bezogenheit, ebenso wie der, der jedes und alles teilen und mitteilen möchte. Menschlich möglich ist alles: die ausbeuterische Beziehung und die selbstlose Hingabe, die Symbiose und der Autismus. – Ob das, was möglich ist, auch dem Menschen und dem Zusammenleben guttut und menschliches Leben und gesellschaftliches Zusammenleben gelingen lässt, ist eine andere Frage, auf die später noch zurückzukommen sein wird.

Da Liebe eine besondere Art der Bezogenheit ist, drängt sich die Frage auf, wie es zu welcher Art von Bezogenheit, das heißt, wie es überhaupt zur Charakterbildung und wie es zu einer bestimmten Charakterprägung kommt.

b) Die Prägung von Charakterstrebungen

Erich Fromm griff den von Freud entwickelten psychoanalytischen Charakterbegriff auf, um verinnerlichte Bezogenheitsmuster zu kennzeichnen, die unser Verhalten gleichförmig (»charakteristisch«) und hinsichtlich Denken, Fühlen und Handeln konsistent gestalten und uns mit dem Verhalten zugleich etwas erstreben lassen, so dass charakterbedingtes Verhalten immer eine bewusste oder unbewusste Motivation zeigt. Wir sprechen deshalb zum Beispiel von einer Zwangs*orientierung* oder einer konsumistischen *Orientierung* des Charakters, die sich in bestimmten zwanghaften oder konsumistischen Charakter*zügen* manifestiert.

Auf welchem Wege kommt es psychologisch zu einer Charakterbildung? Eine erste Möglichkeit ist, dass sich jemand anhaltende Beziehungserfahrungen zu eigen macht, und zwar – wie wir gesehen haben – deshalb, weil er solche Beziehungserfahrungen selbst herstellen muss und möchte, will er nicht einem lebensbedrohlichen Gefühl der Isolierung ausgesetzt sein. Macht jemand dauerhaft Vertrauen bildende Beziehungserfahrungen, dann wird er von dem Wunsch angetrieben, jemandem anderem und sich selbst zu vertrauen. Macht hingegen jemand in Beziehungen vor allem die Erfahrung, dass sein Selbstwertgefühl verletzt wird, dann wird sich in seinem Verhalten anderen und sich selbst gegenüber die Strebung bemerkbar machen, alles entwerten zu wollen.

Neben der *Identifizierung* gibt es noch eine andere Hauptmöglichkeit der Verinnerlichung von Beziehungserfahrungen: die *Reaktionsbildung*. Wer zum Beispiel in seinem Bezogensein auf die Wirklichkeit und auf andere immer nur die Erfahrung macht, ohnmächtig zu sein und nichts bewirken zu können, kann auf diese Erfahrung – eben weil sie nicht auszuhalten ist – gegenteilig reagieren, indem er sich mit dem, was ihn bedroht, identifiziert und ein tief reichendes Streben nach Macht und Wirkmöglichkeiten entwickelt: Er wird machthungrig und kann nicht genug die Erfahrung machen, sich fähig, wissend, potent, mächtig zu fühlen.

Wenn Charakterbildungen keine Triebabkömmlinge sind wie bei Freud, sondern vor allem Internalisierungen von wiederholten Bezogenheitserfahrungen, dann lassen sich hinsichtlich der Art der Bezogenheit grundsätzlich zwei verschiedene Charakterbildungen in jedem einzelnen Menschen unterscheiden: Charakterstrebungen aufgrund von ganz individuellen Wirklichkeitserfahrungen und persönlichen *intersubjektiven* Beziehungserfahrungen – vor allem mit den primären Bezugspersonen – und Charakterstrebungen aufgrund von *sozialen* Beziehungserfahrungen mit den gesellschaftlichen Gruppierungen, mit denen man das Leben teilt. Fromm spricht deshalb vom individuellen Charakter und vom Gesellschafts- oder Sozialcharakter als zwei unterscheidbaren und oft im Konflikt miteinander stehenden Charakterbildungen in ein und demselben Individuum.

Für die individuelle Charakterbildung tragen nicht nur ganz individuelle Lebensumstände wie etwa ein Umzug der Familie oder die Scheidung der Eltern oder die Geburt eines Geschwisters bei, sondern vor allem anhaltende Beziehungserfahrungen mit den primären Bezugspersonen. Fromm denkt an dieser Stelle aber weiter und sieht den Charakter der primären Bezugspersonen seinerseits ganz wesentlich von den Bezogenheitserfahrungen geprägt, die die

Bezugspersonen im beruflichen, gesellschaftlichen und kulturellen Leben machen. Wer sich beruflich einer permanenten Wettbewerbssituation und Leistungskontrolle ausgesetzt sieht und deshalb eine Charakterorientierung entwickelt, die immer nach Erfolg strebt und auf Sieg setzt, gibt diese Bezogenheitserfahrung über die Erziehungsziele und Erziehungsstile weiter und sorgt dafür, dass schon kleine Kinder eine solche Gesellschafts-Charakterorientierung entwickeln und zum Beispiel nichts lieber tun, als zu siegen – und deshalb meist unfähig sind, auch die Rolle des Verlierers auszuhalten.

Tatsächlich räumt Fromm insgesamt den Gesellschafts-Charakterorientierungen eine größere Bedeutung ein als den individuellen Charakterbildungen. So wichtig frühkindliche Erfahrungen des Geliebtwerdens (in Gestalt von schützenden, verlässlichen, fürsorglichen, bedingungslos liebenden Beziehungserfahrungen[3]) sind, so eindrucksvoll wirken sich gesellschaftlich erzeugte Charakterorientierungen aus. Was jemand unter Liebe versteht und wie sich die Liebesfähigkeit artikuliert, hängt nach Fromm in ganz erheblichem Maße von den aktuellen gesellschaftlichen Bezogenheitsmustern und der entsprechenden Sozialcharakterorientierung ab. Im folgenden Abschnitt soll es deshalb um das heute gesellschaftlich favorisierte Liebesverständnis und um die gegenwärtigen Ausdrucksformen der Liebesfähigkeit gehen.

2. Liebesfähigkeit heute: Verbunden sein, ohne sich zu binden

Fragen wir in einem ersten Schritt zunächst nach dem heute favorisierten Bezogenheitsmuster. Hier fällt vor allem auf, dass immer mehr Menschen ihr Leben und Zusammenleben selbst bestimmen wollen. Nun ist das Autonomiestreben zumindest in der abendländischen Kultur spätestens seit der Aufklärung nichts Neues. Und doch zeigt die gegenwärtige Grundstrebung, selbstbestimmt auf die Wirklichkeit, auf andere Menschen und auf sich selbst bezogen sein zu wollen, eine neue Dimension: Der Selbstbestimmung sollen nämlich keinerlei Grenzen gesetzt sein. Die eigene Selbstbestimmung soll durch keine Vorgaben und Maßgaben anderer, durch keine natürlichen und sozialen Grenzen eingeschränkt sein.

a) Die Ich-Orientierung als neues Bezogenheitsmuster

Eine nur am eigenen Ich orientierte Selbstbestimmung mag die folgende nächtliche Episode illustrieren, die meine Frau und ich 2001 auf einem Campingplatz an der französischen Atlantikküste erlebten. Als nach Mitternacht alles zur Ruhe gekommen war, holte uns etwa eine Stunde später ein dezenter Gitarrenklang aus dem ersten Tiefschlaf. In unmittelbarer Nähe von uns saß ein junger Mann vor seinem VW-Bus und spielte auf seiner Gitarre, wie wenn es um ihn herum niemand anderen gäbe. Er spielte so schön, dass sich in der nächtlichen Stille alle Aufmerksamkeit auf den leisen Klang seines Instruments richten musste – und an Schlaf nicht mehr zu denken war. Gegen zwei Uhr machte sich meine Frau auf den kurzen Weg zu ihm. Sie bat ihn, doch wahrzunehmen, dass es mitten in der Nacht sei und dass wir und vermutlich auch andere schlafen wollten. Der junge Mann reagierte ganz freundlich und sagte, wenn wir schlafen wollten, dann würde er aufhören zu spielen.

Uns überraschte seine Reaktion. Denn eigentlich hatten wir erwartet, dass er in einem gekränkten Narzissmus mit irgendwelchen Entwertungen reagieren würde oder dass wir doch Ohrstöpsel nehmen sollten, wenn es uns störte. Nichts davon. Der junge Mann vor dem VW-Bus mit Wiesbadener Nummer gestaltete sein Leben einfach nur ganz selbstbestimmt. Er wollte dem, was er spürte, dieser spontanen Regung seines Ichs, einfach Raum geben. Er tat es, so ahnten wir, gerade deshalb, weil es reizvoll und ungewöhnlich ist, in dieser nächtlichen Stille die Saiten erklingen zu lassen und die Totenstille zu entgrenzen.

Seine Reaktion auf die Bitte um Ruhe, um schlafen zu können, macht noch etwas anderes deutlich: Sein Entgrenzungsstreben entsprang zwar einem Ich, das im Wortsinne rücksichts-los ist, also nichts im Blick haben will, das allgemein gültig, bindend und vorgegeben wäre; es will sich und die Welt und die Regeln des Miteinanders vielmehr ganz selbstbestimmt jeweils neu erfinden. Diese alles entgrenzen wollende Ich-Orientierung beanspruchte hier jedoch nicht, allein gültig zu sein, sondern räumte jedem anderen das gleiche Recht zu einer solchen Selbstbestimmung ein; allerdings muss dieses kundgetan werden. Jeder hat sein Ich zur Geltung zu bringen. Damit aber wird auch eine neue Art des Miteinanders erkennbar: Man muss sich einbringen und sollte tunlichst nicht die Erwartung hegen, der andere kenne oder spüre von sich aus die Bedürfnisse seiner Mitmenschen und werde von sich aus auf diese Rücksicht nehmen.

Ich habe diese neue Sozialcharakterorientierung, die von den Soziologen und Sozialpsychologen unterschiedlichste Bezeichnungen erhalten hat – vom »proteischen Selbst« bei Robert Lifton (1993) bis zur »postheroischen Persönlichkeit« bei Martin Dornes (2012) – in meinem Buch *Ich und Wir* (Funk 2005) den »ich-orientierten Charakter« genannt.[4] Ich-orientierte Menschen sind übersensibel für alles, was sie begrenzen oder binden könnte oder wo andere ihnen eine Grenze oder Verbindlichkeit zumuten. Sie streben nach einer grenzenlosen Freiheit, die aber – anders als bei einem kruden Egoismus oder beim Narzissmus – auch jedem anderen Menschen zugestanden wird.

Wie ein roter Faden zieht sich durch alle Verhaltensäußerungen ich-orientierter Menschen, dass es *kein vorgegebenes Gebundensein* an etwas gibt und dass genau darin eine neue Qualität von Freiheit gesehen wird. Sollten sich Verpflichtungen, Grenzen und Verbindlichkeiten auftun, dann gilt es, diese zu flexibilisieren, sich von ihnen zu *ent*-binden und sie zu *ent*-grenzen – entweder dadurch, dass sie real beseitigt werden, oder dadurch, dass sie durch inszenierte und virtuelle Neukonstruktionen von Wirklichkeit ersetzt werden. Der Wunsch, Wirklichkeit neu und anders zu erfinden, ist deshalb neben dem Entgrenzungs- und Entbindungsstreben der zweite, ins Auge fallende Charakterzug des ich-orientierten Sozialcharakters.

Alles muss neu erfunden, neu aufgestellt, re-strukturiert, kreativ gelöst werden. So stellen sich Betriebe neu auf, müssen »Profile« entwickelt werden und wird einem Beschäftigten nicht nur eine »corporate identity«, sondern auch eine »corporate culture« angedient. Die Politik, die Bildung, die Familie muss neu erfunden werden, und die Persönlichkeitstrainer arbeiten an einer »mentalen Neukonstruktion der Persönlichkeit« (Funk 2011a, S. 113–138), die immer nur positiv denkt und fühlt, ihre Umwelt mit Empathie, Lob und Wertschätzungen überschüttet, keine Aggressionen mehr kennt und über alle Selbstzweifel erhaben ist.

Ähnlich wie beim autoritären Charakter, der entweder sadistisch Herrschaft ausüben will oder sich masochistisch unterwürfig zeigt, gibt es den Ich-orientierten Charakter meiner Beobachtung nach auch in zwei Versionen, einer aktiven und einer passiven. Der aktiv Ich-Orientierte will sich selbst und seine Umwelt, seinen Lebensstil und seine Erlebniswelt neu erfinden und *produziert* selbst entgrenzte Wirklichkeiten, Gefühle und Erlebnisse; der passiv Ich-Orientierte will an derart neu konstruierten Wirklichkeiten *selbstbestimmt Anteil haben* und wählt *die* Lebenswelt, *den* Lifestyle, *die* Marke und *den* Musikstil, die zu ihm *passen*.

Entsprechend anders ist auch das gesuchte Selbsterleben. Der passiv Ich-Orientierte will Ich sein, indem er verbunden ist und dazugehört. Denn nur so kann er sich entgrenzt und frei erleben. Im Erleben des Wir-Gefühls spürt er sein Ich. Verbunden zu sein, macht ihn frei. So sehr sich zwar Ich-Orientierung und *Ge*bundensein ausschließen, weil jedes Gebundensein Abhängigkeit und damit Begrenztheit bedeutet, so wichtig und zentral ist das Erleben von *Ver*bundensein, mit dem das eigene Begrenztsein überwunden wird. Es gibt also nicht nur ein neues »Ich-Sagen« und »Ich-Erleben«, sondern auch ein neues »Wir-Erleben«, eine neue Art von Sozialität und Gemeinsinn, die sich in einem neuen »Wir-Gefühl« niederschlägt.

b) Ich-Orientierung und digitale Revolution
Das Charakterstreben des Ich-Orientierten nach Entgrenzung, Bindungslosigkeit und Innovation ist, so wurde eingangs ausge-

führt, das Ergebnis einer Internalisierung von Bezogenheitserfahrungen, die in Wirtschaft, Gesellschaft und Kultur gemacht werden. Wenigstens angedeutet sei, dass solche Bezogenheitserfahrungen vor allem durch die Digitalisierung, die Vernetzungstechnik und die elektronischen Medien ermöglicht werden (Funk 2011a, S. 43–82). Diese Techniken haben nicht nur eine »digitale Revolution« bewirkt, sondern auch eine bisher unvorstellbare Entgrenzungsdynamik in Gang gesetzt, die inzwischen sämtliche Forschungs- und Lebensbereiche verändert hat.

Digitale Technik und elektronische Medien sind eine wesentliche Voraussetzung für die gegenwärtige Entgrenzung von Raum und Zeit, für einen sekundenschnellen Wissens- und Informationstransfer, für bildgebende Verfahren, die völlig neue Erkenntnismöglichkeiten etwa in der Hirnforschung oder Diagnostik eröffnen, für nie möglich gehaltene Messverfahren, die zum Beispiel das Tor zur Nanotechnik öffneten, für eine raum- und zeitunabhängige Kommunikation, Wissensaneignung oder Unterhaltung; für die Mobilisierung, Globalisierung und Flexibilisierung fast aller Produktionsprozesse und der an ihnen Beteiligten.

Von diesen Entgrenzungsmöglichkeiten geht eine ungeheure Faszination aus, die bis zum Nutzer eines Smartphones durchschlägt. Mit diesen kleinen Wunderwerken sind wir nicht nur mit allen Wissensquellen verbunden, sondern auch nie allein, isoliert und hilflos; es gibt keine Langeweile mehr, und unendlich viele Aufgaben lassen sich mit ihnen ohne besonderen Aufwand problemlos erledigen. Ent-grenzung, Ent-bindung, De-regulierung sind Schlüsselworte für die Lösung aller wirtschaftlichen, gesellschaftlichen und menschlichen Probleme geworden.

In der Arbeitswelt kehren die Entgrenzungs*möglichkeiten* als Entgrenzungs*forderungen* wieder: Jeder hat Verantwortung zu übernehmen; aus dem Arbeitnehmer wird der Selbstunternehmer, der ohne Rücksicht auf Arbeitszeiten und persönliche Verhältnisse alles zu bringen und sich mit den entgrenzten Produktionszielen und Produktionsmethoden zu identifizieren hat. Wer beruflich erfolgreich sein will, muss sich das Entgrenzungsstreben zu eigen machen; er muss ungebunden und möglichst rund um die Uhr verfügbar sein.

Die Internalisierung der Entgrenzungsmöglichkeiten und Entgrenzungsforderungen lässt Menschen mit Leidenschaft danach streben, nicht nur im Beruflichen alle Grenzen und Bindungen beseitigen zu wollen, sondern auch das eigene Bezogensein auf die Wirklichkeit, auf andere und auf sich selbst zu entgrenzen und sich dabei selbst auszubeuten. Entsprechend entwickeln sie ein anderes Verständnis von zwischenmenschlicher Liebe und von Selbstliebe. Tatsächlich zeichnet sich das neue Liebesverständnis vor allem durch eine von emotionalen Bindungskräften ent-bundene Bezogenheit aus.

c) Liebe als entbundenes Bezogensein

Ich-orientierte Menschen können nur lieben, wenn sie kein Gebundensein mehr spüren. Diesem Satz werden auch die meisten Psychologinnen und Psychologen zustimmen können, weil Bindungen an den Vater oder die Mutter, an Idealvorstellungen vom anderen oder an Selbstobjektfunktionen für jede Art von Liebe kontraproduktiv sind. Doch um die Ent-bindung von solchen Fixierungen geht es den Menschen nicht, die lieben wollen, ohne sich zu binden.

Ähnlich wie bei der Frage der Selbstbestimmung, wo es um eine *grenzenlose* Autonomie geht, verstehen heute immer mehr Menschen unter Liebe ein von eigenen emotionalen Bindungskräften entbundenes, also *bindungsloses* Verbundensein. Es geht genau darum, dass das liebende Bezogensein von eigenen inneren emotionalen Bindungskräften befreit sein soll: von Gefühlen der Sehnsucht, des Vermissens, des Erinnerns, des Vertrauens, der emotionalen Nähe und des emotionalen Gleichklangs, des Trauerns, der empathischen Fürsorglichkeit, des geteilten Leids usw. Das bindungslose Verbundensein resultiert nicht nur aus den faszinierenden Möglichkeiten, mit denen wir heute das Liebesleben selbstbestimmt gestalten können. Ein wichtiger Grund ist auch, dass mit den eigenen emotionalen Bindungskräften fast immer Verbindlichkeiten einhergehen in Gestalt von Mitleid, Verantwortungsgefühlen, ängstlicher Sorge, Schuldgefühlen, die als Gebundensein erlebt werden. Ein anderer wichtiger Grund ist die Qualität der eigenen emotionalen Bindungskräfte: Sie sind nur allzu oft sehr bescheiden, von rivalisierenden, entwertenden oder feindseligen Gefühlen bzw. von eigenen Minderwertigkeitsgefühlen begleitet, die sich störend auf das Beziehungsleben auswirken.

Die Liebesfähigkeit derart neu zu konstruieren, dass man sich von den eigenen emotionalen Bindungskräften befreit – eine solche Konstruktion stellt in der Tat das herkömmliche psychologische Liebesverständnis infrage, auch das von Erich Fromm. Alle traditionellen Psychologien, die den Menschen als Beziehungswesen begreifen, sehen das Ziel psychischer Entwicklung darin, dass es zur Ausbildung von eigenen emotionalen Bindungskräften kommt, die ein Höchstmaß an Zuneigung und Liebe bei größtmöglicher Autonomie erlauben, so dass es zu einer Balance von Nähe und Distanz aufgrund einer inneren emotionalen Verbundenheit kommen kann.

Bindungslos liebende Menschen erfinden die Liebe neu, indem sie Gefühle der Zuneigung und Liebe selbst inszenieren oder simulieren und mit ihrer offerierten Attraktivität, Wertschätzung oder Sentimentalität eine Gegenliebe zu erzeugen imstande sind. Ein solches Bezogensein gelingt deshalb nur, wenn jeder versucht, sein Ich für den anderen zum Gefühlserlebnis zu machen und man sich seines gegenseitigen Erlebnis- und Unterhaltungswertes auf diese Weise versichert.

Die meisten bindungslos liebenden Menschen versuchen jedoch, ihre Liebesfähigkeit auf passive Weise in Erfahrung zu bringen. Sie suchen sich den Zugang zu den emotionalen Liebeskräften und Leidenschaften zu sichern, die die Medien und eine auf Emotionalisierung setzende Wirtschaft und Kultur inzwischen im Übermaß anbieten. Statt selbst aktiv zu lieben, lieben sie interaktiv inszenierte Liebeslust und virtuelles Liebesleid mit.

Diese Neukonstruktion der Liebesfähigkeit und des Verständnisses von Liebe lässt sich an vielen Details zeigen (auch wenn die

Neukonstruktion bei vielen nicht so »in Reinkultur« vorkommt, wie hier skizziert). Eben weil man sich von den eigenen emotionalen Bindungskräften ent-bindet und auf den Zugang zu offerierten emotionalen Bindungs- und Liebeskräften setzt, spielen die elektronischen Medien eine ganz zentrale Rolle für das Erleben und die Praxis der eigenen Liebesfähigkeit. Die Leidenschaftlichkeit der Zuneigung zum Beispiel wird nicht direkt auf den anderen hin ausgedrückt, sondern im medial ermöglichten Miteinander erlebt, etwa im gemeinsamen Ansehen eines Fernsehfilmes oder Videos. Überspitzt formuliert, könnte man sagen, dass die Liebenden nur »teilnehmende Beobachter« sind, während das Medium das Subjekt von Liebe und Leidenschaft ist. Die emotionalen Bindungskräfte werden sekundär über die elektronischen Medien wieder in Erfahrung gebracht, so dass die dabei mit-erlebte Leidenschaft eine »geborgte Leidenschaft« ist (Allebrand 2012, S. 54–74).

Ganz generell lässt sich beobachten, dass es immer weniger um die Pflege einer *Beziehung* und den Austausch von eigenen Gefühlen geht, sondern um die Pflege von *Kontakten* mit Hilfe von Kontaktmedien, die bezeichnenderweise »soziale Medien« genannt werden. Tatsächlich zeichnen sich bindungslos Liebende durch eine große Kontaktfreude aus. Je mehr Kontakte jemand in seinem Handy gespeichert hat und je mehr »Freunde« es bei Facebook bzw. »Follower« bei Twitter gibt, desto liebesfähiger ist er. Was vormals die inneren emotionalen Bindungskräfte bewirkten, bewerkstelligen nun die Kontaktmedien. Sie ermöglichen Beziehung und das liebende Verbundensein.

Dies ist auch der Grund dafür, dass es für einen jungen Menschen keine schlimmere Strafe gibt, als ihm das Handy zu entziehen. Man stößt ihn nicht nur ins soziale Nichts, sondern raubt ihm auch die Möglichkeit, sich als liebender Mensch zu erfahren, sich verbunden und lebendig zu fühlen.

Das Bedürfnis, sich bezogen und verbunden zu erleben, ohne von inneren Bindungskräften gesteuert zu werden, ist so groß, dass die Kontaktmedien allein nicht zu ihrer Befriedigung ausreichen. Sich mit anderen zu treffen, zu feiern, Events wahrzunehmen, Diskos, musikalische und sportliche Großveranstaltungen zu besuchen und vor allem *dabei* zu sein, sind zentrale Bedürfnisse ich-orientierter Menschen und heute wichtige Formen des Erlebens von Sozialität, Solidarität und sozialer Liebe.

Das Ausblenden der eigenen emotionalen Bindungskräfte, von dem das gegenwärtige Liebesverständnis geprägt ist, zeigt sich bei Partnerbeziehungen in besonderen Stärken und Schwächen. Um mit den Stärken zu beginnen: Entbundene Partner zeigen meist eine überdurchschnittliche Fähigkeit zu Fairness und Toleranz im Umgang miteinander. Sie können den anderen in seinem selbstbestimmten Anderssein gelten lassen. Auch sind sie kaum nachtragend, trauern niemandem und nichts nach, trennen sich problemlos und bleiben trotz des Scheiterns der Partnerschaft gute Freunde. Eifersucht ist meist kein Thema. Sexuell gilt es, sich frei zu fühlen und selbst zu verwirklichen. Jedes und alles ist erlaubt, auch die Enthaltsamkeit.

So großzügig und tolerant das Verbundensein gelebt wird, so sehr wird alles gemieden, was Verbindlichkeit, ein inneres Pflichtgefühl oder gar ein Aufeinander-Angewiesensein bedeuten könnte. Treue gibt es meist nur projektorientiert, solange etwas Neues geschaffen und in Erfahrung gebracht werden kann. Geradezu tabu sind Beziehungswünsche, aus denen sich Erwartungen der Verlässlichkeit und anhaltende Nähewünsche ergeben könnten. Sich fürs Leben zu binden oder sich gar auf eine Familiengründung einzulassen, sind angstbesetzte Schritte, die man als solche nicht spüren darf, weshalb die Heirat kontraphobisch zum größten Event aller Zeiten hochstilisiert und mit allem Tamtam gefeiert wird.

Die Ehescheidungsraten sind entsprechend hoch, und bezeichnenderweise gibt es rund um die Geburt des ersten Kindes eine Steigerung der Scheidungsrate. Das Kind konfrontiert die Partner mit einem Verbindlichkeitsanspruch und mit Bindungsnotwendigkeiten, bei denen manche nur noch die Flucht nach vorne antreten können, um ihren Anspruch auf eine entbundene Liebesfähigkeit und eine grenzenlose Autonomie aufrechtzuerhalten.

Trotz solcher bedenklichen Auswirkungen einer entbundenen

Liebesfähigkeit ist unzweifelhaft, dass die bei einer ich-orientierten Sozialcharakterbildung beobachtbare Liebesfähigkeit und das hierbei favorisierte Verständnis von Liebe eine gesellschaftlich akzeptierte, ja geförderte Art der Bezogenheit ist. Sie trägt zur Stabilität einer Gesellschaft bei, die sich anschickt, sämtliche Lebensbereiche zu flexibilisieren. Flexible Menschen gibt es nur, wenn Grenzen und Bindungen entgrenzt und entbunden werden und die Liebesfähigkeit diesen Erfordernissen gerecht wird.

Ob eine derart entbundene Liebe auch zum Wohl-Sein des Menschen und zu seinem psychischen Gelingen beiträgt, ist damit noch nicht gesagt. Vor allem aber ist eine transformierende Kraft der bindungslosen Liebe nur schwer erkennbar. Dies mag auch daran liegen, dass meine Generation es gewohnt ist, die transformierende Kraft der Liebe immer nur in Verbindung mit Veränderungen der eigenen emotionalen Bindungskräfte wahrzunehmen. Es soll deshalb – noch einmal mit Fromm – der Frage nachgegangen werden, was den Menschen psychisch gelingen lässt und welche Rolle die Kraft der Liebe dabei spielt.

3. Die transformierende Kraft der Liebe in der »direkten« Begegnung

Offensichtlich kann fast alles »Liebe« genannt werden: Die schlimmsten Demütigungen und Torturen werden als Akte der Liebe rationalisiert, und jeder Mensch glaubt, ein Liebender zu sein, selbst wenn seine Liebe andere abhängig, selbst-los, ohnmächtig oder depressiv macht. Allein deshalb schon macht es Sinn, nach einem Merkmal zu suchen, das die Liebe von ihrer Wirkung her qualifiziert. Die Frage der transformierenden Kraft der Liebe artikuliert dieses Suchen nach einem Qualitätsmerkmal und einer bestimmten Art von Liebe.

Die gleiche Frage, wie sich Liebe psychologisch qualifizieren lässt, brachte Fromm dazu, zwar nicht von der transformierenden Kraft der Liebe zu sprechen, aber von der »produktiven« Qualität der liebenden Bezogenheit. »Produktiv«, vom lateinischen »producere« = hervor-führen, meint dabei, dass jene emotionalen Bindungskräfte zum Zuge kommen und praktiziert werden, die ihren Ursprung im Menschen selbst haben und den Liebenden wie den Geliebten psychisch wachsen lassen.

Am eindrücklichsten hat Fromm diese transformierende Kraft der produktiven Liebe nicht in *Die Kunst des Liebens* beschrieben, sondern in drei Vorträgen zur Frage der therapeutischen Beziehung, die er 1959 am William Alanson White Institut in New York gehalten hat (Fromm 1992). Das, was im seelsorgerlichen Gespräch oder in der therapeutischen Arbeit verändernd wirkt, hat sehr wohl mit Liebe zu tun – mit einer »unmittelbaren«, also nicht durch Medien, sondern durch die eigenen Bindungskräfte ermöglichten »direkten« Art der Bezogenheit.

Im Schwäbischen sagt man, dass man seine Patienten oder Klienten »mögen« können muss, wenn es zu einer Veränderung kommen soll. Gemeint ist damit ein tief reichendes Gefühl der Solidarität mit dem Gegenüber. Nach Fromm ist »das Gefühl der Solidarität [...] eine der wichtigsten therapeutischen Erfahrungen, die wir einem Patienten ermöglichen können. In diesem Augenblick fühlt sich der Patient nicht mehr isoliert. In jeder Neurose und bei allen Beschwerden, die ein Patient hat, ist das Gefühl des Isoliertseins, ob er sich dessen bewusst ist oder nicht, das Kernproblem seines Leidens. In dem Augenblick, in dem er fühlt, dass ich dies mit ihm teile und sagen kann: ›Dies bist du‹, und ich sage dies weder freundlich noch unfreundlich, bedeutet dies ein Befreitwerden aus seiner Isolation. Denn ein anderer Mensch sagt ihm: ›Dies bist du‹, steht zu ihm und teilt dies mit ihm« (Fromm 1992, S. 39 f.).

Was Fromm hier bezüglich der therapeutischen Beziehung sagt, gilt für ihn aber ganz allgemein. In jeder Art von Beziehung sollte es um eine »direkte Begegnung« und um ein »Bezogensein aus der Mitte« gehen (Fromm 1992, S. 37–39). Der andere ist dann »kein Ding mehr ›da drüben‹, das ich betrachte; er stellt sich mir ganz, und ich stelle mich ihm ganz, und wir weichen uns nicht mehr aus« (Fromm 1992, S. 30).

Die direkte Begegnung will mit den Gefühlen und Leidenschaften des anderen in Kontakt kommen, um ihn auf diese Weise ganzheitlich erleben zu können. Für diese Art direkter Begegnung mit dem anderen gibt es für Fromm ein eindeutiges Merkmal: »Wer den anderen ganzheitlich erleben kann, hört zu urteilen auf« (Fromm 1992, S. 38). So sehr wir im Vollzug unseres Lebens und zur Sicherung unseres Überlebens immer gezwungen sind, darüber zu urteilen, was wir wollen und wogegen wir uns wehren, so gilt für die direkte Begegnung mit einem anderen, wenn man ihn wirklich sehen will, dass das Urteilen aufhört: »Wer sich selbst oder einen anderen Menschen in Gänze sehen kann, urteilt deshalb nicht, weil er von diesem Gefühl, von diesem Erleben – ›Das bist du‹ – völlig überwältigt ist und auch von dem Gefühl ›Wer könnte hier noch urteilen?‹ In Wirklichkeit komme ich nicht einmal auf die Idee, so zu fragen, denn wenn ich ihn in dieser Weise erlebe, erlebe ich mich selbst. Ich sage: ›So, das bist du‹, und fühle in gewisser Weise ganz unmissverständlich: ›Und das bin ich auch!‹« (Fromm 1992, S. 39)

Was Fromm hier über die transformierende Kraft der produktiven Liebe sagt, die von einem tiefen Gefühl der Solidarität getragen ist und zu urteilen aufhört, ist keine Technik, die man sich mit Manualen antrainieren kann. Sie ist vielmehr das Ergebnis eines langen und zum Teil schmerzvollen Lernprozesses, dem sich Fromm zeitlebens ausgesetzt hat. Im Zentrum seiner Bemühungen lag die Selbstanalyse als der lebenslange Versuch, sich selbst in Gänze wahrnehmen und spüren zu können. Denn nur im Kontakt mit den eigenen Gefühlen und Strebungen und der Entwicklung liebender Bindungskräfte ist man zu einer solidarischen und urteilsfreien »direkten« Begegnung mit dem anderen fähig.

Um beim Ideal der transformierenden Kraft der Liebe nicht die Schwierigkeiten ihrer Realisierung aus dem Auge zu verlieren, soll abschließend noch von Fromms Erfahrungen mit seiner eigenen Liebesfähigkeit die Rede sein, wie sie sich aus der Biografie des als Einzelkind groß gewordenen Autors von *Die Kunst des Liebens* erschließen lassen.[5] Natürlich interessieren hier zunächst die frühen Bezugspersonen.

4. Erich Fromms eigene Erfahrungen mit der Kunst des Liebens

Sein Vater Naphtali war im Jahr 1900, dem Geburtsjahr Fromms, 30 Jahre alt. Von Beruf war er Beerenweinhändler und eben kein jüdischer Theologe wie eine lange Reihe seiner Vorfahren. Eher ängstlich und stark an die Kleinfamilie gebunden, litt der Vater wegen seines Berufs unter Minderwertigkeitsgefühlen und setzte alle Hoffnungen auf seinen Sohn Erich, dass dieser die Reihe der Talmudgelehrten fortsetzen werde. Seine Liebe zum Sohn war eine Mischung aus *zärtlicher Zuwendung* und *ängstlicher Fürsorglichkeit* auf der einen Seite und einer *hochambivalenten Idealisierung* andererseits. Als Erich seine Soziologie-Doktorprüfung in Heidelberg machte, kam der Vater nach Heidelberg, weil er glaubte, dass, wenn Erich durch die Prüfung falle, er sich umbringen würde.

Seine Mutter war 24 Jahre alt, als Erich geboren wurde. Sie kam aus keinem so frommen jüdischen Hause, galt in ihrer Verwandtschaft als lustige und gesellige Frau, die zugleich sehr bestimmend und tonangebend war. Für Letzteres spricht ein Foto eine deutliche Sprache, bei dem die Mutter den Sohn mit ihrem rechten Arm fest an der Schulter greift und ihn an sich heran und unter ihren Busen drückt, während sie ihren linken Arm in Siegerpose in die Hüfte stützt. Das Foto zeigt eine sehr zupackende und festhaltende Mutterliebe, die es dem Sohn – zumal dem einzigen Kind – später nicht einfach gemacht hat, sich davon zu trennen.

Was Erich Fromm aber noch intensiver prägte – und später noch mehr zu schaffen machte –, war das starke Idealisiertwerden durch seine Mutter. Für die Mutter war der Sohn ihr Ein und Alles. Auch das wird anhand eines Fotos sichtbar, auf dem die Mutter sich mit ihrem Arm beim Sohn einhakt und ihn bewundernd anschaut.

Ja, Erich sollte ein großer Künstler und Wissenschaftler werden, ein zweiter Paderewski (Paderewski war damals ein gefeierter Komponist, Pianist und polnischer Politiker, der 1919 sogar für kurze Zeit Ministerpräsident war). So viel Idealisierung schafft natürlich zunächst ein grandioses Selbstgefühl und eine ungeheure Selbst-

Abb. I: Der siebzehnjährige Erich Fromm mit seinen Eltern[6]

sicherheit sowie ein starkes Selbstbewusstsein. Allerdings bekommt man eine solche Selbstaufwertung nicht umsonst. Sie ist an eine bewundernde Umgebung geknüpft und hat nicht eigentlich ihren Grund in einem autonomen und von anderen unabhängigen Selbstwerterleben. Tatsächlich hat Fromm lange damit gekämpft, von einer festhaltenden und ihn idealisierenden Mutterliebe loszukommen.

Die eigene Liebesfähigkeit eines jungen Menschen ist im Allgemeinen stark von der durch Mutter und Vater erfahrenen Liebe geprägt, aber eben nicht nur. Das Streben nach Unabhängigkeit und Autonomie und eine eigene liebende Aktivität bestimmen jede psychische Entwicklung von Anfang an mit. Mit dem Erwachsenwerden drückt sie sich in der Suche nach einem anderen Menschen aus, der andere Liebeserfahrungen möglich macht. Je nachdem, wie behindernd und die Eigenentwicklung störend sich dabei die Liebe von Mutter und Vater auswirkt, führt eine solche Suche nach neuen und alternativen Liebeserfahrungen dann doch wieder zu

Menschen, in denen die bekannten elterlichen und – im Fall von Fromm – auch spezifisch jüdischen Beziehungsmuster wiederkehren. Oft muss man eine ganze Reihe scheiternder Liebesbeziehungen durchleben, bis man bereit ist, im Partner nicht mehr unbewusst die in Wirklichkeit behindernde Liebe der Mutter oder des Vaters wiederzufinden.

Solche Suchbewegungen und scheiternden Beziehungen lassen sich im Leben Fromms bis weit in die Lebensmitte nachzeichnen. Schneller zum Ziel kam Fromm hinsichtlich der ihn behindernden Vaterliebe. Hier suchte er sich bereits als Jugendlicher in Rabbiner Nehemia Nobel von der Frankfurter Synagoge am Börneplatz einen anderen, nämlich frömmeren Vater, der allerdings bereits 1921 starb. Nobel folgte dann während Fromms Studium in Heidelberg ein chassidischer Talmudgelehrter namens Rabinkow, zu dem Fromm täglich zum Studium der religiösen Schriften ging, obwohl Fromm eigentlich an der Universität Soziologie studierte. Dieser Rabinkow entstammte einer intellektuellen Richtung des Chassidismus und förderte indirekt Fromms Absetzbewegungen von seiner Vaterreligion.

Abb. 2: Erich Fromm 1920 als Student in Heidelberg

Als Fromm Mitte der zwanziger Jahre schließlich mit Freuds Psychoanalyse vertraut wurde, vollzog er die Zurückweisung der Vaterliebe mit der Aufgabe der Vaterreligion. Er verstieß gegen die rituellen Gebote des Judentums, gab den Glauben an einen persönlichen Gott auf und wandte sich dem Buddhismus und der Religionskritik zu.

Die Trennungsversuche von der ihn bewundernden Mutterliebe waren um vieles leidvoller. Nachdem er 1922 seine Verlobte an seinen Jugendfreund Löwenthal abgeben musste, lernte er 1923 die 11 Jahre ältere Psychiaterin Frieda Reichmann kennen, die sich zur Psychoanalytikerin ausbilden ließ und mit Fromm in Heidelberg von 1924 bis 1928 ein Therapeutikum betrieb. Bei Frieda auch auf der psychoanalytischen Couch liegend, verliebte er sich in sie und heiratete sie 1926 aus einer solchen therapeutischen Übertragungsliebe heraus. Zusammen mit ihr vollzog er 1926 den Schritt aus der Vaterreligion und wurde selbst Psychoanalytiker. Die Ehe allerdings war eigentlich schon 1928 an ihrem Ende, ohne dass aber Fromm sich hätte trennen können.

Als Fromm 1931 an offener Tuberkulose erkrankte und von allen persönlichen Kontakten abgeschnitten in Davos lebte, sagte der mit Frieda und Erich gut bekannte Psychosomatiker Georg Groddeck aus Baden-Baden zu ihm, er solle sich von Frieda trennen, denn seine Tuberkulose-Erkrankung habe den unbewussten Sinn, von Frieda getrennt sein zu wollen. Ob eine solche Deutung stimmt oder nicht, mag dahingestellt sein. Sie sagt zumindest so viel, dass andere die Trennung von Frieda als notwendig erkannten. Fromm trennte sich dann faktisch von Frieda, als er so weit wieder gesund war, dass er 1934 in die Vereinigten Staaten ausreisen konnte und eine Beziehung mit der um 15 Jahre älteren Karen Horney einging, die zwar nie zur Heirat führte, aber doch sehr über das gemeinsame fachliche Interesse hinausging. Die Liaison mit Karen Horney währte bis 1941 und ging in einem heftigen Streit auseinander, der auch zu einer Spaltung der bisher gemeinsamen psychoanalytischen Gesellschaft führte.

1944 heiratete Fromm 44-jährig die gleichaltrige Henny Gur-

Abb. 3: Erich Fromm und Henny Gurland 1948 vor ihrem Haus in Bennington (Vermont, USA)

land, mit der er 1947 ein eigenes Haus in Bennington im Bundesstaat Vermont zu bauen begann. Endlich schien Fromm die Frau seines Lebens gefunden zu haben.

Kaum waren sie in das neue gemeinsame Haus eingezogen, wurde Henny mit einer unerklärlichen, sehr schmerzhaften arthritischen Erkrankung bettlägerig. Inzwischen war Fromm ein etablierter Wissenschaftler und Psychoanalytiker geworden und aufgrund seines Buches *Die Furcht vor der Freiheit* (1941) ein in den USA gefragter Autor und Redner. Er sagte alle Termine ab, um Henny zu pflegen und nicht allein zu lassen.

1950 siedelte er wegen des Klimas mit Henny nach Mexiko über, baute sich dort eine neue Existenz auf. Doch Hennys Erkrankung vereitelte jeden Plan, seinen Lehraufträgen und Vortragseinladungen in den Vereinigten Staaten nachzukommen. Er konnte sie nicht mitnehmen und sie nicht allein lassen. Er liebte sie über alles und orientierte sein eigenes Leben ganz an der Fürsorge für sie – ohne dass sich dadurch das Leiden von Henny auch nur um einen Deut gebessert hätte. Im Juni 1952 fand er Henny tot im Bad vor.

Fromm war am Ende mit seinen Liebesversuchen. Er spürte nur

noch Scheitern, Ohnmacht und Verlassenheit. Psychoanalytische Ausbildungskandidaten, die damals zu ihm in Therapie kamen, wussten nicht, was tatsächlich geschehen war, berichteten aber, dass sie Fromm monatelang verändert vorfanden. Es war ein furchtbar leidvoller und mühsamer Weg, von einem Selbstbild loszukommen, das sich von Bewunderung und Idealisierung nährt.

Monate später fand Fromm wieder den Mut, eine neue Beziehung einzugehen. Erstmals war es eine Amerikanerin aus den Südstaaten, Annis Freeman, die gerade ihren dritten Mann durch Tod verloren hatte. Sie lebte mit diesem in Indien und kehrte nach dessen Tod zurück in die Vereinigten Staaten. Annis Freeman war völlig anders als alle Frauen, mit denen Fromm bisher zu tun hatte. Sie war sehr attraktiv, sinnlich, ohne intellektuellen und beruflichen Ehrgeiz, aber doch eine ebenbürtige Gesprächspartnerin.

Fromm verliebte sich in sie und heiratete sie im Dezember 1953. Sie zog zu ihm nach Mexiko, sie bauten ein Haus in Cuernavaca, und sie begleitete ihn auf seinen vielen Vortragsreisen und bei seinen politischen Engagements in den USA, in der Anti-Atom- und Friedensbewegung.

Abb. 4: Annis und Erich Fromm im Jahr 1959 auf der Terrasse ihres Hauses in Cuernavaca

Abb. 5: Annis und Erich Fromm in Locarno, etwa 14 Tage vor Fromms Tod am 18. März 1980.

Ich traf beide erstmals 1972, als sie dabei waren, von Mexiko in die Schweiz überzusiedeln (Funk 2009, S. 82–92). Ich habe damals zwei Menschen kennengelernt, er 72 Jahre alt, sie 70, seit bald 20 Jahren verheiratet, die sich mit großer Zuneigung, Zärtlichkeit, Respekt und Fürsorglichkeit begegneten, zwei Menschen, die so ganz verschieden waren und sich gegenseitig ihre Liebe in vielen Symbolen und Gesten ausdrückten.

Im Rückblick kann man sicher sagen, dass Fromms Liebesfähigkeit durch Hennys Suizid und das Durchleben des Scheiterns der bisherigen Liebesversuche eine Wende ins Produktive erfuhr und er die transformierende Kraft der Liebe in den Begegnungen mit sich und anderen spüren konnte. Tatsächlich berichten amerikanische und mexikanische Schülerinnen und Schüler, die Fromm in diesen Jahren erlebten, von einer Veränderung in seinem Charakter. Er habe seine arroganten Seiten verloren, sei nicht mehr so »pushing«, so fordernd gewesen, vielmehr habe das Zusammensein mit ihm eine Kraft gebende Wirkung gehabt; man habe ihn sehr direkt, auch direkt konfrontierend, und doch zugleich sehr warmherzig erlebt.

Der Rückblick auf Fromms eigenes Liebesleben ist unvollständig, solange man nur die Beziehung zu den Frauen in seinem Leben im Blick hat. Eine mindestens genauso wichtige Frage ist die Liebe zu sich selbst und die direkte Begegnung mit den eigenen bewussten und unbewussten emotionalen Bindungskräften.

Es war nicht die Hinwendung zum Zen-Buddhismus (und in den letzten Jahren zum Buddhismus), wie manche Biografen behaupten (Friedman 2013), die Fromm veränderten, sondern die Selbstanalyse, die er seit den vierziger Jahren bis zu seinem Tod im Jahr 1980 täglich mindestens eine Stunde lang praktizierte. Fromm nutzte Meditations-, Atem- und Bewegungsübungen, die in den östlichen Religionen beheimatet sind, um sich von allem frei zu machen, das ihn an der direkten Begegnung mit sich selbst hindern könnte. Im Mittelpunkt seiner »Übungen« aber standen immer die Analyse seiner Träume und das Nachspüren von Gefühlen, die ihn beschäftigten. (Vgl. das Kapitel »Die Selbst-Analyse als Weg der Selbsterfahrung« in: Fromm 1989, S. 393–483.)

Die täglich geübte direkte Begegnung machte ihn vertraut mit dem Fremden im Eigenen. Die Selbstanalyse ließ ihn zugleich die transformierende Kraft der Liebe in der Beziehung zu sich selbst spüren. Dies blieb nicht ohne Folgen für die Liebe zu anderen, denn durch die Selbstanalyse lernte er, das Fremde im anderen nicht mehr als fremd abwehren zu müssen. Fromm selbst bemerkt: »Es stellt sich ein Gefühl der Solidarität ein, wenn zwei Menschen zueinander sagen können oder auch nur einer zum anderen gerechtfertigterweise sagen kann: ›Dies bist du, und ich teile es mit dir.‹ Dies ist ein unglaublich wichtiges Erlebnis: das Erleben, ganz und gar zu lieben. Es ist die befriedigendste, wunderbarste und belebendste Erfahrung, die zwei Menschen machen können« (Fromm 1992, S. 39).

Die transformierende Kraft der Liebe wirkt sich also immer auf die Liebe zu sich selbst und auf die Liebe zu anderen aus. Es gibt zwei Fotos von Fromm, die ein Fotoreporter des *STERN* mit einer sogenannten Motorkamera im Abstand von etwa einer Sekunde gemacht hat, und die diese transformierende Kraft der Liebe anschaulich machen. Ein Lidschlag lässt Fromm die Augen schließen und zeigt einen Menschen, der ganz bei sich ist. Sobald er die Augen wieder öffnet, springt sein Blick geradezu zum Betrachter herüber, um ganz beim anderen zu sein (Funk 2011b, S. 158 f.).

Fromm spürte die transformierende Kraft der Liebe ganz unmittelbar, weshalb er bereits 1956 am Ende von *Die Kunst des Liebens* schreibt: »Wenn man von der Liebe spricht, dann ist das keine ›Predigt‹, denn es geht dabei um das tiefste, realste Bedürfnis eines jeden menschlichen Wesens« (Fromm 1956, S. 518). Allerdings konstatiert er auch, dass dieses Bedürfnis gesellschaftlich ein völliges Schattendasein führt, weshalb »an den gesellschaftlichen Bedingungen Kritik zu üben [ist], die dafür verantwortlich sind. Der Glaube an die Möglichkeit der Liebe als einem gesellschaftlichen Phänomen« ist für Fromm dennoch kein irrationaler, sondern ein »rationaler Glaube« (ebd.).

Fromm kann deshalb auch an eine die Gesellschaft transformierende Kraft der Liebe glauben, weil er selbst die transformierende Kraft der Liebe zu leben imstande war.

Anmerkungen

1 Dt.: Die Kunst des Liebens. Ullstein, Berlin 1961 (heute verlegt bei Ullstein, DVA, dtv und Manesse).
2 Vgl. vor allem Fromm (1955), S. 24–50. Anders als Abraham Maslow, der eine Bedürfnispyramide entwickelt hat, unterscheidet Fromm strikt zwischen gesellschaftlich erzeugten historischen Bedürfnissen und existentiellen Bedürfnissen, die von allen Menschen zu allen Zeiten befriedigt werden müssen, allerdings ganz unterschiedlich befriedigt werden können, während gesellschaftlich erzeugte Bedürfnisse (wie etwa das Bedürfnis nach Privateigentum) sich dadurch auszeichnen, dass sie auch unbefriedigt bleiben können, ohne dass dies lebensbedrohliche Folgen hätte.
3 Vgl. die Erkenntnisse zur Bindungsforschung, die im Eröffnungsvortrag von Karl Heinz Brisch vorgetragen wurden, S. 9–46 in diesem Band.
4 Nach einer Studie des SIGMA-Instituts in Mannheim ließ sich bereits im Jahr 2005 bei knapp 20 % der erwachsenen Bevölkerung Deutschlands eine Dominanz der Ich-Orientierung nachweisen (vgl. Frankenberger (2007), besonders S. 181 ff.). Bezeichnenderweise ließen sich dominant Ich-Orientierte vor allem bei jungen Menschen und bei künstlerisch und journalistisch sowie in der IT- und Medien-Branche und in der Unterhaltungsindustrie Tätigen finden – also bevorzugt bei Menschen, die mit der Gestaltung von Wirklichkeit, und hier noch einmal präziser: mit der digitalen und medialen Gestaltung von Wirklichkeit, befasst sind.
5 Vgl. hierzu Funk (2011b); Hardeck (2005); Friedman (2013).
6 Dieses und alle weiteren Fotos stammen aus: Funk, R.: Erich Fromm – Liebe zum Leben. Eine Bildbibliografie. dtv, München 2011 [Funk (2011b)].

Literatur

Allebrand, R. (2012): Die Burnout-Lüge. Ganz normaler Wahnsinn. EHP-Verlag, Bergisch Gladbach.
Dornes, M. (2012): Die Modernisierung der Seele. Kind-Familie-Gesellschaft. S. Fischer, Frankfurt am Main.
Frankenberger, R. (2007): Die postmoderne Gesellschaft und ihr Charakter. In: Frankenberger, R. / Frech, S. / Grimm, O. (Hg.): Politische Psychologie und Politische Bildung. Gerd Meyer zum 65. Geburtstag. Wochenschau, Schwalbach, S. 167–187.
Friedman, L. J. (2013): Erich Fromm – Die Biografie. Unter Mitarbeit von A. M. Schreiber. Huber, Bern.
Fromm (1941): Die Furcht vor der Freiheit. In: Erich Fromm Gesamtausgabe in 12 Bänden (GA). Band 1. DVA und dtv, München 1999, S. 215–392.
Fromm, E. (1955): Wege aus einer kranken Gesellschaft. GA Band 4, S. 1–254.
Fromm, E. (1956): The Art of Loving. An Inquiry into the Nature of Love

(World Perspectives 9, geplant und herausgegeben von Ruth Nanda Anshen). Harper and Row, New York. Dt.: Die Kunst des Liebens. 1. Aufl. Ullstein, Berlin 1961; heute verlegt bei Ullstein, DVA, dtv und Manesse. Hier zitiert nach der Erich Fromm Gesamtausgabe (GA), Band 9, S. 437–518.

Fromm, E. (1989): Vom Haben zum Sein. Wege und Irrwege der Selbsterfahrung. In: GA Band 12, S. 393–483.

Fromm, E. (1992): Den Patienten in seiner Ganzheit verstehen [entstanden 1959 unter dem Titel »Dealing with the Unconscious in Psychotherapeutic Practice«]. In: Funk, R. (Hg.) (2009): Erich Fromm als Therapeut. Frühere Schüler erinnern sich an seine Praxis der Psychoanalyse. Psychosozial Verlag, Gießen, S. 15–55.

Funk, R. (2005): Ich und Wir. Psychoanalyse des postmodernen Charakters. dtv, München.

Funk, R. (2009): Die »direkte« Begegnung. In: Funk, R. (Hg.): Erich Fromm als Therapeut. Frühere Schüler erinnern sich an seine Praxis der Psychoanalyse. Psychosozial-Verlag, Gießen.

Funk, R. (2011a): Der entgrenzte Mensch. Warum ein Leben ohne Grenzen nicht frei, sondern abhängig macht. Güterloher Verlagshaus, Gütersloh.

Funk, R. (2011b): Erich Fromm – Liebe zum Leben. Eine Bildbiografie. dtv, München.

Hardeck, J. (2005): Erich Fromm. Leben und Werk. Primus, Darmstadt.

Lifton, R. J. (1993): The Protean Self. Human Resilience in an Age of Fragmentation. Basic Books, New York.

GUY BODENMANN

Was Paare stark macht – oder wie die Liebe zerfällt und man sie erhält

Die Liebe zählt zu den schönsten und intensivsten Gefühlen (Asendorpf/Banse 2002). Auch wenn immer wieder zu lesen ist, dass Ehe und Partnerschaft ausgedient hätten und Singles die moderne Lebensform repräsentieren würden, wird schnell evident, dass auch heute noch eine stabile, glückliche Zweierbeziehung von den meisten Menschen als Voraussetzung für ihr Lebensglück genannt wird. Man sucht nach wie vor in der Partnerschaft und mitunter auch Ehe Geborgenheit, Liebe, Nähe, Zuwendung und Zärtlichkeit und erhofft sich vom Partner ein lange währendes, verlässliches, von Treue, Respekt und Verbindlichkeit getragenes Engagement (Bodenmann 2005; Sternberg 1986). Echte Liebe zu erfahren gehört auch heute noch zu den intensivsten Wünschen und schönsten Erfahrungen.

Bildgebende Methoden zeigen, dass Liebesgefühle mit einer Reihe von Hirnregionen assoziiert sind, wobei vor allem subkortikale Belohnungs-, Emotions- und Motivationszentren aktiviert werden, wenn man verliebt ist (Acevedo et al. 2011). Wie Acevedo und Aron (2009) nachweisen konnten, feuern dieselben Hirnareale bei »frischer« wie »alter« Liebe, was darauf hinzuweisen scheint, dass eine Unterscheidung in Verliebtheit und Liebe neuropsychologisch wenig Sinn zu machen scheint. Sinnvoller scheint ein Verständnis von Liebe als einem belohnenden Zustand, der Bedürfnisse nach Geborgenheit, Nähe und Bindung befriedigt.

In diesem Zusammenhang interessant ist auch, dass romantische Liebesgefühle und Sexualität stärker miteinander verbunden zu sein scheinen, als bislang angenommen wurde (Galperin 2010; Acevedo et al. 2011). So verlieben sich Männer schneller, wenn sie die sexuellen Interessen der Frau überbewerten und diese als körperlich attraktiv wahrnehmen. Frauen ihrerseits sind schneller verliebt, wenn sie eine starke Sexualität und Libido aufwiesen (Galperin 2010). Diese enge Verflechtung von Liebe und Sexualität bedeutet zum einen, dass die längerfristige Aufrechterhaltung der Liebe nicht unkompliziert ist, und zum anderen, dass ein ausreichendes Commitment (Rusbult/Arriaga 1997; Rusbult/Buunk 1993) notwendig ist, um den Bestand der Beziehung zu gewährleisten. Vor diesem Hintergrund wird verständlich, weshalb ungeachtet der weltweiten Globalisierung, der hohen Mobilität und des modernen Lebensstils die alten Werte von Treue, Verlässlichkeit und Beständigkeit von Paarbeziehungen nach wie vor eine wichtige Grundlage heutiger Partnerschaften bilden (Bodenmann 2005). Man sucht keine Lebensabschnittspartnerschaften, sondern in aller Regel eine das Leben lang währende Beziehung, in die sich zu investieren lohnt (Bodenmann/Fux 2013).

Diesem auf der einen Seite tief verankerten Bedürfnis nach Exklusivität und Commitment seitens des Partners steht auf der anderen Seite jedoch unverkennbar die starke Sehnsucht nach Freiheit und Selbstverwirklichung gegenüber. Dieser Spagat zwischen Nähe und den damit verbundenen Einschränkungen und der geforderten Eigenständigkeit und Befriedigung eigener Bedürfnisse gestaltet sich als besonders herausfordernde Aufgabe moderner Partnerschaften – und dies weitaus mehr als in früheren Zeiten, wo eigene Bedürfnisse, Ansprüche und Ziele hinter das Wohl der Gemeinschaft gestellt wurden.

Vielen Paaren gelingt es entsprechend nicht, diese antagonistischen Forderungen unter einen Hut zu bringen. Sie reiben sich im Stellungskrieg der beiden Pole auf und stehen häufig am Ende vor einem Scherbenhaufen. Scheidungsstatistiken in Westeuropa und den USA (Bramlett/Mosher 2002) verdeutlichen diese Entwicklung und zeigen ernüchternd auf, dass die Liebe in vielen Fällen dieser Zerreißprobe nicht gewachsen ist.

Die Tragik moderner Partnerschaften liegt in den hohen Ansprüchen, welche man an sie stellt. Man möchte die große Liebe finden, fortwährend verliebt sein und bleiben, sich in der Beziehung entfalten und verwirklichen können und mit dem Partner im siebten Himmel in Wonne ohne Ende tanzen. Man möchte viel, doch wie viel ist man auch bereit, dafür zu bezahlen? Welche Opfer ist man am Altar der Liebe zu bringen bereit? Diese beiden Fragen sind unpopulär.

Doch diese Selbstfokussierung auf die eigene Bedürfnisbefriedigung und mangelnde Bereitschaft zum Opfer für die Liebe ist nur der eine Teil der Tragik moderner Partnerschaften, der andere liegt im Kern der Liebe selbst. In der Liebe schwelgen, im siebten Himmel tanzen, auf Händen getragen werden, geliebt und umsorgt zu werden, all das sind schöne Momente, Momente der Glückseligkeit. Doch will man ewig in dieser Glückseligkeit schwelgen? Bald schon wird dem modernen Menschen das Schwelgen öde, das Tanzen langweilig, man wird des Getragen- und Umsorgtwerdens überdrüssig und fühlt sich eingeengt. Die Fürsorge des anderen wird zur Einschränkung, aber auch zum Appell, diesem dieselbe Aufmerksamkeit und Liebe zukommen zu lassen. Nichts ist ohne Anspruch, nichts ohne Gegenleistung zu haben. Die Liebe des anderen wird zur Aufforderung an einen selbst, Liebe zurückzugeben. *Geben und Nehmen* wird zur Aufgabe (Levinger 1976).

Dabei sind die Regeln komplizierter als in der Wirtschaft, wo Gewinnoptimierung höchstes Ziel ist. Nur zu erhalten ist auf den ersten Blick attraktiv und verführerisch, doch bald entpuppt sich das Nehmen in der Partnerschaft als doppelbödiges, vertracktes Geschenk. Je mehr man erhält, desto mehr steht man in der Schuld des anderen, desto größer wird die Abhängigkeit vom Partner, desto weniger wichtig bis hin zu wertlos fühlt man sich. Wenn man dagegen immer nur in der Rolle des Gebenden ist, fühlt man sich irgendwann ausgenutzt, erschöpft sich im Geben und empfindet die Situation als unbefriedigend, ungerecht und unhaltbar. Die Balance zwischen Geben und Nehmen ist zentral wichtig für ein Paar, ein gestörtes Gleichgewicht rächt sich früher oder später (Walster/Utne/Traupman 1977).

Doch als ob dies nicht schon schwer genug wäre, kommt die

Verstärkererosion als weiteres Problem bei allen langfristigen Partnerschaften dazu. Alles ist der Habituation unterworfen. Man gewöhnt sich an die Schönheit des Partners, an seine Intelligenz, seinen witzigen Humor, seine Eloquenz, seinen Status, seinen Reichtum, seine Großzügigkeit, seine Hingabe und seinen Sex-Appeal. Das Schöne und Faszinierende der Anfangszeit verblasst in diesem Prozess. Der Partner wird alltäglich, seine positiven Eigenschaften wetzen sich ab, verlieren ihr Verstärkerpotential. Diese Tendenz, dass Positives im Verlauf der Zeit verblasst, alltäglich und damit unspektakulär und leider zusehends weniger geschätzt wird, stellt eine gewichtige Herausforderung für Partnerschaften dar. Gelingt es einem Paar nicht, die Faszination füreinander zu erhalten, nagt die Habituation einschneidend am Beziehungsgefüge, führt dies zu einer Gefährdung der Partnerschaft.

Leider tritt ein weiteres Phänomen hinzu: Es bleibt nicht nur dabei, dass man die Qualitäten des Partners nicht mehr als speziell wahrnimmt und sich durch diese erhöht fühlt, sondern häufig setzt gleichzeitig eine allgemeine *Ernüchterung* ein. In deren Zuge beginnt man vor allem die Schwächen des Partners zu sehen. Auf einmal treten persönliche Schwierigkeiten des Partners, störende Gewohnheiten, Unzulänglichkeiten und Defizite markanter hervor. Der Partner wird nicht nur entmystifiziert, sondern gleichsam mit einer besonders kritischen Brille betrachtet. Anstelle der vormaligen rosa Brille, tritt eine pessimistische Sicht (Neff/Karney 2008). Man verbohrt sich in die negativen Seiten des Partners, sieht nur noch seine Fehler und Schwächen und fühlt sich enttäuscht und betrogen. Was anfänglich so großartig schien, entpuppt sich als Reinfall. Die Erwartungen an den Partner werden nicht erfüllt. Er hält nicht, was man in ihm zu sehen glaubte. Mit Ernüchterung und Bitterkeit stellt man fest, dass der Partner nicht der Märchenprinz, die Märchenprinzessin ist, den bzw. die man sich erträumt hat.

Durch die Habituation zum einen und die Ernüchterung zum anderen kommt es zu einer *Negativdynamik* in der Interaktion mit dem Partner. Man beginnt an ihm herumzunörgeln, ist unzufrieden und versucht, den Partner nach seinen Vorstellungen zu verändern. Da der andere dies in der Regel nicht so einfach mit sich machen lässt, kommt es zum Machtkampf. Die Interaktionen zwischen den Partnern verlaufen zusehends negativ (Gottman 1994; Weiss/Heyman 1997). Die Hostilität nimmt zu. Die Negativität vergiftet die Begegnung zwischen den Partnern. Man distanziert sich innerlich voneinander und spiegelt dem Partner seine Unzulänglichkeiten. Unverständnis, Enttäuschung und Frustrationen, Angst, Traurigkeit, Hilflosigkeit und Resignation sind die Folge. Trennungsgedanken kommen auf und die Partnerschaft wird porös gegen außen. Der Schutzwall gegen Versuchungen durch andere bröckelt, Alternativen werden auf einmal interessant und verlockend. Man wird für Komplimente anderer empfänglich, schätzt Nettigkeiten Fremder, fühlt sich verstanden und wertgeschätzt. Man scheint das von einem neuen Menschen zu erhalten, was man vom Partner nicht mehr zu erhalten scheint. Der Weg zur Flucht aus dieser Beziehung steht offen. Es kommt nun leicht zum Bruch – zu Trennung und Scheidung.

Die Frage, weshalb es bei vielen Paaren zu diesem destruktiven Prozess kommt, beschäftigt die Forschung schon lange. Obgleich monokausale Erklärungen zu kurz greifen und in der Regel ein komplexes Wechselspiel verschiedener persönlicher, dyadischer, sozialer und gesellschaftlicher Faktoren für eine negative Entwicklung von Partnerschaften und die hohen Scheidungsraten verantwortlich sind, zeigen doch neuere Studien die besondere Relevanz von Stress bei diesen Prozessen auf (Bodenmann 2000, 2005). Es scheinen dabei weniger die intensiven, einschneidenden kritischen Lebensereignisse zu sein, welche Partnerschaften zerstören, sondern der schleichende korrosive Prozess, welcher durch chronischen Alltagsstress die Partnerschaft unterhöhlt. Im *stresstheoretischen Scheidungsmodell* von Bodenmann (2012) wird die Bedeutung von paarexternem chronischem Alltagsstress über vier Wirkpfade beschrieben:

• eine Schwächung des Wir-Gefühls des Paares infolge von mangelnder Zeit für die Pflege der Partnerschaft,

- eine Verschlechterung der Kommunikation des Paares unter dem Einfluss von Stress,
- ein höheres Risiko für psychische und physische Probleme infolge der Stressbelastung, und
- eine unter Stress stattfindende Demaskierung des Partners, wodurch problematische Persönlichkeitseigenschaften, welche man in Normalsituationen zu überspielen versteht, evident werden.

Nachfolgend wird auf diese vier Punkte etwas detaillierter eingegangen, welche durch das Überschwappen von Alltagsstress in die Partnerschaft, durch die Verstärkung von allgemeinen Beziehungsproblemen und durch Generalisierung auf verschiedene Partnerschaftsbereiche (Kommunikation, Sexualität, Rollenverteilung, Commitment) für die Partnerschaft gefährlich werden.

Chronischer Alltagsstress verringert die Zeit, welche das Paar gemeinsam verbringt. Dies führt zu einer Schwächung des Wir-Gefühls, zu einer Abnahme gemeinsamer Erfahrungen und Erlebnisse sowie zu einer geringeren Häufigkeit von emotionaler Selbstöffnung und intimen Begegnungen.

Stress verschlechtert die Kommunikation des Paares. Unter Stress zeigen Paare weniger Positivität (Zustimmung, Komplimente, Lob, Offenheit füreinander, Interesse, Kompromissbereitschaft). Stattdessen steigt unter Stress ihr negatives, hostiles oder ambivalentes Verhalten. Unter Stress reagieren die Partner gereizter, schneller aufbrausend, fahren rascher aus der Haut und werden ausfälliger. Sie zeigen mehr verallgemeinernde Kritik, verächtliches, zynisches, provozierendes Verhalten (Gottman 1994) und interessieren sich weniger für die Positionen und Meinungen des Partners. Unter Stress wird man sozial eingeengt, nimmt den Partner nicht mehr mit all seinen Facetten wahr, sondern fokussiert sich nur noch auf bestimmte Eigenschaften und vor allem auf die eigenen Argumentationsmöglichkeiten. Stress führt zu einem Tunnelblick, zu Selbstbezogenheit und einem eingeschränkten Handlungsrepertoire. Gleichzeitig wird die Kommunikation lösungsfokussierter, man hat keine Zeit und Energie für lange Diskussionen, sondern sucht rasche, pragmatische Lösungen. Die Gefühle bleiben auf der Strecke. Häufig ist unter Stress auch sozialer Rückzug zu beobachten, man geht dem Partner aus dem Weg, kapselt sich ab, sucht seine Ruhe, hat keine Lust auf Gespräche und Begegnung.

Wie aus verschiedenen Untersuchungen bekannt ist, kann chronischer Stress auch gesundheitliche Folgen haben. Stress begünstigt die Entwicklung von somatischen und psychischen Störungen (psychosomatische Beschwerden wie Verdauungsstörungen, Herz-Kreislauf-Störungen, Migräne, Allergien oder Angstzustände, Depressionen). Solche Probleme oder Krankheiten stören das Gleichgewicht das Paares, führen zu Einschränkungen in den dyadischen und sozialen Aktivitäten, gehen mit erhöhtem Aufwand durch Übernahme von Aufgaben des Partners, Schonung, Pflege und Fürsorge und häufig auch finanziellen Konsequenzen einher.

Schließlich zeigt sich, dass unter Stress problematische Persönlichkeitszüge (Intoleranz, Egoismus, Dominanz, Rigidität oder mangelnde Empathie) weniger gut kaschiert werden können, da die Ressourcen fehlen und man ungeschminkt dem Partner gegenübertritt. Zu erkennen, dass der Partner negative Eigenschaften hat, die man vorher so nicht wahrgenommen hat, führt häufig zu Enttäuschung, Ernüchterung, Frustration und Unzufriedenheit.

Alltagsstress führt über diese vier Wege zu einer emotionalen Distanzierung der Partner und Entfremdung. Man verliert das Interesse aneinander, kennt sich immer weniger und beginnt, sich aus den Augen zu verlieren. Es kommt zur Unzufriedenheit mit der Partnerschaft. Eröffnen sich nun neue Perspektiven oder treten kritische Lebensereignisse auf (z. B. Umzug, berufliche Neuorientierung, beruflicher Wiedereinstieg der Frau, gravierende Ereignisse) können diese zum Auslöser für eine Bilanzierung werden, ob man in der Beziehung verbleiben will (Neff/Karney 2004).

Man beginnt nüchtern zu evaluieren, was einen in der Beziehung hält, und stellt den Pluspunkten die Einschränkungen und Negativpunkte entgegen. Fällt diese Bilanz zu Ungunsten der Partnerschaft aus, kommt es zur Trennung oder Scheidung, wenn das eigene Commitment insgesamt zu niedrig ist. Dies ist dann der Fall, wenn man das Gefühl hat, dass man über Jahre mehr in die Beziehung investiert hat als der Partner und dieses Ungleichgewicht weiterhin besteht. Wurde vom anderen (oder auch einem selbst) zu wenig oder einseitig in die Beziehung investiert und das Engagement des Partners als zu gering wahrgenommen, kommt es mit hoher Wahrscheinlichkeit zur Auflösung der Beziehung. Diesen Test überstehen nur Partnerschaften, welche eine ausreichende Substanz haben und diese liegt bei den geschilderten Umständen häufig nicht vor.

Beim Commitment unterscheidet man fünf Aspekte, welche für den Fortbestand der Partnerschaft relevant sind (Bodenmann/Fux 2013):

- Das *kognitive Commitment* meint die innere Einstellung zur Partnerschaft im Sinne des Wunsches und der Absicht, in dieser Beziehung zu bleiben und mit dem Partner gemeinsam auch in Zukunft zusammen zu sein.

- Das *emotionale Commitment* beschreibt die Absicht, sich dem Partner gegenüber am stärksten oder gar exklusiv zu öffnen und ihn als engsten Vertrauten zu sehen. Der Partner wird in intime Geheimnisse eingeweiht und wichtige persönliche Themen werden nur ihm mitgeteilt.

- Beim *sexuellen Commitment* geht es um die Absicht, dem Partner treu zu sein und Sexualität exklusiv mit ihm zu erleben.

- Beim *moralischen Commitment* bleibt man aus religiösen oder ethischen Gründen beim Partner, weil es einem diese hohen Ansprüche nicht erlauben, aus der Beziehung auszubrechen.

- Das *strukturelle Commitment* schließlich beinhaltet das Verbleiben in der Partnerschaft aufgrund von ökonomischen, sozialen oder gesellschaftlichen Barrieren oder finanziellen oder ideellen Investitionen in die Beziehung. Man bleibt in der Beziehung, weil man zu viel in sie investiert hat und es große Unannehmlichkeiten mit sich brächte, wenn diese Investitionen durch eine Auflösung der Partnerschaft gefährdet würden.

Wie man an diesen fünf Typen von Commitment erkennen kann, sind nicht alle für den Partner gleichermaßen schmeichelhaft. Dass man nur dann bei ihm bleibt, weil es pragmatisch günstiger ist (strukturelles Commitment) oder einen moralisch-religiöse Bande halten (moralisches Commitment), wird im Einzelfall wohl kaum positiv erlebt. Doch auch beim kognitiven, emotionalen und sexuellen Commitment können bei genauerem Hinsehen unterschiedliche Facetten entdeckt werden. So kann man diese Formen des Commitment annäherungsmotiviert definieren (man bleibt beim Partner, weil man ihn liebt, ihm möglichst nahe sein möchte, nur ihn begehrt) oder vermeidungsorientiert sehen (man bleibt dem Partner treu, weil man keine anderen Gelegenheiten hat oder ein Seitensprung zu gefährlich wäre, man bleibt beim Partner, weil es bequemer ist, als nochmals ganz von vorne eine Beziehung zu beginnen usw.). Das Commitment mit seinen verschiedenen Formen spielt das Zünglein an der Waage, ob es bei einer Bilanzierung effektiv zu einer Scheidung kommt.

Allerdings spielen in diesem ganzen Prozess auch Kompetenzen eine Schlüsselrolle. So haben Paare mit guter dyadischer Kommunikation (netter Umgang miteinander im Alltag, konstruktive Konfliktkommunikation), effektiver Problemlösung und günstigem dyadischem Coping (gegenseitige Unterstützung bei Stress, gemeinsame Bewältigung von Anforderungen) eine höhere Wahrscheinlichkeit, dem Alltagsstress Ressourcen entgegenzusetzen. Erst das Zusammenspiel von alltäglichem Stress, destruktiven Partnerschaftsprozessen (im Sinne der Habituation und Ernüchterung), Commitment und Kompetenzen erlaubt eine verlässliche Prognose des Verlaufs von Partnerschaften.

Zusammenfassung

Wie in diesem Beitrag aufgezeigt wurde, führen verschiedene Prozesse und deren Wechselwirkungen zur Abnahme der Liebe und zur Zunahme von Partnerschaftskonflikten sowie schließlich häufig zu Trennung und Scheidung. Chronischer Alltagsstress spielt dabei eine wichtige Rolle, da unter Stress viele dieser destruktiven Prozesse angestoßen, gefördert oder intensiviert werden. Häufig spielt daher Stress eine auslösende Rolle. Dies in dreifacher Weise: Erstens unterhöhlt Stress durch die vier beschriebenen Prozesse (weniger gemeinsame Zeit, schlechtere Kommunikation, gesundheitliche Probleme, Demaskierung) die Partnerschaftsqualität. Zweitens akzentuiert Stress die negativen Partnerschaftsprozesse (Habituation, Ernüchterung) durch eine stärkere Selbstfokussierung unter Stress und weniger Aufmerksamkeit und Wohlwollen dem Partner gegenüber. Drittens wird Stress häufig zum Auslöser für Brüche und Zäsuren in der Partnerschaft. So sind eine Kumulation von Alltagsstress oder gravierende Lebensereignisse häufig dafür verantwortlich, dass eine Beziehung kritisch hinterfragt wird. Kommt es im Zuge dieser Bilanzierung zu einem Negativsaldo für den aktuellen Partner, und reichen die verschiedenen Formen des Commitment (kognitiv, emotional, sexuell, strukturell, moralisch-religiös) nicht aus, um den Wert und Nutzen der Beziehung weiterhin zu sehen, kommt es häufig zum Abbruch der Beziehung. Obgleich Kompetenzen der Partner in diesem Gesamtprozess eine wichtige puffernde Wirkung haben und Paare mit hohen Kompetenzen besser mit den alltäglichen Anforderungen und Stressoren umzugehen in der Lage sind, reichen Kompetenzen alleine nicht aus, um das Partnerschaftsglück auf Dauer zu sichern. Es braucht zudem ein stabiles, fundiertes, ein annäherungsmotiviertes Commitment (Bodenmann/Fux 2013).

Während man lange Zeit davon ausging, dass vor allem Kompetenzen (Kommunikation, Problemlösung, dyadisches Coping) für die Aufrechterhaltung einer glücklichen, langfristigen Partnerschaft zu trainieren sind (Karney/Bradbury 1995) und herkömmliche Präventionsprogramme sich auf die Vermittlung dieser Kompetenzen fokussierten, wird heute neben dem Kompetenztraining auch der Stärkung des Commitment mehr Beachtung geschenkt. Commitment bedeutet die eigene Selbstzentrierung zugunsten der Partnerschaft zu relativieren und sich einzugestehen, dass Opfer am Altar der Liebe zu erbringen sind. Ohne diese Bereitschaft können Partnerschaften auf Dauer nicht gelingen – unabhängig davon, wie kompetent die Partner sein mögen. Was Paare stark macht sind zum einen ihre Kompetenzen, zum anderen aber ganz ausschlaggebend ihr Commitment – das tägliche Engagement für die Partnerschaft.

Literatur

Acevedo, B. P. / Aron, A. (2009): Does a long-term relationship kill romantic love? In: Review of General Psychology, 13, S. 59–65.

Acevedo, B. P. / Aron, A. / Fisher, H. / Brown, L. L. (2011): Neural correlates of long-term intense romantic love. In: Social Cognitive and Affective Neuroscience, 7(2), S. 145–159.

Asendorpf, J. / Banse, R. (2000): Psychologie der Beziehung. Huber, Bern.

Bodenmann, G. (2000): Stress und Coping bei Paaren. Hogrefe, Göttingen.

Bodenmann, G. (2005): Beziehungskrisen: Erkennen, verstehen, bewältigen. Huber, Bern.

Bodenmann, G. (2012): Verhaltenstherapie mit Paaren. Ein bewältigungsorientierter Ansatz. Huber, Bern.

Bodenmann, G. / Fux, C. (2013). Was Paare stark macht. Beobachter Edition, Zürich.

Bramlett, M. D. / Mosher, W. D. (2002). Cohabitation, marriage, divorce, and remarriage in the United States. National Center for Health Statistics. In: Vital Health Statistics, 23(22), S. 1–32.

Galperin, A. (2010): Predictors of how often and when people fall in love. In: Evolutionary Psychology, 8, S. 5–28.

Gottman, J. M. (1994): What predicts divorce? The Relationship Between Marital Processes and Marital Outcomes. Erlbaum, Hillsdale, NJ.

Karney, B. R. / Bradbury, T. N. (1995): The longitudinal course of marital quality and stability: A review of theory, method, and research. In: Psychological Bulletin, 118, S. 3–34.

Levinger, G. (1976): A social psychological perspective on marital dissolution. In : Journal of Social Issues, 32, S. 1–47.

Neff, L. A. / Karney, B. R. (2004): How does context affect intimate relationships? Linking external stress and cognitive processes within marriage. In: Personality and Social Psychology Bulletin, 30, S. 134–148.

Neff, L. A. / Karney, B. R. (2008): Compassionate love in early marriage. In: Fehr, B. / Sprecher, S., and Underwood, L. G. (Hg.): The Science of compassionate love: Theory, Research and Applications. Wiley-Blackwell Oxford, S. 201–222.

Rusbult, C. E., / Arriaga, X. B. (1997): Interdependence theory. In: Duck, S.

(Hg.): Handbook of Personal Relationships. 2. Aufl. Wiley, New York, S. 221–250.

Rusbult, C. E. / Buunk, A. P. (1993): Commitment processes in close relationships: An interdependence analysis. In: Journal of Social and Personal Relationships, 10, S. 172–186.

Sternberg, R. J. (1986): A triangular theory of love. In: Psychological Review, 93, S. 119–135.

Walster, E. / Utne, M. K. / Traupman, J. (1977): Equity-Theorie und intime Sozialbeziehungen. In: Mikula, G. / Ströbe, W. (Hg.): Sympathie, Freundschaft und Ehe. Psychologische Grundlagen zwischenmenschlicher Beziehungen. Huber, Bern, S. 193–220.

Weiss, R. L. / Heyman, R. E. (1997): A clinical overview of couples interactions. In: Halford, W. K. / Markman, H. J. (Hg.): Clinical Handbook of Marriage and Couples Interventions. Wiley & Sons, New York, S. 13–41.

BÄRBEL WARDETZKI

Wo die Liebe fehlt – wie narzisstische Beziehungen scheitern oder gelingen können[*]

I. Narzisstische Beziehungen – ein Feuerwerk

In narzisstischen Beziehungen dreht sich alles um den eigenen Vorteil, alles steht im Dienste des eigenen Selbst: die Wahl des Menschen, auf den ich mich einlasse, die Art, wie ich mit ihm umgehe, die Entscheidung, was ich von mir zeige und was nicht, sowie die Erwartung, was der andere für mich erfüllen soll. Es geht weniger um den anderen Menschen an sich als mehr um die Funktion, die er für mich, und das heißt in diesem Fall: für mein Selbsterleben, hat.

Narzisstische Liebesbeziehungen sind wie ein Feuerwerk, das, wenn es abgebrannt ist, »dicke« Luft und Brandgeruch hinterlässt. Doch das nimmt jeder gerne in Kauf, denn er bekommt dafür eine märchenhafte Darbietung, wenn auch leider nur für kurze Zeit. Es geht um große Gefühle, Verführung, Verschmelzen in der gemeinsamen Grandiosität, das ist wie ein Feuerwerk. Die Gefühle sind heiß, die Begierde ist groß, das Erlöschen folgt auf dem Fuße. Narzisstische Beziehungen sind Begegnungen, die oft von großer Intensität und Anziehung, jedoch auf Dauer unbefriedigend oder sogar zerstörerisch sein können.

Narzisstische Beziehungen sind vereinnahmend, enden oft, bevor sie wirklich begonnen haben, und hinterlassen das unange-

---

[*] Dieser Vortrag und dieses Manuskript basieren im Wesentlichen auf meinem Buch »Eitle Liebe. Wie narzisstische Beziehungen scheitern oder gelingen können«. 3. Aufl. Kösel, München 2012.

nehme Gefühl des eigenen Versagens oder der Unzulänglichkeit des Beziehungspartners. Oder sie verlieren im Laufe der Jahre ihren Glanz und das, was als Anziehung einmal da war: die Idealvorstellung eines untrüglichen, gemeinsamen Glücks. So, als wenn man ein Feuerwerk mit einem Kerzenleuchter verwechselt. Das Feuerwerk ist die »heiße« Anfangsphase vieler Beziehungen, doch damit kann man sich keine gemütliche Atmosphäre im Wohnzimmer schaffen. Dazu brauchen wir beständiges Kerzenlicht, das nicht so aufregend, dafür aber stetig brennt. Und genau das ist die Schwierigkeit in narzisstischen Beziehungen.

2. Positiver und defizitärer Narzissmus

Jede Begegnung kann einen narzisstischen Nutzen haben, indem das Gegenüber das eigene Selbstwertgefühl stärkt. Lob, Anerkennung und Zuwendung bestätigen uns als Person, verbessern unser Selbstbild und machen Lust auf mehr Kontakt. Personen, die uns zugewandt sind, suchen wir auf, da wir uns durch sie geachtet und wohlfühlen, Menschen, von denen wir uns abgelehnt fühlen, meiden wir.

Ein Mensch mit einem geschwächten oder instabilen Selbstwertgefühl wird die Zuwendung notwendig brauchen, um ein Minimum an Selbstwertgefühl aufzubauen. Er ist in größerem Maße abhängig von der positiven Einschätzung der anderen, um seine Selbstzweifel zumindest vorübergehend in Schach zu halten. Daraus resultiert auch der Zwang, sich permanent beweisen zu müssen, gut zu sein.

Narzissmus ist eine Schutz- oder Abwehrform, die das Zusammenbrechen des Selbstwertgefühls verhindern soll. Der Mensch ist nur auf sich selbst fixiert und versucht, durch Größenfantasien, Perfektionismus und Besonderssein sein Selbst in einem besseren Licht erscheinen zu lassen. Auch die Selbstverliebtheit, die bei grandiosen Narzissten so aussieht wie ein bombenfestes Selbstwertgefühl oder eine übertriebene Eigenliebe, ist ein Ersatz für fehlende innere Stabilität und hat mit Eigenliebe und Selbstwert wenig zu tun.

Menschen mit einem stabilen Selbstwertgefühl, die einen sogenannten positiven oder gesunden Narzissmus besitzen, haben Vertrauen in sich selbst, in den eigenen Wert als die Person, die sie sind, und verstehen es, ihre Fähigkeiten nutzbar anzuwenden. Sie besitzen Eigenliebe und Selbstwert, die auch bei Misserfolg und Verlassenheit bestehen bleiben. Mit einem positiven Selbstwertgefühl fällt es ihnen leichter, die eigenen Grenzen ebenso zu respektieren wie die Stärken zu schätzen. Deshalb brauchen sie sich selbst und den anderen nichts oder nicht so viel vorzumachen. Ein positiver Narzissmus bietet zudem eine gute Basis für stabile, befriedigende Beziehungen.

Zwischen beiden Polen liegen viele Graustufen: Sie reichen vom stabilen Selbstwertgefühl bis zur narzisstischen Persönlichkeitsstörung.

3. Narzisst und Komplementärnarzisst

Narzisst und Komplementärnarzisst finden sich als Beziehungspartner, ohne zu ahnen, wie ähnlich sie sich sind, denn nach außen hin wirken sie völlig unterschiedlich. Der Narzisst lebt den offenen Narzissmus mit Dominanzstreben, Egoismus und Misstrauen. Den Komplementärnarzissten zeichnet dementsprechend ein verdeckter Narzissmus aus mit Gehemmtheit, übermäßiger Empfindlichkeit und hoher Selbstentwertung.

Der Komplementärnarzisst besitzt eine ausgeprägte »Empfängerqualität«. Das bedeutet, dass er sorgfältig zuhört, um jegliche Anzeichen von Kritik und Ablehnung zu registrieren. Er ist höchst sensibel gegenüber den Reaktionen anderer und vermeidet, im Zentrum zu stehen. Ihn prägen Empfindlichkeit, Gehemmtheit, Depressivität, Scham und Gefühle von Demütigung. Er passt sich an, um geliebt zu werden, verhält sich altruistisch und aufopfernd und meidet enge Bindungen aus Angst vor Zurückweisung.

Der offene grandiose Narzisst macht sich zum »Sender«, von dem alle Information ausgeht, hört aber schlecht zu und nimmt kaum auf, was andere sagen. Ihn zeichnen Arroganz, Aggressivität, Überheblichkeit und geringe Wahrnehmung der Reaktionen anderer aus. Sein Beziehungsverhalten ist viel defensiver und emotional distanzierter und er hat ein vermeidendes Bindungsmuster. In Beziehungen wird er sich großartig darstellen, um bewundert und verehrt zu werden.

In Zweierbeziehungen entpuppt sich ein grandios narzisstischer Mensch häufig als eitel, egozentrisch und selbstbezogen. Das anfänglich überwältigende Gefühl, das beide füreinander haben, wird getrübt und die Hoffnung auf gegenseitige Liebe und Einfühlung zerplatzt. Und trotzdem können sie sich nicht trennen. Sie brauchen sich gegenseitig, um sich zu bestätigen.

Das führt zur eitlen Liebe, die in erster Linie den Liebenden selbst und der Erhöhung ihres Selbstwertes dient und erst in zweiter Linie, wenn überhaupt, ihren Partnern.

Begegnungen werden primär zum eigenen Nutzen gestaltet, manchmal sogar auf Kosten des Gegenübers. Daraus entstehen große Spannungen, Verletzungen, Manipulationen und Kränkungen bis hin zum Abbruch der Beziehung.

4. Die Suche nach Beachtung und Sein

In narzisstischen Beziehungen begegnen sich in der Regel zwei Menschen mit einem verletzten Selbst. Wer eitel liebt, liebt um seiner selbst willen, um Beachtung, Wertschätzung oder sogar eine Daseinsberechtigung zu bekommen. Buber formuliert dies folgendermaßen: »[…] [d]er Mensch [hält] […] heimlich und scheu nach einem Ja des Seindürfens Ausschau.«

Ohne dieses Ja, da sein zu dürfen, wie wir sind, werden wir uns verstellen und anpassen, um wenigstens geduldet zu werden. Das ist ein zentraler Mechanismus, der narzisstischen Beziehungen zugrunde liegt: der tiefe Wunsch, gesehen zu werden als der, der man ist, und nicht als der, der man sein soll. Denn ebenso, wie narzisstische Menschen andere für ihren eigenen Nutzen funktionalisieren, wurden und werden auch sie funktionalisiert für andere.

Wir nennen das »narzisstische Ausbeutung« und dies bedeutet:

- Sei du für mich da, für meine narzisstischen Bedürfnisse, für die Erhöhung meines Selbstbildes.
- Sieh mich, beantworte mich, nähre mich.
- Und daher sehe ich dich nicht als dich, sondern nur als den, der etwas für mich tun kann. Wer und wie du bist, interessiert mich nicht, es interessiert mich nur, ob du diese Aufgabe erfüllst. Falls nicht, trenne ich mich von dir und suche mir einen anderen Spiegel.

Wer das Ja zum Dasein, den Blick auf sich selbst nicht erlebt hat, wird ihn zeitlebens im Partner oder in der Partnerin suchen. Doch leider ist es nicht so einfach, wie es klingt. Denn neben der Suche nach diesem Sein-Dürfen, wie man ist, besteht bei narzisstischen Menschen die große Angst, im Grunde nicht liebenswert zu sein. Sie haben Angst, so gesehen zu werden, wie sie sind, weil sie befürchten, nicht ausreichend zu sein.

5. Narzisstische Liebesbeziehungen

Was narzisstischen Liebesbeziehungen fehlt, ist die »zärtliche Strömung der Liebe« (Akhtar). Sie zeigt sich in:

- Sorge um den anderen,
- Neugier für den anderen und sein Leben,
- Empathie und Einfühlung in die Gefühle und Bedürfnisse des anderen,
- optimale Distanz zwischen den Partnern,
- Versöhnlichkeit,
- Dankbarkeit,
- Achtung und Wertschätzung.

In der eitlen, narzisstischen Liebe vergessen die Menschen wichtige Daten im Leben ihrer Liebespartner, sie können ihre Bedürfnisse nicht mit denen des anderen abstimmen, aber auch die der anderen nur schwer erfüllen. Statt neugierig und aufmerksam zuzuhören, zeigen narzisstische Partner wenig Interesse beispielsweise an der Familiengeschichte ihrer Partnerin / ihres Partners, oder unterbrechen die Erzählung ständig, um von eigenen Erlebnissen zu sprechen und die Aufmerksamkeit dadurch auf sich zu ziehen. Sie bleiben passiv, wenn es darum geht, offen zur Beziehung und zum Partner / zur Partnerin zu stehen. Gleichgültigkeit resultiert häufig aus dem Mangel an Einfühlung und Interesse. Sie sind so sehr mit sich selbst beschäftigt, dass sie darüber den anderen vergessen oder direkt ausblenden.

Narzisstische Partner wollen selber nicht auf ihre eigene vollkommene Autonomie verzichten, dem anderen aber seine Eigenständigkeit nicht zugestehen, sondern am liebsten mit ihm verschmelzen. Das erzeugt Aggressionen beim Partner und wird mit Rückzug oder Kälte und Unnahbarkeit beantwortet.

Auch zeigen sie nachtragendes und rachsüchtiges Verhalten und können nur schwer oder gar nicht verzeihen und vergessen. So kann es dazu kommen, dass der Partner oder die Partnerin immer wieder mit ironischen oder sarkastischen Abwertungen konfrontiert wird, oftmals sogar vor Dritten. Durch die Beschämung des anderen können sie ihr eigenes gekränktes Selbst aufrichten. Sie sind unfähig, ein Wir-Gefühl zu etablieren.

Der Grundkonflikt dieser Beziehungen besteht einerseits in einer unsicheren Bindung und Ängsten vor Nähe, andererseits in der Sehnsucht nach Geborgenheit und Verschmelzung mit dem anderen.

6. Wer gibt sich für wen auf?

Das narzisstische Beziehungsthema kreist um die Frage, inwieweit man sich für den Partner aufgeben muss oder man selbst bleiben kann. Einmal geht es um die Unterwerfung unter die Erwartungen des Partners um den Preis der Selbstverleugnung. In diesem Fall bedeutet Liebe Selbstaufgabe. Ein anderes Mal liegt der Schwerpunkt der Beziehung darauf, sich mit dem Partner / der Partnerin zu schmücken, um sich auf diese Weise aufzuwerten.

Bei einem anderen Paar dominiert die Frage, wie nah oder fern sie sich sein können. In der Regel wechselt bei narzisstischen Paaren die symbiotisch verschmelzende Nähe mit einer fast unüberwindlichen Distanz ab. Entweder möchten sie ganz nah sein, bis die Angst eintritt, vereinnahmt zu werden, oder ganz fern sein, verbunden mit depressiven Verlassenheitsgefühlen.

Meist unterwirft sich der komplementäre Partner unter die Erwartungen des dominanten, gibt sich auf, um auf diese Weise die Beziehung zu erhalten. Er wird durch den Vorwurf, an allem schuld zu sein, in Schach gehalten. Läuft etwas nicht gut in der Beziehung oder ist der Partner unzufrieden, liegt es nur an ihm/ihr. Die Lösung scheinen Anpassung und Unterwerfung zu sein: Nur wenn ich alles richtig mache und so bin, wie der andere es will, haben wir Harmonie und eine gute Beziehung.

7. Macht und Unterwerfung

Macht und Unterwerfung spielen in narzisstischen Beziehungen eine wesentliche Rolle. Im Fall narzisstischer Defizite versuchen die Menschen, mit ihrer Machtausübung ihr eigenes Selbstwertgefühl zu stabilisieren und ihr narzisstisches Gleichgewicht zu erhalten. Das, was sie tun, um Macht über den anderen zu bekommen, lässt sich anhand des Konzepts des »expanded self« beschreiben. Dieser Begriff stammt von Frank Petermann (1988, S. 31–41) und bedeutet »ausgedehntes Selbst«. Das expanded self beschreibt eine »vereinnahmende innere Haltung« der Umwelt gegenüber, bei der der andere seiner selbst beraubt wird. Das expanded self ist die Ausdehnung des eigenen Selbst auf den anderen, so dass dieser sich einverleibt und zum Objekt der Eigenliebe wird.

118

Durch den Mechanismus der Selbsterweiterung zwingt der narzisstische Mensch den anderen unbewusst dazu, seine Definition von sich zu übernehmen: Der andere wird so, wie ihn der Narzisst sieht oder sehen will. So können beispielsweise eigene Unzulänglichkeitsgefühle abgewehrt werden, indem sie auf den anderen projiziert werden, der sie dann für sich selbst übernimmt und sich dementsprechend inkompetent verhält.

Ein expanded self herzustellen gelingt nur bei einem sogenannten Komplementärnarzissten, da sie sich von außen definieren lassen und es vielleicht sogar unterstützend und nährend erleben, durch die Augen eines anderen beurteilt zu werden. Sie suchen den Blick des anderen und sind bereit, dafür einen hohen Preis zu zahlen, nämlich den ihrer Eigenständigkeit und Identität. Dafür bekommen sie eine Bezogenheit, die sie für Liebe und Nähe halten, spüren die Manipulation und Fremdbestimmtheit aber erst spät, manchmal sogar nie.

Die Macht dessen, der aktiv ein expanded self mit dem anderen herstellt, liegt in der Möglichkeit, sich selbst und den anderen zu definieren und die Beziehung nach den eigenen Regeln zu gestalten. Der passive Teil ist der, der sich unterwirft, der die Definition des anderen annimmt und sich danach verhält. Der Narzisst ist der, der aktiv ein expanded self herstellt, der Komplementärnarzisst nimmt die passiv aufnehmende Rolle ein.

8. Partnerwahl

Die Wahl des Partners spielt für den Fortgang einer Beziehung eine wesentliche Rolle. Alle Themen von Liebe, Bindung, Zuneigung, Gefühlsaustausch und Sich-Einlassen, die unfertig oder unerlöst sind, determinieren unsere Partnerwahl und leben in der Beziehung wieder auf.

Nach König (2004) ist der zentrale Beziehungswunsch des Narzissten die Bewunderung durch den anderen. Der grandiose, offen narzisstische Partner sucht sich ein bewunderndes Gegenüber, der komplementäre Narzisst wählt sich jemanden zum Bewundern. Doch auch der bewundernde Part will im Grunde seines Herzens bewundert werden, auch wenn er es nicht so offensichtlich einfordert. Er tut es eher über den Weg seiner perfekten Anpassung an die Idealvorstellung des Narzissten, um auf diese Weise zu punkten.

Viele Probleme, die jemand in seiner Beziehung hat, haben meist mit ihm selbst zu tun. Denn verletzt sind narzisstische Menschen in ihrem Bindungsverhalten entweder schon seit ihrer frühen Kindheit oder durch spätere Trennungen und Verlassen-worden-Sein von den ersten Partnern/Partnerinnen oder anderen wichtigen Bezugspersonen. Im jeweils aktuellen Partner, in der derzeitigen Partnerin, suchen sie die Erlösung und die Erfüllung aller bisher unbefriedigt gebliebenen Beziehungswünsche, schrecken jedoch gleichzeitig vor der Nähe zurück, weil sie Angst haben, auch diesmal wieder fallen gelassen und verletzt zu werden.

Sucht sich eine Frau einen emotional versagenden Mann, böte das Erleben, schon wieder zu kurz zu kommen, die Möglichkeit, herauszufinden, woher sie die Erfahrung der emotionalen Zurückweisung aus ihrem Leben kennt. Die Suche führt, wie in den meisten Fällen, in die Kindheit zu den frühen Bezugspersonen. Der Partner übernimmt oft die Rolle des versagenden Elternteils, bei dem wir uns dann so fühlen wie als Kind. Wenn diese alte Erfahrung aufgearbeitet wird und die damit zusammenhängenden Gefühle erlebt und ausgedrückt werden, kann das seelische Muster möglicherweise aufgelöst werden.

9. Pygmalions Bild und der liebende Blick

Betrachten wir George Bernard Shaws Pygmalion-Geschichte unter der narzisstischen Thematik: Ein Mensch versucht, einen anderen nach seinem Bilde und Ideal zu formen und stärkt damit sein eigenes Selbst. Zwangsläufig wird der zu formende Mensch seiner Eigenart und Identität beraubt. Pygmalion, der »Macher«, liebt sein Werk mehr als die Person, die er formt. Er zwingt sie in sein expanded self und sie passt sich seinen Vorstellungen an, bewundert ihn und himmelt ihn an. Denn je mehr sie versucht, so zu werden, wie er sie haben will, umso ähnlicher wird sie seinem Ideal und hat dadurch Teil an seiner Großartigkeit. Das stärkt ihr Selbstwertgefühl, lässt sie größer und strahlender werden. Der Preis ist jedoch hoch, denn sie verliert sich selbst. Da ihr Blick nur auf den anderen und die Erfüllung seiner Ansprüche gerichtet ist, sieht und spürt sie sich selbst nicht mehr.

Am Ende ist sie nicht mehr die Alte, aber auch noch keine Neue: für ein Blumenmädchen zu gebildet, für eine Frau von Stand zu arm. An diesem Punkt endet die Geschichte bei George Bernard Shaw. Dieses Ende ist jedoch im realen Leben der Anfang einer Suche nach der eigenen Identität. Wer bin ich denn wirklich? So armselig oder so großartig? Oder vielleicht noch ganz anders? Und wer ist mein Partner? Der anzuhimmelnde Meister oder der ausbeuterische Besserwisser? Einer, der mich braucht oder einer, der mich liebt?

Anders verläuft es in der Version von Ovid, bei dem die Liebe siegte. Er liebt die von ihm geschaffene Figur mehr als sich selbst und bittet die Göttin, sie lebendig zu machen. Sein liebender Blick erweckt sie sozusagen zum Leben.

Ich halte diese Tatsache für den springenden Punkt: Wenn die Selbstverliebtheit und Selbstbespiegelung des Schaffenden einem liebenden Blick auf die Frau weicht, so wie sie ist, bekommt die Beziehung eine Chance. Denn dann kann auch die Geschaffene liebend den Mann erwecken. Anders, wenn die Partnerin in erster Linie der Selbstwerterhöhung des Mannes dient. Dann ist die Trennung fast unausweichlich. Denn um sich selbst zu finden, muss die Frau sich von den Erwartungen des Mannes lösen und ihre eigene Ausdrucksform finden. So wie Eliza, das Blumenmädchen, am Ende ihre eigene Sprache und den Ort finden muss, wo sie hingehört. Da dieser Schritt eine Zurückweisung der Vorstellungen des Partners bedeutet und Gleichwertigkeit in der Beziehung voraussetzt, wird sie diesen Weg nur allein finden können. Es sei denn, der Partner lässt sich auf eine gemeinsame Veränderung ein und ist bereit, seine Selbstbespiegelung aufzugeben um der Beziehung willen.

10. Was hilft

Gelingen kann die Beziehung nur, wenn
* beide Partner zusammen einen neuen Weg finden wollen,
* sie aufhören, dem anderen die Schuld für das Scheitern der Beziehung zuzuschieben,
* sie lernen, den anderen zu sehen, wie er ist, und nicht, wie sie ihn haben wollen,
* sie Vertrauen aufbauen, statt Angst zu haben, nicht zu gefallen,
* sie Ehrlichkeit zeigen, statt sich und dem anderen etwas vorzumachen,
* sie Rücksicht statt Egozentrik leben,
* sie Kompromiss- und Konfliktbereitschaft entwickeln, statt sich bei Unstimmigkeiten zurückzuziehen oder die Beziehung abzubrechen,
* sie lernen, mit dem liebenden Blick auf den anderen zu schauen, statt zu kritisieren, was alles nicht ins ideale Bild passt.

Ko-Evolution

Das alles geschieht nur in der Ko-Evolution, der gesunden Form des Zusammenlebens und der gegenseitigen Beeinflussung der persönlichen Entwicklung. Ko-Evolution ist ein Prozess, den die Partner beiderseitig, gemeinsam vollziehen müssen. Einer allein kann das narzisstische Beziehungsdefizit nicht kompensieren. Ko-Evolution in narzisstischen Beziehungen hieße, das eigene Selbstwertgefühl und die eigene Autonomie in der Beziehung auf eine Weise zu stärken, die den Partner oder die Partnerin nicht einschränkt, sondern bereichert. Das bedeutet, sich gegenseitig im anderen spiegeln zu können, bestätigt zu werden als der, der man ist, als ein wertvoller und liebenswerter Mensch. Die Erfahrung, geachtet zu werden, für den anderen wichtig zu sein und gebraucht zu werden, führt zu einer verlässlichen Bindung, zu Konflikt- und Dialogbereitschaft.

Psychotherapeutische Unterstützung

Meist kommen die Partnerinnen in Therapie, da sie als Komplementärnarzisstinnen diejenigen sind, die leiden. Ihre Vorstellung ist, dass die Partnerschaft sich positiv verändert, wenn sie sich ändern. Das ist aber ein Trugschluss. Wenn der andere Teil nicht mitmacht, wird es zu keiner dauerhaften Lösung kommen. Trotzdem ist der Schritt in die Therapie nicht nutzlos, denn er setzt ein Signal, dass es so, wie bisher, nicht weitergehen kann. Die Therapie, Beratung oder das Coaching, führen zu mehr Klarheit über sich selbst, über die Beziehung und die Partnerin / den Partner. Der eigene persönliche Prozess, der stattfindet, ist eine Hilfe, sein Leben anders und erfüllter zu gestalten.

Im positiven Fall lassen sich die Partner zusammen auf etwas Neues ein. Im negativen Fall lehnt einer alles ab, was mit Therapie zu tun hat.

Dialogbereitschaft

Solange die Frau keine Sprache für ihre Bedürfnisse und Gefühle hat und ein bindungsängstlicher Mann jede Frage schon als Forderung hört, solange werden sie sich nicht verständigen können, weil sie auf ihre gegenseitigen Vorstellungen, Befürchtungen und Projektionen reagieren. Das Grundproblem dabei ist, dass jeder nicht auf sich selbst schaut, sondern auf den anderen. Sie ist mehr im Kontakt mit seiner erwarteten Reaktion als mit ihren eigenen Vorstellungen und Gefühlen. Und er entfernt sich von ihr, wenn er nur darauf schaut, was sie wohl von ihm wollen könnte. Und obwohl beide ihre Aufmerksamkeit auf den anderen richten, sind sie dennoch nicht mit diesem in Kontakt. Denn sie schauen nicht wirklich auf den anderen, sondern mehr auf ihre eigenen Befürchtungen und Ängste. Ihre Art, auf den anderen zu schauen, bedeutet nicht Interesse für dessen Wohlergehen, sondern stellt Kontrolle dar. Es ist der selbstbezogene Versuch, die eigene Haut zu retten.

Zur Lösung dieses Problems gehört, zuerst den Kontakt zu sich selbst herzustellen und wahrzunehmen, was Sie brauchen und wollen, was Sie nicht möchten, was Ihnen wichtig ist, welche Gefühle Sie zu Ihrem Partner / Ihrer Partnerin haben und was Sie bisher alles verschwiegen haben.

- Sprechen Sie über das, was Ihnen wichtig ist und äußern Sie Ihre Wünsche.
- Setzen Sie Grenzen, wo Sie das Verhalten des anderen nicht akzeptieren können.
- Wehren Sie sich gegen verletzendes Verhalten des anderen. Sie müssen nicht alles hinnehmen.
- Stehen Sie zu sich und dem, wie Sie sind.
- Fragen Sie nach, statt das Verhalten oder die Worte des anderen zu interpretieren.
- Entwickeln Sie Einfühlung und Interesse für Ihr Gegenüber.
- Vermeiden Sie Manipulation, Rache und Neid.

Es geht nicht darum, egozentrisch nebeneinanderher zu leben, sondern »egoistisch« im Sinne von »auf mich bezogen«, selbstbestimmt zusammen zu sein.

Ja und Nein gilt auch für die Beziehung an sich: Will ich mich einlassen oder nicht? Diese klare Entscheidung schafft für beide Partner Sicherheit, denn man kann sich nur auf eine Beziehung wirklich einlassen, wenn ein klares Ja füreinander gegeben wurde. Das schafft die verlässliche Basis, die narzisstischen Beziehungen häufig fehlt. Die Beziehung ist dann kein Spiel mehr, sondern wird von beiden ernst genommen.

Der liebende Blick ist nicht eitel

Der liebende Blick ist beziehungs- und liebesstiftend. Statt im narzisstischen Sinne nur darauf zu achten, was am anderen falsch oder richtig, hässlich oder schön ist, verkörpert der liebende Blick keine Wertigkeit, sondern Zugewandtheit. Nicht das perfekte Aussehen schafft Liebe, sondern die Art, wie ich jemanden betrachte.

Wie viele Paare schauen sich seit Langem nicht mehr direkt in die Augen! Sie schauen aneinander vorbei, sehen sich nicht, beurteilen sich nur. Der liebevolle Blick geht über die eigene Person hinaus in die Zweiheit.

Das Wir, das Sich-Einlassen auf den anderen ist der Schlüssel, wie durch ein verständnisvolles Miteinander, einen wohlwollenden Blick auf den anderen die perfekte äußere Fassade bricht und sich der Teil des Menschen zeigt, den er bisher immer verborgen hat. Dieser Mensch wird weicher, sein Gesicht öffnet sich, der Blick sucht die anderen und es entsteht Verbundenheit. Vielleicht mauern sich narzisstische Menschen deshalb so ein, weil sie zur Öffnung Schutz und emotional offene Menschen brauchen, von denen sie den liebevollen Blick bekommen. Bewertung würde sie wieder verschließen.

Lebendigkeit

Das wahre Selbst ist das innere Lebens-Reservoir. Ihm geht es nicht um die Fassade aus Überheblichkeit oder Niedergeschlagenheit, sondern um Sein. Es ist die Wahl, ins Leben zu gehen oder in der narzisstischen Hülle zu verbleiben, die Wahl, zu lieben oder zu bewundern, geliebt zu werden oder sich anbeten zu lassen.

Ein Ressourcen-Spiel

Es gibt ein Kartenspiel von der Psychotherapeutin Michaela Huber (2009), das heißt Ressourcium und enthält 99 Karten, die helfen sollen, sich an Schönes zu erinnern. Spielerisch werden dadurch unsere Ressourcen, unsere inneren Kraftquellen gefördert, die uns unterstützen, die anderen, die Welt und uns selbst mit positiveren Augen wahrzunehmen. Mit Hilfe dieser Karten können Paare auf spielerische Weise in Kontakt kommen, Schönes miteinander teilen und dabei etwas über den anderen erfahren.

Hier einige Karten-Beispiele:
- Wenn du die Möglichkeit hättest, nette Dinge in die Welt zu zaubern, was würdest du tun?
- Ein Tag im Körper des anderen Geschlechts, was würdest du besser machen?

125

- Wenn etwas in gutem Sinne an dein Herz rührt, wie (was) ist das?
- Wie stellst du dir einen gut gelaunten Schutzengel vor?

Damit narzisstische Beziehungen gelingen, müssen beide Seiten bereit sein, die eigenen narzisstischen Anteile zu erkennen und gemeinsam Lösungen im Umgang miteinander zu finden. Der Respekt vor der Andersartigkeit des anderen ist dabei ebenso wichtig wie die Entwicklung einer integrierten Persönlichkeit. Das Ziel ist, den persönlichen Wert vom narzisstischen Gegenüber loszulösen und zur eigenen Lebendigkeit und Autonomie zurückzukehren.

Literatur

Huber, Michaela (2009): Ressourcium. 99 Wortkarten. KIKT-TheMa.
König, Karl (2004): Charakter, Persönlichkeit und Persönlichkeitsstörung. Klett-Cotta, Stuttgart.
Petermann, Frank (1988): Zur Dynamik narzisstischer Beziehungsstruktur. In: Gestalttherapie. Zeitschrift der Deutschen Vereinigung für Gestalttherapie, Heft 1. S. 31–41.
Portele, Gerhard Heik (1996): Der »mittlere Modus«. Therapeutisches Tun gegenüber Selbstorganisation. In: Internationale Psychotherapietagung. Edition Praesens, Wien, S. 271–291.
Wardetzki, Bärbel (2012): Eitle Liebe. Wie narzisstische Beziehungen scheitern oder gelingen können. 3. Aufl. Kösel, München.

CHRISTIAN KREISS / KATHRIN LATSCH

Von der Herrschaft des Geldes zur Ökonomie der Verbundenheit

Teil I (von Christian Kreiß)

I. Unsichtbare Zahlungsströme: Wer zahlt an wen?

Unser gegenwärtiges Geldsystem kaschiert, verbirgt verschiedene Zahlungsströme, die unterirdisch, gewissermaßen unbewusst in unserem täglichen Wirtschaftsleben stattfinden. Ein bestimmter Teil dieser Zahlungsströme soll daher nun dargestellt werden.

Beispiel Brötchen- oder Brotkauf
Der Preis eines jeden Produktes, das wir kaufen, enthält Kapital- und Arbeitsanteile. Man kann sich das am Beispiel eines Brotkaufs klarmachen. Um das Korn für Brot zu ernten, braucht der Landwirt Boden, Kapital und seine Arbeitskraft. Für den Boden muss der Landwirt Pacht oder Zinsen zahlen, oder, wenn er ihm selbst gehört, entsprechende Kosten dafür ansetzen. Für das Kapital, also die eingesetzten Maschinen oder das Saatgut, muss der Landwirt entweder Zinsen zahlen oder entsprechende Eigenkapitalkosten dafür ansetzen. Diese Kosten werden auf das geerntete Getreide umgelegt. So ruht auf jedem geernteten Korn eine bestimmte Summe von Kapitalkosten für Pachten, Zinsen und Eigenkapital.

Das Korn wandert zur Mühle, dort gilt das Gleiche. Die Mühle steht auf Grund und Boden, für den Pachtkosten anfallen. Die Getreidemühle selbst stellt ein Kapitalgut dar, für das auch Kapitalkosten anfallen.

Beim Bäcker passiert das Gleiche. Die Bäckerei steht auf Grund und Boden, benötigt Kapital in Form von Backöfen, Inneneinrichtung, Vorräten usw., wofür wiederum Pacht und Kapitaldienst anfallen.

In der Summe enthält also der Brotpreis einen bestimmten Anteil von Kapitalvergütung. Für jeden Laib Brot, für jedes Brötchen, die wir kaufen, zahlen wir, ob wir wollen oder nicht, einen bestimmten Betrag an Geld an die Eigentümer von Boden und Kapital, ohne dass diese Menschen an dem Arbeitsprozess beteiligt sind. Diese Einkünfte bezeichnen die Ökonomen als »Renten«, das sind Einnahmen, denen keine Arbeitsleistung gegenübersteht, leistungslose Einkommen, die man erhält, wenn man Vermögen besitzt.

Da stellen sich zwei Fragen. Erstens: Wie hoch sind diese Geldströme? Und zweitens: An wen fließen sie?

Der Sachverständigenrat der deutschen Wirtschaft (die »5 Weisen«) beziffert die Höhe dieser »Nicht-Arbeits-Einkommenszuflüsse« oder Rentiereinkommen an die Rentiers für die Jahre 2006 bis 2008 auf durchschnittlich € 518 Mrd. pro Jahr. Das ist sehr viel Geld. Zum Vergleich: Herr Schäuble, unser Bundesfinanzminister, hat jedes Jahr ungefähr 300 Mrd. Euro zur Verfügung, also deutlich weniger. Bezogen auf die Konsumausgaben der privaten Haushalte von durchschnittlich 1.361 Mrd. Euro in diesen drei Jahren beträgt die Abgabenquote der privaten Haushalte an die Rentiers 38 %. Im Durchschnitt beträgt also der Kapitalanteil, den wir mit jedem Produktkauf zahlen, mehr als ein Drittel des Kaufpreises. Häufig hört man dafür auch den Ausdruck »Zinsanteil« an den Produktpreisen. Tatsächlich sind damit aber alle Kapitalkosten, die auf den Produktpreis aufgeschlagen werden, gemeint. Jeder von uns zahlt also täglich Zinsen, Dividenden und Pachten an die Bezieher dieser leistungslosen Einkommen, auch wenn wir keinen Kredit bei der Bank aufgenommen haben und in den eigenen vier Wänden wohnen.

An wen fließt dieser riesige Geldstrom von über 500 Mrd. Euro pro Jahr? Der größte Teil, nämlich 80 %, fließt an die wohlhabendsten 20 % der Bundesbürger, denn diese besitzen etwa 80 % des deutschen Nettovermögens – das ist Vermögen abzüglich

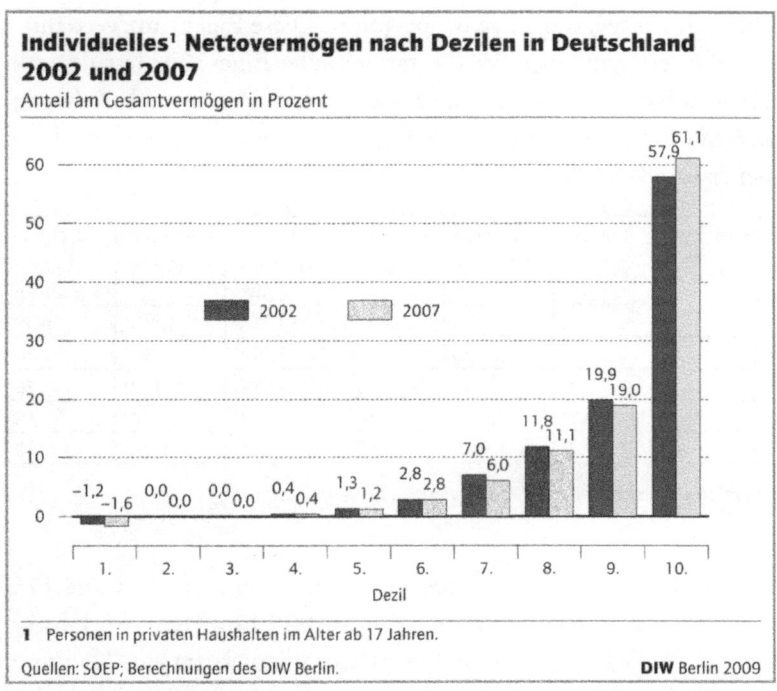

Individuelles[1] Nettovermögen nach Dezilen in Deutschland 2002 und 2007

Anteil am Gesamtvermögen in Prozent

[1] Personen in privaten Haushalten im Alter ab 17 Jahren.

Quellen: SOEP; Berechnungen des DIW Berlin. **DIW** Berlin 2009

Abb. 6: Individuelles Nettovermögen nach Dezilen in Deutschland 2002 und 2007 (Frick/Grabka 2009, S. 59)

Schulden –, während die unteren 50 % der Bundesbürger zusammen so gut wie kein Nettovermögen haben (siehe Abb. 6: Individuelles Nettovermögen nach Dezilen in Deutschland 2002 und 2007). Das sind auch die offiziell von der deutschen Bundesregierung verwendeten Zahlen. Es findet also im täglichen Leben eine Umverteilung statt durch leistungslose Zahlungsströme, die von allen zu vergleichsweise wenigen Menschen fließen, gewissermaßen eine Umverteilung »von fleißig nach reich«.

Ein zweites Beispiel: Grund und Boden

Nehmen wir an, fünf Familien wohnen in fünf Häusern. Die Familien 3 bis 5 sind nicht Eigentümer ihrer Häuser, sondern bewohnen sie zur Miete. Die Häuser befinden sich im Eigentum der Familien 1 und 2, wobei Familie 1 vier Häuser besitzt und Familie 2 eines, dasjenige, das sie selbst bewohnt. Diese Eigentumsverteilung an Häusern gibt in etwa die tatsächliche Eigentümerstruktur in Deutschland wieder: Bei uns wohnen 56–62 % (je nach Zählung) der Menschen zur Miete, die Eigenheimquote liegt entsprechend bei etwa 38–44 %.

Familie	Häuser	Arbeits-einkommen	Miete	Netto-einkommen	Konsum-ausgaben	Erspar-nisbildung
1	4	1.000	+900	1.900	1.300	600
2	1	1.000	0	1.000	800	200
3	0	1.000	–300	700	630	70
4	0	1.000	–300	700	660	40
5	0	1.000	–300	700	690	10

Tabelle 1: Umverteilung durch Immobilieneigentum

In Tabelle 1 wird stark vereinfacht angenommen, dass alle fünf Familien ein Arbeitseinkommen von 1.000 Einheiten pro Jahr erzielen. Die Miete soll 30 % des Einkommens betragen. Dadurch, dass die Familien 3 bis 5 in Wohnungen leben, die Familie 1 gehören, fließen die Mietzahlungen von diesen drei Familien an Familie 1. Familien 3 bis 5 haben dadurch nur noch ein Nettoeinkommen von 700, Familie 1 dagegen ein Nettoeinkommen von 1.900.

Geht man davon aus, dass wohlhabendere Haushalte eine höhere Sparquote haben, wofür es zahlreiche empirische Belege gibt, so zeigt sich, dass Familie 1 aufgrund der Mietzahlungen etwa 600 Geldeinheiten sparen kann. Familie 2, die weder vermietet noch selbst mietet, könnte demnach etwa 200 Geldeinheiten pro Jahr sparen, die Familien 3 bis 5 hingegen deutlich weniger, vielleicht zwischen 10 und 70 Geldeinheiten pro Jahr, obwohl sie schon wesentlich weniger konsumieren als die oberen Familien. Durch diese Zahlungsströme wird im Laufe der Zeit das Vermögen von Familie 1 praktisch von alleine immer höher, die Ungleichverteilung nimmt immer mehr zu.

Ein drittes Beispiel: Zinseszins und die Geschichte vom »Josephspfennig«

Wenn im Jahre 1, bei der Flucht nach Ägypten, Maria und Joseph einen Pfennig zu einem Zinssatz von 4 % angelegt hätten, so wäre daraus bis zum Jahre 1750 über Zins und Zinseszins ein Geldbetrag im Wert unserer Erdkugel aus Gold geworden. Eine solche Kapitalvermehrung wäre natürlich nur zu Lasten aller anderen Menschen möglich. Alle Arten von Zinseszins führen im Verlauf langer Zeiträume über die Exponentialfunktion zu explosionsartigem Wachstum, das durch die reale Wirtschaft nicht gedeckt werden kann. Allen Naturwissenschaftlern und Ingenieuren ist das immer unmittelbar einleuchtend, nur den Ökonomen nicht immer.

Exponentiell wachsende Vermögen funktionieren so ähnlich wie eine Bakterien- oder Vireninfektion. Diese unsympathischen kleinen Lebewesen wachsen in unserem Körper häufig eine Weile lang exponentiell. Wenn ihre Menge eine bestimmte Schwelle überschritten hat, bricht das, was vorher kaum wahrnehmbar in uns gewuchert hat, plötzlich als Krankheit offen aus und wird offensichtlich. Ähnlich ist es bei Krebsgeschwüren. Auch bei Krebs vermehren sich einzelne Zellgruppen eine Weile lang weitgehend unbemerkt, im Stillen, exponentiell, bevor die Krankheit offen ausbricht und sichtbar wird. In dem Moment, wo die Krankheit offen ausbricht, ist es oft zu spät. Wir stehen seit 2007 vor solch einer Situation. Die weitgehend unbemerkte, im Stillen vor sich gehende ungehemmte Geld- und Vermögensvermehrung seit 1948 hat nun durch den Zinseszinseffekt, mit über 500 Mrd. Euro pro Jahr, eine solche Wucht erreicht, dass sie nun als offene Krankheit ausbricht. Und wir stellen plötzlich bestürzt fest: Unser sozialer Organismus ist krank, schwer krank, ist durchwuchert von krebsartigen Gebilden.

Ein Blick in die Geschichte

Bereits im Alten Testament wurde erkannt, dass eine Eigentumsordnung, die den unbegrenzten Erwerb von Vermögen durch einzelne Menschen erlaubt, zwangsläufig zu immer stärkerer Ungleichverteilung und schließlich zu einer Gefährdung des sozialen

Friedens bzw. der sozialen Ordnung überhaupt führt. Unter anderem deshalb wurde in 3. Mose 25 das sogenannte große Erlassjahr alle 50 Jahre eingeführt: »Und ihr sollt das fünfzigste Jahr heiligen und sollt eine Freilassung ausrufen im Lande für alle, die darin wohnen; es soll ein Erlassjahr für euch sein. Da soll ein jeder bei euch wieder zu seiner Habe und zu seiner Sippe kommen. Als Erlassjahr soll das fünfzigste Jahr euch gelten. [...] Das ist das Erlassjahr, da jedermann wieder zu dem Seinen kommen soll.«

Der tiefere Sinn dieser Regelungen liegt auf der Hand: Um den sozialen Frieden bzw. die Aufrechterhaltung der sozialen Ordnung zu gewährleisten, muss ein gewisses Mindestmaß an Gleichverteilung bzw. müssen Vermögens-Obergrenzen für das individuelle Eigentum existieren. Ansonsten wird durch die oben aufgezeigten Umverteilungsflüsse über einen Zeitraum von vielleicht zwei bis drei Generationen die Gesellschaftsordnung gefährdet. Insofern war die Regelung in 3. Mose 25 ökonomisch gesehen deutlich klüger als es unsere heutigen Regelungen sind.

2. Machtkonzentration und soziale Krebsbildung

Durch die soeben geschilderten Umverteilungsflüsse muss die Ungleichverteilung ab einem bestimmten Zeitpunkt also immer stärker zunehmen. Und in der Tat kann man das für fast alle Länder der Welt und in fast allen Regionen der Welt feststellen: Fast überall nahm in den letzten 30 Jahren die Ungleichverteilung sowohl der Einkommen wie der Vermögen zu.

Von besonderem Interesse ist ein Blick auf die langfristige Entwicklung der Einkommensverteilung in den USA. Das obige Schaubild »The Top 0.01 % Income Share, 1913–2002« (Piketty/Saez 2003/2013) zeigt den Anteil, den die wohlhabendsten 0,01 % der US-Bürger vom jeweils erwirtschafteten Sozialprodukt in den letzten knapp 100 Jahren abbekamen.

Wie man sieht, hat die Ungleichverteilung der Einkommen seit Anfang der 1980er Jahre deutlich zugenommen. Von 1977 bis

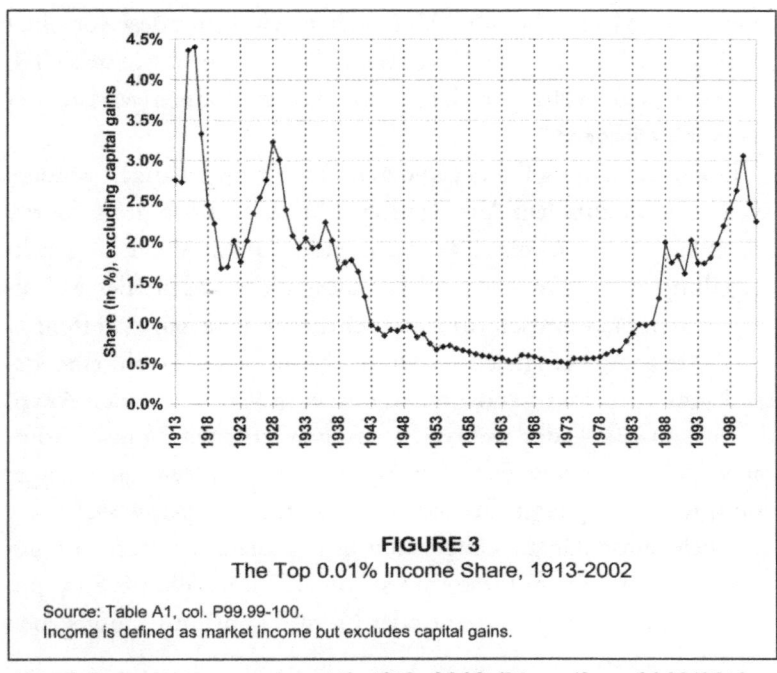

FIGURE 3
The Top 0.01% Income Share, 1913-2002

Source: Table A1, col. P99.99-100.
Income is defined as market income but excludes capital gains.

Abb. 7: Einkommensverteilung US, 1913–2002 (Piketty/Saez 2003/2013, S. 50)

2003 stieg der Einkommensanteil der obersten 0,01 % der US-Bevölkerung von etwa 0,6% auf ca. 3 % des Gesamteinkommens. Zum Vergleich: Nur einmal seit dem Ende des Ersten Weltkrieges war die Ungleichverteilung in den USA ebenso stark wie vor der Finanzkrise: und das war 1928. Was darauf folgte ist allen klar: erst die Große Depression, die die USA letztlich bis 1941 nicht überwanden und die über eine Vernichtung der Vermögen zu einer stärkeren Gleichverteilung führte, und dann der Zweite Weltkrieg, der ebenfalls zu einer starken Egalisierung der Einkommen führte: Vor dem Tod sind alle gleich, aber auch ökonomisch – über Zwangskonfiskationen, Zwangsanleihen usw. – führt Krieg meist zu einer stärkeren Gleichverteilung. Da in den letzten knapp 100 Jahren nur zweimal die Ungleichverteilung derart stark war, 1928 und 2007, drängt sich die Frage auf: Stehen wir vor einer Art Wieder-

133

holung der Geschichte ab 1928? Stehen wir zumindest vor einer Analogie? Wie können wir tragische Entwicklungen, wie sie sich in der Geschichte vollzogen, heute vermeiden? Können wir aus der Geschichte lernen?

Doch zunächst soll einer anderen Frage nachgegangen werden: Welche ökonomischen Auswirkungen hatte die oben geschilderte, seit etwa 1980 weltweit zu beobachtende Zunahme der Ungleichverteilung von Vermögen und Einkommen – jenseits der Moralfrage – rein ökonomisch für fortgeschrittene Volkswirtschaften?

Bei steigender Ungleichverteilung bekommen die wohlhabendsten Menschen eines Landes einen immer größer werdenden Anteil des »Kuchens« – des weltweit stark gewachsenen Volkseinkommens. Wohlhabende Familien konsumieren prozentual weniger von ihrem verfügbaren Einkommen als arme, sie *sparen mehr*, wie das viele einschlägige Untersuchungen zeigen. Es liegt auf der Hand, dass bei einem Einkommen von z. B. über 50.000 Euro pro Tag nur mehr wenige Prozent oder Promill konsumtiv ausgegeben werden können.

Steigt die Ungleichverteilung, so steigt also normalerweise auch die Sparquote in dem betreffenden Land und damit das Angebot an anzulegendem Kapital. Durch die steigende Fülle an Kapital entsteht tendenziell Druck auf die Zinsen. Genau dies trat in den letzten Jahrzehnten in fast allen Ländern der Erde ein. Kapital war in großer Fülle vorhanden, die Kreditstandards seitens der Banken wurden teilweise dramatisch gelockert, wie zahlreiche Beispiele zeigen und wie ich selbst in meiner Zeit als Investmentbanker von 1995 bis 2002 erlebt habe.

Weltweite Blasenbildungen

Weltweit betrachtet hat das in den letzten 30 Jahren exponentiell wachsende Kapitalangebot zu Druck nach unten auf die Zinsen geführt. Die verstärkt wachsenden Kapitalmassen suchten international nach rentierlichen Anlagemöglichkeiten. Diese (über)reichlich zur Verfügung stehenden »vagabundierenden« Geld- bzw. Kapitalmittel führten zu überhöhten Investitionen in Sachanlagen aller Art weltweit. Genau hier liegt die Hauptursache der derzeitigen globalen finanziellen und wirtschaftlichen Verwerfungen. Die wachsenden Kapitalmassen führten über niedrige Zinsen zu Überinvestitionen in praktisch alle Arten von Anlageobjekten: Immobilien, Unternehmensanteile, Rohstoffe, Nahrungsmittel, Gold, sowie in reale Produktionsanlagen wie Maschinen, Produktionsgebäude und Infrastrukturanlagen.

Die Weltwirtschaftslage 2013: Ähnlich wie 1929 ist eine tiefe Bereinigung überfällig

Die Abbildung »Tatsächlicher vs. nachhaltiger Wachstumspfad« zeigt den stilisierten Verlauf des weltweiten Wirtschaftswachstums von 1980 bis etwa 2007, dem Ausbruch der Weltfinanzkrise.

Die untere Linie zeigt das Wachstum der Masseneinkommen und damit den nachhaltigen Wachstumspfad der Nachfrage durch die privaten Haushalte, der aus eigener Kraft, aus nachhaltigem Einkommen ohne beispielsweise steigende Verschuldung, möglich

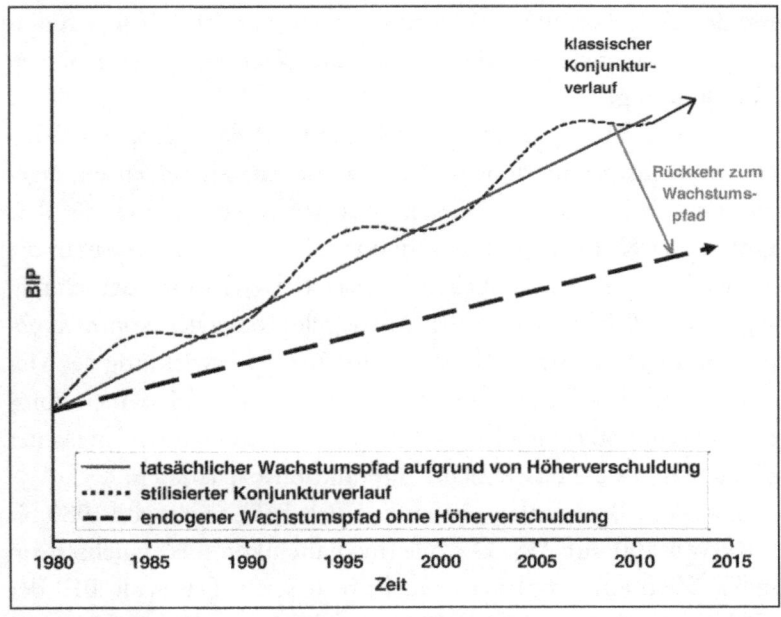

Abb. 8: Tatsächlicher vs. nachhaltiger Wachstumspfad (eigene Darstellung)

135

gewesen wäre. Die etwas steiler ansteigende, obere, durchgezogene Linie beschreibt den stilisierten tatsächlichen Wachstumspfad der letzten knapp 30 Jahre. Die Lücke dazwischen, der Keil, der sich innerhalb der letzten 30 Jahre bildete, zeigt das durch die gestiegene Ungleichverteilung bewirkte oben geschilderte Zurückbleiben der Masseneinkommen und damit der Massenkaufkraft hinter dem Wachstum des Sozialproduktes.

Eigentlich wäre nur die untere Linie des Wirtschaftswachstums möglich gewesen. Denn Massenproduktion setzt Massennachfrage und damit Massenkaufkraft und Masseneinkommen voraus. Auf Dauer können Produktion und Wirtschaft nur wachsen, wenn die Massenproduktion auch abgenommen wird. Dass dennoch die obere Wachstumslinie erreicht wurde, lag an der künstlich überhöhten Nachfrage seitens vieler Millionen von Privathaushalten durch Kredite. In den Industrienationen erhöhte sich die reale, inflationsbereinigte Verschuldung der privaten Haushalte von 1980 bis 2010 auf das Sechsfache. Vermutlich weit über 100 Millionen Familien weltweit sowie einige Länder lebten in den letzten 30 Jahren deutlich über ihre Verhältnisse, gaben mehr aus als sie einnahmen und finanzierten diese künstliche Nachfrage durch höhere Verschuldung.

So entstand ein auf Pump und damit auf Sand gebautes Wirtschaftswachstum in Höhe des Keils zwischen den beiden durchgezogenen Linien. Dieser Keil steht nun vor einer Bereinigung. Wie groß dieser Keil ist, kann man in etwa abschätzen, indem man die Entwicklung des tatsächlichen Wirtschaftswachstums der letzten, sagen wir, 30 Jahre dem realen Anstieg der Masseneinkommen gegenüberstellt, für die als Näherungsgröße die Entwicklung der Medianeinkommen herangezogen werden soll. Die Medianeinkommen sind in praktisch allen Ländern dieser Welt deutlich langsamer gewachsen als die tatsächlichen Produktionskapazitäten.

Das Welt-Bruttoinlandsprodukt (Welt-BIP) wuchs von 1980 bis 2010 von 100 auf 238. Die Weltmedianeinkommen wuchsen im selben Zeitraum wohl maximal halb so stark. Das reale BIP der USA etwa wuchs zwischen 1980 und 2011 von 100 auf 231, die

Medianeinkommen stiegen im gleichen Zeitraum in den USA laut offiziellen Regierungsangaben dagegen nur von 100 auf 108. Das ist eine gewaltige Nachfragelücke, die sich da aufgebaut hat und die nun vor einer Bereinigung steht. Die Lücke könnte, wenn man ähnliche Zahlen wie für die USA auch für den Rest der Welt unterstellt, eine Größenordnung von bis zu einem Drittel der Weltindustrieproduktion haben. Kurz: Etwa jede dritte bis vierte Produktionsanlage auf der Welt ist derzeit zu viel! Jede dritte bis jede vierte Fabrik weltweit müsste in den kommenden Jahren stillgelegt werden! Was das für Arbeitslosigkeit und soziale Entwicklungen bedeutet, kann man nur erahnen.

Auf diese Tendenzen zu sozialer Krebsbildung wies bereits ein weitsichtiger österreichischer Philosoph im April 1914 hin: »Es wird heute für den Markt ohne Rücksicht auf den Konsum produziert und dann wartet man, wie viel gekauft wird. Diese Tendenz wird immer größer werden, bis sie sich in sich selbst vernichten wird. Es entsteht dadurch im sozialen Zusammenhang genau dasselbe, was im Organismus entsteht, wenn ein Karzinom entsteht. Ganz genau dasselbe, eine Krebsbildung, eine Karzinombildung, Kulturkrebs, Kulturkarzinom!« (Steiner 1995, S. 174) Das Überkapazitätenproblem von 1914 wurde, ökonomisch betrachtet, durch die beiden Weltkriege »gelöst«.

Umso wichtiger wäre eine korrekte Analyse der Krisenursachen damals wie heute. Was war die Hauptursache für die fürchterliche ökonomische Entwicklung in den USA und vielen anderen Ländern in den 1930er Jahren?

Sehr interessant in diesem Zusammenhang ist ein Blick in die Enzyklika des Papstes Pius XI. vom 15. Mai 1931: »Am auffallendsten ist heute die geradezu ungeheure Zusammenballung nicht nur an Kapital, sondern an Macht und wirtschaftlicher Herrschgewalt in den Händen einzelner […]. Zur Ungeheuerlichkeit wächst diese Vermachtung der Wirtschaft sich aus bei denjenigen, die als Beherrscher und Lenker des Finanzkapitals unbeschränkte Verfügung haben über den Kredit und seine Verteilung nach ihrem Willen bestimmen. Mit dem Kredit beherrschen sie den Blutkreislauf des ganzen Wirtschaftskörpers; das Lebenselement der Wirtschaft ist derart unter ihrer Faust, dass niemand gegen ihr Geheiß auch nur zu atmen wagen kann.« (Ziff. 105 f.) Eine vorzügliche ökonomische Analyse. Warum nur lernen wir so wenig aus der Geschichte?

3. Geistige Hintergründe

Was steckt hinter den oben geschilderten Prozessen der Vermögenskonzentration, wer gewinnt dabei, worauf laufen die Prozesse hinaus?

Die Frage nach den Systemgewinnern lässt sich recht einfach beantworten: Vermögende, insbesondere sehr vermögende Individuen bzw. deren Verwalter, profitieren von den geschilderten Umverteilungsprozessen. Die oben angeführten Hinweise auf die Geschichte können gut illustrieren, wohin sich Vermögenskonzentrationsprozesse bewegen. Durch strukturell zunehmende Ungleichverteilung konzentriert sich nicht nur die ökonomische Macht in Händen immer weniger Menschen bzw. in immer kleineren Zirkeln, sondern auch die politische Macht des »Geldadels«, besser: des »Vermögensadels«, erhöht sich zunehmend. Über Parteispenden und Lobbyarbeit wird die Politik maßgeblich beeinflusst. Über die Eigentümerstrukturen der Medienlandschaft und den Einfluss der Werbetreibenden auf die Medien wird nicht nur die politische Meinung, sondern allgemein die Weltanschauung durch vergleichsweise sehr wenige Menschen stark beeinflusst.

Nur am Rande sei bemerkt, dass es auch immer Krisen- und Kriegsgewinner gibt. So vermehrten beispielsweise in der schlimmen Weltfinanz- und -wirtschaftskrise von 1907 die beiden Herren John Pierpont Morgan und John D. Rockefeller ihr Vermögen ungemein, während Millionen von Menschen ins Elend stürzten. Drei europäische Zeitgenossen waren der Ansicht, dass insbesondere John Pierpont Morgan diese Krise als seinerzeit mächtigster Bankier der Welt vorsätzlich herbeigeführt habe, um sich zu bereichern, wofür einige Indizien sprechen.

Wie dem auch sei: Es gibt immer Krisengewinner und es ist doch einigermaßen naiv zu glauben, dass alle am Wirtschaftsleben Beteiligten Krisen vermeiden wollen. So gibt es heute etwa große Hedge-Fonds, die auf den Zusammenbruch von Unternehmen oder Staaten wetten. Wenn ein Staat pleitegeht, gibt es neben all dem Elend auch immer ein paar große Gewinner. Die Frage ist: Wer hat welchen Einfluss auf die politischen Weichenstellungen? Nochmals: Es ist doch etwas naiv zu glauben, dass alle immer Krisen vermeiden wollen.

Auf dem Weg in die Plutokratie

Durch steigende Schulden einerseits und größer werdende Kapitalkonzentration andererseits wird die Macht in vielen Ländern zunehmend in den Händen von immer weniger Menschen gebündelt. Der US-amerikanische Ökonomie-Nobelpreisträger Joseph Stiglitz schildert diese Prozesse als exakt im Sinne und zugunsten der wohlhabendsten 1 Prozent der Bevölkerung ablaufend. Er sagt, diese Art der Wirtschaftsordnung ist von den 1 Prozent, durch die 1 Prozent, für die 1 Prozent der wohlhabendsten Bevölkerung.

Die Herrschaft des Geldes nimmt zu, viele Nationen bewegen sich in Richtung einer Plutokratie. Allerdings verharmlost der Ausdruck Plutokratie die zugrunde liegenden Prozesse. Im Italienischen heißt »Bündel«: »il fascio«. Daraus leitet sich das Wort »Faschismus« ab. Man könnte statt zunehmender Bündelung von Macht auch davon sprechen, dass wir seit mehreren Jahrzehnten weltweit vor »faschistischen« Tendenzen stehen im Sinne von: Bündelung von Macht bei immer weniger Menschen, schleichende Unterhöhlung oder Aushöhlung der Demokratie. Es soll hier nicht behauptet werden, dass wir unter faschistischen Systemen leben, sondern: Die Tendenzen in Richtung zunehmender Plutokratie und damit einhergehender Vermachtung in Wirtschaft und Gesellschaft bergen faschistische Gefahren weltweit.

Eine allmähliche, langsame Aushöhlung der Demokratie kann man beispielsweise im Euroraum feststellen, wo immer mehr Kompetenzen an übergeordnete Stellen auf europäischer Ebene, die nicht demokratisch gewählt sind, abgegeben werden. Insbesondere sind hier zu nennen die parlamentarischen Entscheidungen über die Finanzen. Die Entscheidungen über Staatseinnahmen und Staatsausgaben von Griechenland oder Portugal zum Beispiel unterstehen in zunehmendem Maße nicht mehr den nationalen, demokratisch gewählten Parlamenten, sondern supranationalen Überwachungsinstitutionen wie dem IWF oder Kontrollen der Eurogruppe – eine völlig undemokratische Entwicklung.

Ein anderes Beispiel: In den USA wurde am 26.10.2001, etwa sechs Wochen nach dem Einsturz des World Trade Centers vom 11. September 2001, der »Patriot Act« in Kraft gesetzt. »Das Gesetz bringt eine Einschränkung der amerikanischen Bürgerrechte in größerem Maße mit sich«, heißt es dazu in der Wikipedia. Ohne die Frage der Angemessenheit dieser Gesetzgebung berühren zu wollen: Dieses Gesetz war ein großer Schritt hin zu weniger Grundrechten und damit weniger Menschenrechten in den USA. Hier stellt sich ganz offensichtlich die Frage nach Freiheit und Menschenwürde. Wird vielleicht ökonomische Macht als Werkzeug benutzt für tiefer liegende Kräfte?

Um dies näher zu untersuchen, soll einmal folgender hypothetischer Fragestellung nachgegangen werden: Wie würde die Figur des Mephistopheles aus Goethes *Faust* unsere Wirtschafts- und Gesellschaftsordnung gestalten? Im zweiten Teil des *Faust*, im fünften Akt, sagt Mephistopheles an einer Stelle: »Ihr wisst, wie wir in tief verruchten Zeiten Vernichtung sannen menschlichem Geschlecht.« Die Intention des Mephisto ist also klar.

• Erstens könnte Mephisto plausibel und überzeugend klingende, in Wirklichkeit aber verheerend wirkende Grundannahmen, Glaubenssätze, Axiome einführen:

  a. Unbegrenztes Privateigentum an Vermögen ist gut, richtig und wichtig,

  b. Zinseszins ist gut, richtig und wichtig.

  Wenn unsere Wirtschafts- und Gesellschaftsordnung auf diesen beiden Grundannahmen basiert, wird über die vorhin geschilderten Vermachtungs- bzw. Krebsprozesse nach vielleicht 70

Jahren ein großer Zusammenbruch erfolgen mit allen tragischen Konsequenzen, die dazugehören. Also werden die Menschen über diese beiden simplen Grundannahmen alle ca. drei Generationen ihrer Arbeitsfrüchte beraubt. Dieser Schachzug ist genial gelungen, denn diese beiden Grundannahmen liegen praktisch sämtlichen ökonomischen Ansätzen und Modellen unserer Mainstream-Ökonomie zugrunde.

- Die Menschen unnötig arbeiten lassen. Hier fehlt leider die Zeit, näher darauf einzugehen. Der große Künstler Joseph Beuys sagte einmal: »Wenn wir mit einem etwas wachen Auge durch die Straßen laufen und in die Schaufenster schauen: 90 % aller Produkte brauchen wir nicht und sie sind uns sogar schädlich« (Beuys 1985, S. 35). Erwähnt seien hier nur die Phänomene geplanter Verschleiß von Produkten sowie Werbung als gesellschaftlich sinnlose, unnötige Arbeit. Man könnte die Frage auch so stellen: Warum arbeiten wir heute eigentlich immer noch 40 Stunden pro Woche, und trotzdem sehen sich viele Familien gezwungen, sogar zwei Verdiener zu haben, um über die Runden zu kommen? Wie kann das sein? Wo doch die Maschinen heute um ein Vielfaches produktiver sind als vor 25 oder gar 50 Jahren? Wir könnten problemlos den Lebensstandard unserer Eltern oder Großeltern erreichen, mit vielleicht 10 bis 20 Stunden Arbeit pro Woche. Warum arbeiten wir eigentlich immer noch so viel wie unsere Eltern? Eine absurde Einrichtung, völlig unnötig. Nun, Mephisto hätte seine Freude daran, so werden die Menschen um die Früchte der großartigen Leistungen des menschlichen Geistes, z. B. um die Erfindungsleistungen, gebracht.

- Mephisto müsste menschliche Alternativmodelle zum Kapitalismus diskreditieren: Zum Beispiel Sozialismus oder Christentum entwerten. Das ist großartig gelungen. Seit dem Zusammenbruch der Karikatur des Sozialismus in der früheren Sowjetunion und Osteuropa ist die gesamte Idee des Sozialismus gründlich ruiniert. Die kommunistischen, diktatorischen Zwangsregimes in weiten Teilen Osteuropas und Russlands (sowie im heutigen China) waren (bzw. sind) in der Tat unmenschlich, grauenvoll, verheerend für Mensch und Kreatur. Das kann in der Tat keine Alternative zum Kapitalismus sein. Aber ist deswegen der Kapitalismus alternativlos? Oder wer gar von Christentum in der Ökonomie spricht, wird nur leise belächelt, aber sicherlich nicht als Ökonom ernst genommen. Also auch das, die Diskreditierung, ist dem Mephisto ganz ausgezeichnet gelungen.

• Wenn das alles nicht funktioniert und das »Menschenpack«, wie Mephisto es nennt, doch zu Wohlstand kommt, was dann? Nun, worum geht es der Figur des Mephistopheles bei Goethe eigentlich? Was will Goethe eigentlich damit sagen? Es geht um die Seele des Doktor Faust: Wendet sich die Seele dem Guten zu oder verfällt sie den Versuchermächten? Ein guter Freund von uns war etwa 15 Jahre lang mit seiner Frau als christlicher Pilger in Europa unterwegs. Er ist US-Amerikaner, seine Mutter ist griechischer Herkunft, und so spricht er sehr gut griechisch und liebt das liebenswerte griechische Volk. Er besuchte im Laufe der letzten Jahrzehnte immer wieder Griechenland und stellte Ende der 2000er Jahre einmal fest: Das griechische Volk hat seit dem Beitritt erst zur EU, dann zum Euroraum einen märchenhaften Zuwachs an materiellem Reichtum erlebt, an Autos, Handys, Häusern usw. In diesen etwa 30 Jahren sagenhaften Wohlstandszuwachses hat das griechische Volk in seinen Augen mehr an Gastfreundschaft, Mitmenschlichkeit, Religiosität verloren als in vielen Jahrhunderten davor. Er erkenne sein Volk nicht wieder. Die Menschen seien durch den Reichtum in einen enormen materialistischen Egoismus getrieben worden. Nun, in den Augen von Goethes Mephisto: ein großartig gelungener Schachzug.

4. Die Rolle der Medien

Warum aber liest man von den in diesem Vortrag gemachten Öko-
nomie-Aussagen recht wenig in unserer Presse und sieht davon
wenig in unseren Medien? Dazu eine kurze Geschichte. Im Früh-
jahr 2013 wurde in Madrid der historische Plaza del Sol, der Platz
der Sonne, kurz »Sol« – Sonne – genannt, für zwei Jahre umbe-
nannt in »Vodafone Sol«. Denn der besagte englische Telefonkon-
zern zahlte im Zuge eines genialen Werbecoups 3 Mio. Euro für
diesen Namenswechsel. Die spanische Volksseele kochte offenbar
vor Wut darüber, dass nun das Herz Madrids an einen ausländi-
schen Konzern verkauft würde. Interessant daran war, dass man in
den beiden großen spanischen Tageszeitungen *El Pais* und *El
Mundo* offenbar keinen einzigen kritischen Kommentar dazu lesen
konnte. Die beiden Zeitungen hielten den Mund. Warum? Nun,
Vodafone ist ein wichtiger Anzeigenkunde der beiden Zeitungen
und man konnte sich in den Augen der Chefredakteure den Verlust
einer so wichtigen Einnahmequelle in ökonomisch schwierigen
Zeiten nicht leisten. Also schwieg man still. Eine Art ökonomischer
Maulkorb. Ganz allgemein kann man sagen: Je mehr Werbung in
den Medien, desto geringer unsere Pressefreiheit. Und wir haben
sehr viel Werbung in unseren Medien.

Dazu kommt, dass die Medien in den Industrieländern in den
Händen von vergleichsweise wenigen, sehr wohlhabenden Familien sind. Diese Familien sind die Gewinner des oben beschriebenen leistungslosen Umverteilungssystems. Von daher liegt es nahe,
dass man in deren Medien nur ungern darüber berichtet.

5. Die Rolle der Wissenschaft

Anfang November 2008 fragte die englische Königin bei einem
Besuch der London School of Economics: »Why did no one see it
coming?« Warum haben praktisch alle namhaften Ökonomen die
Finanzkrise nicht kommen sehen?

Die Queen hatte nur zu recht. Hier nur ein Beispiel für die Fehleinschätzungen (die Liste könnte allerdings beliebig verlängert werden):

Der Sachverständigenrat zur Begutachtung der deutschen Wirtschaft (SVR, die sogenannten »Fünf Weisen«, die die deutsche Regierung beraten) gab am 12. 11. 2008 die in der Tabelle unten angeführten Vorhersagen für 2009 ab. Den Prognosen sind die tatsächlich eingetretenen Werte 2009 (»Ist 2009«) gegenübergestellt (Sachverständigenrat, Jahresgutachten 2008/2009 und 2009/2010, www.sachverstaendigenrat-wirtschaft.de).

Sachverständigenrat (Die »Fünf Weisen«)	Vorhersage für 2009 (vom 12. Nov. 2008)	Tatsächliche Zahlen 2009
Deutschland		
Exportwachstum	+0,4 %	−14,7 %
Ausrüstungsinvestitionen	−6,3 %	−20,9 %
Wirtschaftswachstum	0,0 %	−5,0 %

Tabelle 2: Jahresgutachten 2008/2009 und 2009/2010 des Sachverständigenrats

Ein Blick auf die Tabelle zeigt, dass der Sachverständigenrat sich in einem Ausmaß geirrt hat, das man bei Wissenschaftlern lange Zeit für unmöglich gehalten hätte.

Die Prognosen der »Fünf Weisen« waren so grundlegend falsch, dass man wohl eher von einem Un-Sachverständigenrat sprechen müsste. Von Sachverstand jedenfalls zeugen solche Fehlprognosen nicht, eher von beinahe unglaublicher Ahnungslosigkeit darüber, was in der Wirklichkeit tatsächlich vor sich geht. Das Gleiche gilt für die Ökonomen des IWF und die meisten anderen führenden Ökonomen der Erde.

Was sind die tieferen Ursachen für das Versagen der konventionellen Wirtschaftswissenschaften? Das führt zu der Frage: Wie wird man führender Wirtschaftswissenschaftler? Um führender Ökonom in den Industrieländern zu werden, muss man in der Regel mehrere wissenschaftliche Aufsätze in den führenden etwa 70 bis 100 Ökonomie-Wissenschaftsjournalen der Erde veröffent-

lichen. Diese sind englischsprachig und stammen fast alle aus dem angelsächsischen Raum. Die Aussagen und Modelle in diesen Zeitschriften beruhen im Wesentlichen auf einigen wenigen, angelsächsisch geprägten Grundannahmen bzw. Axiomen der Ökonomie. Zwei besonders wichtige davon sind:
1. Unbegrenzte Eigentumsanhäufung ist gut, richtig und wichtig.
2. Zinseszins ist gut, richtig und wichtig.

Ohne die Anerkennung dieser Glaubenssätze ist eine Wissenschaftskarriere als Volkswirt in den Industrieländern unmöglich. Auf diesen Grundsätzen bauen unsere gesamte Wirtschaftsgesetzgebung und alle Wirtschaftstheorien auf.

Falls diese Axiome jedoch falsch sein sollten, so sind auch alle darauf errichteten Modelle und Theoriegebäude falsch. Das ist so, wie wenn ein Ingenieur eine Brücke auf Grundlage von falschen Berechnungen baut. Die Brücke wird auf Dauer nicht halten. Sie mag für eine Weile ihre Dienste leisten, aber in kritischen Momenten wird sie einstürzen. Wenn man die Welt durch die Brille dieser Axiome anschaut, *kann* man bestimmte Prozesse, Strukturen und vor allem kommende Zusammenbrüche nicht sehen. Das ist eine objektive Unmöglichkeit. Die Mainstream-Wissenschaftsökonomen leben zu einem guten Teil in einem Elfenbeinturm, der mit der Wirklichkeit nichts zu tun hat. Der später berühmte Ökonom Samuelson studierte Anfang der 1930 Jahre Volkswirtschaftslehre in den USA. Er sagte später einmal sinngemäß, wenn ich mich recht erinnere: »Was wir dazumal in den Hörsälen der Universität gelehrt bekamen, hatte nichts, aber auch gar nichts mit der Wirklichkeit zu tun, die man draußen auf der Straße während der großen Depression sehen konnte, die vielen vielen Arbeitslosen.«

Ähnlich ist die Situation auch heute wieder: Was wir draußen auf der Straße in der Wirklichkeit sehen, hat sehr wenig mit dem zu tun, was in den Hörsälen unserer Universitäten gelehrt wird. Das ist die Tragik der falschen Axiome.

Noch zwei kurze Beispiele zu Aussagen führender Mainstream Ökonomen. Eugene Fama aus Chicago erhielt vor wenigen Wochen den Ökonomie-Nobelpreis. In einem Interview in der *Frankfurter Allgemeinen* vom 17.10.2013 sagte er: »Es gibt keine Blasen an den Finanzmärkten.« Und das nach fünf Jahren Finanz- und Eurokrise. Schon interessant, der Wirklichkeitssinn dieses Mannes.

Ein anderes Beispiel eines Ökonomie-Nobelpreisträgers, eine, sagen wir, Sumpfblüte ökonomischen Gedankengutes: Gary Becker, ebenfalls Universität Chicago, erhielt 1992 den Ökonomie-Nobelpreis. 2004 gab er der bekannten Unternehmensberatungsgesellschaft McKinsey ein Interview. Hier ein paar kurze Auszüge daraus (Becker 2004):

McK: »Familien sind also eine *Fabrik*, die nach ökonomischen Grundsätzen Einkommen, Geborgenheit und Kinder *produziert*.«

Becker: »Ja, und Kinder bilden den Mittelpunkt. [...] Eltern in Industrienationen *betrachten Kinder als Konsumgüter*.«

McK: »Eine nicht gerade menschliche Betrachtung.«

Becker: »Grundsätzlich mag es unmoralisch erscheinen, Kinder mit Autos, Häusern oder Maschinen zu vergleichen, aber ich tue es nun mal.«

Wie gesagt: eine Art Sumpfblüte moderner Ökonomie-Gelehrsamkeit. Wollen wir solchen Menschen wirklich die Herzen unserer Jugend anvertrauen? Was geschieht, wenn solche Gedanken unsere Jugend gelehrt werden?

6. Wege in eine Ökonomie der Verbundenheit

Wir kommen zum letzten Teil: Wege in eine Ökonomie der Verbundenheit. So lautet der deutsche Buchtitel von Charles Eisenstein (2013). Im amerikanischen Original heißt das Buch »Sacred Economics«, heilige Ökonomie – die Übersetzung des Buchtitels ins Deutsche ist also eine starke Abschwächung der ursprünglichen Aussage von Charles Eisenstein.

Die Frage, die sich am Ende all der bisherigen Ausführungen aufdrängt, lautet: Wie können wir die Missstände ändern?

Zunächst einmal soll kurz angeschaut werden, was wir gemeinsam tun können, also welche politischen, sozialen, gemeinsamen Weichenstellungen wir bräuchten. Und da ist die Antwort eigentlich verblüffend einfach: Wir brauchen nur die falschen und schädlichen Trends der letzten 30 Jahre in den nächsten 30 Jahren langsam rückabzuwickeln. Anstatt dass immer mehr Geld »von fleißig nach reich« wandert, wie vorhin geschildert, muss also einfach das Gegenteil passieren: Es muss »von reich nach fleißig« fließen. Die Mittel dazu sind im Prinzip auch ziemlich einfach: Die drei Hauptvermögensarten sind zu belasten. Also:

1. Eine Vermögenssteuer von 3 % des tatsächlichen Marktwertes auf nicht selbst genutzten bzw. bearbeiteten Grund und Boden inklusive Immobilien. Von dieser Steuer wären also nicht betroffen beispielsweise Familien, die im eigenen Haus oder der eigenen Wohnung wohnen, oder der Landwirt, der seinen eigenen Grund und Boden bearbeitet. Dagegen würde Großgrundbesitz besteuert. De facto wären von dieser Steuer lediglich 10 bis 18 % der deutschen Bevölkerung betroffen. Das Argument der Steuerflucht zieht hier nicht, denn Grundbesitz kann sich nicht in die Schweiz absetzen, er ist notorisch immobil.

2. Eine Vermögenssteuer auf Unternehmenseigentum in Höhe von 3 % des tatsächlichen Markt- bzw. Verkehrswertes pro Jahr nach Berücksichtigung eines Freibetrages von vielleicht 2 Mio. Euro. Diese Steuer müssten maximal 10 % aller Bundesbürger entrichten.

3. Einführung von umlaufgesichertem Geld, wie z. B. in der kleinen Gemeinde Wörgl in Österreich 1932/33. Weitere praktische, existierende Beispiele wie die Regionalwährung »Chiemgauer« werden unten von Kathrin Latsch dargestellt.

Mit den hierdurch eingenommenen erheblichen Mitteln von deutlich über 100 Mrd. Euro pro Jahr könnte man im Gegenzug die Sozialversicherungsbeiträge für die arbeitende Bevölkerung oder die Einkommensteuersätze für Niedrigverdiener senken. Dadurch wäre das vorhin beschriebene Problem der Unterkonsumtion bzw. der Überkapazitäten gelöst, und wir stünden nicht vor einem wirtschaftlichen Zusammenbruch, sondern hätten das Problem mit Vernunft statt mit Unvernunft, wie es heute geschieht, gelöst. Das gilt auch für Griechenland oder Spanien. Deren derzeitige massiven Konjunkturprobleme wären durch die obigen drei Maßnahmen problemlos lösbar. Onassis war bekanntermaßen ein Grieche. Es gibt sehr viele sehr wohlhabende Griechen und Spanier. Wenn man diese stärker zur Finanzierung der Staatsfinanzen heranziehen würde anstatt die kleinen Leute, wie man es heute macht, wären die Konjunkturprobleme in Griechenland und Spanien erledigt. Diese Maßnahmen würden also einen Geldstrom von reich zu fleißig auslösen, anstatt den derzeitigen riesigen Geldstrom von fleißig nach reich weiter zu perpetuieren.

Aber ganz so einfach ist das natürlich doch nicht, denn es dürfte ganz erhebliche Widerstände der Betroffenen geben, und deren Einfluss auf Politik und Medien ist, wie vorhin beschrieben, sehr groß.

Teil 2 (von Kathrin Latsch)

7. Beispiele für funktionierende Komplementärwährungen bzw. gemeinschaftsfördernde Geldsysteme

Es gibt viele Möglichkeiten weniger krisenanfällige Geldsysteme in der eigenen Nachbarschaft aufzubauen und Güter und Leistungen auszutauschen, z. B. mit Regionalwährungen, Arbeitszeit-Konten und Bonus- oder Barter-Systemen. Komplementäre Währungen sind eine Vereinbarung einer Gemeinschaft, andere Tauschmittel als Zahlungsmittel zu akzeptieren als das gesetzliche wie den Euro. Diese neuen Tauschsysteme ersetzen die offizielle Währung nicht, sondern ergänzen sie. Deshalb heißen sie Komplementärwährungen.

8. Zeitbanken und Zeit-Sparkonten

Eine Komplementärwährung besteht in ehrenamtlichen Arbeitsstunden, die man sich z. B. bei einer Zeitbank gutschreiben lassen kann. Auf den Zeit-Sparkonten werden Arbeitsstunden gesammelt und dann getauscht. Nachbarschaftshilfe und Tauschkreise können eine gute Basis für den Einstieg in ein Zeitbanksystem sein. Zeitbanken eignen sich besonders gut im großen Bereich der sozialen Arbeit, in dem wenig Spezialisierung erforderlich und die Zeit der teilnehmenden Personen in etwa gleich viel wert ist, z. B. Kinderbetreuung, Schularbeitenhilfe, Kranken- und Altenpflege etc. Der Bedarf ist riesig. Meistens bieten Zeitbanken eine Tauschbörse im Internet an, in der Angebote und Wünsche veröffentlicht werden können. Hier kann man sich ein Profil anlegen und beschreiben, welche Arbeiten man gut übernehmen kann. Gleichzeitig kann man Gesuche aufgeben für das, was man braucht. Die Zeitbanken verbinden Einzelne direkt miteinander und wirken gemeinschaftsbildend. Auf diese Weise entstehen und wachsen Gemeinschaften, die es in der modernen, anonymen Gesellschaft schwer haben. Sie können eine zusätzliche Stütze der Altersvorsorge werden: neben gesetzlicher, betrieblicher und privater Rente kann man Zeitguthaben auf einem Konto für ehrenamtliche Arbeitszeit sammeln, die man nutzt, wenn man pflegebedürftig wird.

Die Guthaben auf den Zeitsparkonten sind grundsätzlich inflationsfrei, denn 1 Stunde ist und bleibt 1 Stunde. In den USA gibt es ca. 60 Time-Banks und in Japan ein Pflegegutscheinsystem namens Fureai Kippu. Schon in den 90er Jahren litt Japan unter einer schweren Wirtschaftskrise. Das führte zu einem Pflegenotstand für die vielen alten Menschen. Aus dieser Not entstand ein Pflegegutschein-System, das sich ausgebreitet hat. Mittlerweile kann man angesparte Stunden auch an andere weitergeben und z. B. für Kinder- und Krankenbetreuung verwenden.

Die Konditionierung durch die Belohnung mit Geld bewirkt, dass wir bezahlte Arbeitsstunden für wertvoller halten. Die Zeit-

banken wirken der Fixierung auf die Bewertung durch Geld entgegen und fördern die Erkenntnis: Zeit ist wichtiger als Geld!
Mehr Information unter:
www.zeitbank.net
www.timesozial.org
timebanks.org

9. Regionalwährungen am Beispiel Chiemgauer

Regionalwährungen haben das Ziel, die regionale Wirtschaft zu fördern und von den globalen Finanzmärkten unabhängig zu machen. Sie verhindern, dass das Geld aus der Region abfließt. Im Moment gibt es in Deutschland etwa 60 Initiativen für Regionalwährungen, von denen bereits 30 eine eigene Währung herausgeben, die zumeist auch ohne Zinsen funktionieren und die Region stärken. Die Regionalwährungsinitiativen sind sehr dankbar für Unterstützung, denn ein alternatives Geldsystem aufzubauen, erfordert sehr viel ehrenamtliches Engagement. Die Idealisten, die Regionalwährungen unterstützen, tun etwas für ein realwirtschaftliches Netzwerk in der Region. Das hat was Revolutionäres, denn es bricht das Geldschöpfungsmonopol der Banken. Die Teilnehmerinnen und Teilnehmer erfahren: Wir können unser eigenes Geld schöpfen! Das bildet Bewusstsein: Das Geldsystem ist nicht gottgegeben, sondern von Menschen gemacht, die es auch ändern können.

Der Chiemgauer wurde 2003 an einer Waldorfschule gegründet und ist heute die größte Regionalwährung in Deutschland: 657 Unternehmen sowie 254 gemeinnützige Vereine nehmen teil. Die ersten Chiemgauer wurden von Schülerinnen und Schülern tatsächlich auf einem Farbkopierer gedruckt. Inzwischen ist der Chiemgauer genauso fälschungssicher wie der Euro und es gibt auch eine elektronische Chipkarte, mit der man unkompliziert wie mit einer EC-Karte in Regiogeld bezahlen kann.

Der Chiemgauer ist eine umlaufgesicherte Regionalwährung,

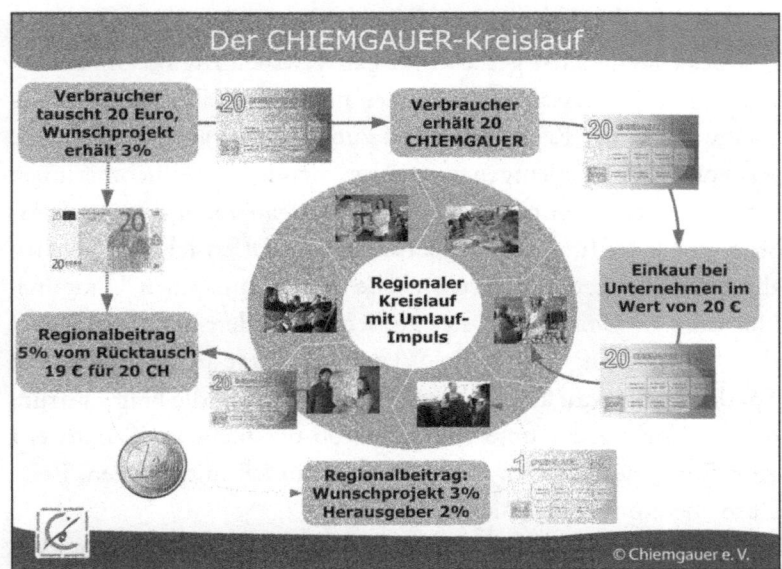

Abb. 9: Der Chiemgauer Kreislauf

d. h. er verliert an Wert, damit die Leute das Geld wieder ausgeben und nicht horten. Von den 5 % Wertverlust gehen 3 % an einen gemeinnützigen Verein, den der Kunde sich aussuchen kann. 2 % sind die Bearbeitungsgebühren und Unterstützung für das Chiemgauer-Projekt.

Chiemgauer werden eins zu eins getauscht. Unternehmer versuchen, die eingenommenen Chiemgauer wieder auszugeben. Hat ein Unternehmen zu viel Chiemgauer und benötigt Euro, kann es Chiemgauer in Euro tauschen. Dann werden 5 % fällig. Davon gehen 3 % an einen Verein, den sich die Verbraucher vorher ausgewählt haben. 2 % sind für das Chiemgauer-Projekt. Die Motivation für die Verbraucher ist es, ohne zusätzliche Kosten einen Verein ihrer Wahl fördern zu können. Die Motivation der Unternehmer ist es, Kunden aus dem Chiemgauer-Netzwerk zu gewinnen und Kosten dadurch zu vermeiden, dass möglichst viel regional gewirtschaftet wird. Wenn Rücktauschkosten entstehen, sind diese voll steuerlich absetzbar und der Unternehmer tut auch noch Vereinen am Ort etwas Gutes.

Vor allem die Idee des Chiemgauer-Gründers Christian Gelleri, 3 % des Chiemgauers gemeinnützigen Vereinen zugutekommen zu lassen, hat sich bewährt. Zum einen hat diese Maßnahme das Gemeinwohl in der Region gestärkt, zum anderen aber auch für die Akzeptanz des Chiemgauers gesorgt, denn die Teilnehmerinnen und Teilnehmer können z. B. bei jedem Bezahlvorgang zeigen, dass sie etwas Gutes für ihre Nachbarschaft tun. Offensichtlich gleichen diese Möglichkeiten die zusätzliche Mühe durch den Umtausch von Euro in Chiemgauer aus. Außerdem fördert der Chiemgauer das Bewusstsein, dass man Wirtschaft mitgestalten kann. Ein Sparkassendirektor aus Traunstein antwortete auf die Frage, warum er den Chiemgauer unterstützt und ob der nicht in Konkurrenz zum Euro stünde: »Den Chiemgauer kann ich mitgestalten. Beim Euro aber können wir nichts machen.«

Warum aber funktioniert der Chiemgauer und einige andere Regionalwährungen nicht? Regiogeld braucht regionale Wirtschaftskreisläufe, regionale Produzenten und regionale Infrastruktur. Dort, wo es nur noch internationale Handelsketten und Discounter gibt, funktioniert Regiogeld nicht, denn es gibt noch nicht mal mehr einen Ausgangspunkt, von dem aus man beginnen könnte, die regionale Wirtschaft wieder aufzubauen.

Grundsätzlich gibt es sehr viel Arbeit und viele Menschen, die arbeiten wollen. Was fehlt, ist das Geld, das ungenutzte Ressourcen, also Menschen oder Maschinen, Räume, Fahrzeuge usw., mit ungedecktem Bedarf zusammenbringt. Es gibt an vielen Orten ähnliche Ansätze, wie z. B. in Curitiba (Brasilien), wo fürs Müllsammeln Busfahrscheine oder Schulhefte ausgegeben wurden. Das bewirkte, dass Busse zu allen Zeiten besser genutzt wurden und mehr Eltern es sich leisten konnten, ihre Kinder zur Schule zu schicken. Das heißt, es gibt viele praktische Möglichkeiten, etwas zu tun und Menschen zu motivieren, doch diese Potentiale werden bislang leider noch kaum genutzt, weil das Geld knapp ist.

Um Verbesserungen zu erreichen, müssten wir vor allem die Illusion aufgeben, ein einziges Geldsystem würde allen Zwecken gleichermaßen gut dienen. Man wird den Zins nicht ganz abschaffen können. Wenn wir uns aber über die aus dem Zinseszins resultierenden Gefahren im Klaren sind, können wir Strukturen schaffen, welche die damit verbundenen Risiken vermeiden. Dann wird man auch entdecken, dass man mit einer Vielfalt von Währungen mehr Lebensqualität, Stabilität und Flexibilität erreichen kann.

Früher oder später kann sich ein Gleichgewicht einstellen, in dem komplementäre Währungen, die für spezielle Zwecke entworfen und genutzt werden, einen Teil des Systems bilden. Und vielleicht kann sogar der Teil, der hochspekulativ ist, weiter existieren – aber eben nur in dem Maße, wie die Risiken auch bewusst sind und bezahlt werden können. Nicht wie heute, wo Anlagen einer kleinen Minderheit hohe Gewinne bringen und die Verluste ggf. beim Steuerzahler landen.

Mehr Information unter:

www.monneta.org; www.chiemgauer.info

In Anlehnung an Charles Eisensteins Buch *Ökonomie der Verbundenheit* lässt sich im Hinblick auf eine zentrale Frage dieser Tagung, »Was steht der Liebe im Wege, was beeinträchtigt und blockiert sie?«, in einem groben Raster aufzeigen:

Das herrschende Geldsystem fördert:	Komplementäre Geldsysteme fördern:
• Trennung	• Verbindung
• Vereinzelung	• Gemeinschaft
• Bewertung in Geld	• Einzigartigkeit
• Vereinheitlichung	• Unersetzlichkeit
• Polarisierung	• Vielfalt
• Konkurrenz	• Kooperation
• Vorteile für die Vermögenden	• einen gemeinnützigen Zweck

Insbesondere wegen der sozialen Dimension wäre es sinnvoll, wenn gerade Menschen, die in sozialtherapeutischen Bereichen arbeiten, sich für komplementäre bzw. Gemeinschaftswährungen engagieren würden.

Fazit:

- Ein System, dass exponentiell wächst, kann nicht nachhaltig funktionieren.
- Das große soziale Problem ist die systematische Umverteilung zugunsten der Vermögenden.
- Von Geld kann man nicht leben. Man lebt von der Arbeit der Menschen.
- Wir brauchen mehr Vielfalt bei den Geldsystemen.
- Es gibt bessere Lösungen, die wir ausbauen können: Gemeinschaftswährungen = damit das Geld uns allen dient!

Schluss (von Christian Kreiß)

Den kollektiven Ansätzen müssten von unten, aus den Herzen vieler Menschen, Impulse entgegenströmen, Impulse von Liebe, von Wohlwollen, die unsere Gesellschaft in ein menschlicheres Fahrwasser bringen können. Es stellt sich also die Frage: Was kann jeder Einzelne tun? Und jeder Einzelne ist kostbar, ist wichtig, egal auf welchem gesellschaftlichen Platz er steht, jeder einzelne Mensch ist einzigartig, ist ein Universum für sich.

10. Unnötiger Konsum

Wie oben erwähnt, meinte der große Künstler Joseph Beuys, dass 90 % aller unserer Produkte unnötig oder schädlich sind. Ein wahres Wort! Jedes unnötige Produkt, jede unnötige Fahrt, jede unnötige Dienstleistung, die wir verbrauchen, macht unser Leben teurer und wir müssen mehr arbeiten als nötig. Ohne entsprechende Nachfrage durch uns alle sind unnötige Sachen also auf Dauer gar nicht möglich.

Jeder Mensch ist ein wunderbares Individuum, jeder Mensch hat stark individuell unterschiedliche Bedürfnisse. Jeder Mensch kann durch ehrliches Nachdenken und In-sich-Gehen über die Frage »Was brauche ich wirklich?« einen Bewusstseinsprozess oder Bewusstseinswandel bei sich anstoßen, aus freiem Willen. Jeder Einzelne kann also über folgenden Satz sinnieren, meditieren:

Wo kann ich auf Unnötiges verzichten?

Wenn eine steigende Zahl von Menschen darüber sinniert, vielleicht monatelang, jahrelang, kann sich ganz langsam ein neues Bewusstsein entwickeln, eine andere Geisteshaltung, eine menschlichere, liebevollere Gesinnung.

II. Umgang mit Kapital und Zinsen

Wir können auch zu einem rücksichtsvolleren, verantwortungsvolleren Umgang mit Kapital und Zinsen kommen. Wir können uns z. B. fragen: Was macht die Bank mit meinem Geld? Wie und wo legt sie es an?

Oft lesen wir: »Ihr Geld arbeitet für Sie«. Dieser Satz stimmt aber nicht. Geld kann gar nicht arbeiten, Kapital auch nicht. Der Rasenmäher fährt nicht von alleine, auch die höchst technisierten Maschinen arbeiten nie von alleine. Sie brauchen immer Ingenieure, Wartungspersonal usw. Also, die Wahrheit ist: Wir leben immer von der Arbeit anderer Menschen, man lebt nie von Geld. Das kann man sich bewusst machen.

Ein Beispiel zur Verdeutlichung. Angenommen ich habe 1 Mio. Euro geerbt oder anderweitig bekommen und erhalte hierfür 5 % Zinsen pro Jahr, so bekomme ich 50 000 Euro pro Jahr. Nun könnte man auf dem Standpunkt stehen: Ich lebe von diesen 50 000 Euro pro Jahr. Vordergründig stimmt dies auch, bei genauerem Nachdenken jedoch nicht. Alles, wovon ich konkret lebe, was ich konkret von den Zinsen kaufe – meine Nahrung, Kleidung, das Haus, in dem ich wohne –, alles muss von anderen Menschen für mich erarbeitet werden. Real lebe ich nicht von Geld oder Zinsen, sondern ausschließlich von der Arbeit anderer Menschen.

Je mehr Zins, Dividende, Mieten, Pachten etc. jeder Einzelne bei seiner Geldanlage verlangt, desto mehr müssen andere Menschen für ihn arbeiten.

Auch hier kann ein Bewusstseinsprozess bei jedem Einzelnen eingeleitet werden, wenn man sich die Aussage bewusst macht:

> Von Geld kann man nicht leben, man lebt immer von der Arbeit anderer Menschen.

Auch über diesem Satz kann man sinnieren, meditieren, über Monate, vielleicht über Jahre hinweg, und dann kann sich ganz langsam ein anderer, menschlicherer, liebevollerer Umgang mit Geld einstellen.

12. Anspruchsdenken, Rechte und Pflichten

Unsere Erziehung, unsere Medien fördern stark Anspruchsdenken, Anspruchshaltung, Konkurrenzdenken, egoistisches Denken. Doch wenn alle immer nur von der Gesellschaft nehmen wollen und keiner geben will – wer baut dann unsere Schulen und Krankenhäuser?

Man kann sich bewusst machen:

> Alles, was man von der Gemeinschaft in Anspruch nimmt, alles, was man beitragen könnte und nicht beiträgt, bewirkt, dass alle anderen mehr arbeiten müssen.

Wenn eine steigende Anzahl von Menschen über diesen Satz sinniert, meditiert, so kann ganz allmählich eine andere Geisteshaltung entstehen, eine menschlichere, kooperative, liebevollere Haltung.

Diese drei Maßnahmen, die jeder Einzelne ergreifen kann, können bewirken, dass gewissermaßen »von unten«, aus den Herzen einer steigenden Anzahl von Menschen, eine neue Geisteshaltung entsteht, eine liebevollere Geisteshaltung, der dann »von oben«, durch politische oder gesellschaftliche Maßregeln, auch eine andere Gesellschaftsordnung entgegenwachsen kann. Das eine ohne das andere dürfte sinnlos sein. Zu warten, dass »die Politik« beginnt, ist wohl sinnlos.

Revolutionen haben praktisch immer bei einem ganz kleinen Kern von tief überzeugten Menschen begonnen, z. B. die Montagsdemos von Leipzig 1989, die dann zu dem friedlichen Zusammenbruch der DDR geführt haben. Manchmal können Revolutionen gar von einem einzigen felsenfest überzeugten Menschen ausgehen, wie die protestantische Revolution von 1517 durch Martin Luther: »Hier stehe ich, ich kann nicht anders.«

Jedes einzelne Individuum ist also kostbar, jeder tief überzeugte Mensch zählt, jeder individuelle Sinneswandel hin zu einer menschlicheren Gesinnung ist wertvoll. Dazu gibt es mittlerweile eine reiche Literatur, die im Anhang zu finden ist.

Ich möchte zum Schluss noch einmal kurz auf die spirituelle Ebene zu sprechen kommen, die in meinen Augen zentral ist.

Albert Schweitzer hat einmal gesagt: »Der Auftrag, der uns heute gesetzt ist, lautet: Uns selbst, unsere Umwelt und die Strukturen dieser Welt zu heilen und zu heiligen.« Heilen und heiligen haben viel miteinander zu tun. Und ein österreichischer Philosoph wies darauf hin: Die Lösung der sozialen Frage liegt in der »Anerkennung der göttlich-geistigen Natur des Menschen, in der Anerkennung dessen, dass dasjenige, was vom Menschen hier als physischer Leib auf der Erde herumgeht, nur der äußere Ausdruck ist für etwas, was in jeden Menschen aus der Ewigkeit herein leuchtet« (Steiner 1982, S. 95).

Nur, wenn ich in meinem Gegenüber den göttlichen Funken sehe, den göttlichen Kern, unabhängig von allen verschiedenen Religionsformen, nur dann ist auf Dauer wirkliche Menschenwürde, wirkliche Menschenliebe möglich.

Literatur

Becker, G. (2004): Vom Nutzen der Liebe. Interview in: McK Wissen. Das Magazin von McKinsey, Ausgabe 11, Hamburg, 3. Jahrgang, Dezember 2004, S. 78–83.

Bedau, K.-D. (1999): Ersparnis und Vorsorgeaufwendungen nach Haushaltsgruppen. (Deutsches Institut für Wirtschaftsforschung: Diskussionspapiere, Nr. 187.) DIW, Berlin.

Beuys, J. (1985): Aktive Neutralität. Die Überwindung von Kapitalismus und Kommunismus. Vortrag vom 20.01.1985. FIU, Wangen.

Creutz, H. (2003): Das Geld-Syndrom. Wege zu einer krisenfreien Wirtschaftsordnung. Ullstein, Aachen.

Domhoff, G. William: Wealth, Income, and Power. In: WhorulesAmerica.net. www2.ucsc.edu/whorulesamerica/power/wealth.html (Zugriff: 22.7.2014).

Eisenstein, C. (2013): Ökonomie der Verbundenheit. Wie das Geld die Welt an den Abgrund führte – und sie dennoch jetzt retten kann. Scorpio, München.

Felber, C. (2010): Gemeinwohl-Ökonomie. Das Wirtschaftsmodell der Zukunft. Deuticke, Wien.

Frick, J. / Grabka, M. (2009): Gestiegene Vermögensungleichverteilung in Deutschland. Deutsches Institut für Wirtschaftsforschung (DIW), Berlin, Januar 2009.

Gesell, S. (2009): Gesammelte Werke, Band 11, 1920: Die natürliche Wirtschaftsordnung durch Freiland und Freigeld. Nachdruck der 4., letztmalig vom Autor überarbeiteten Auflage. Verlag für Sozialökonomie, Kiel.

Graeber, D. (2012): Schulden. Klett-Cotta, Stuttgart.

HSBC Trinkaus (2011): Die Aktienmuffel. Düsseldorf, 18.8.2011. www.hsbc-zertifikate.de/pdfs/MB_09-2011_CDM.pdf (Zugriff: 22.7.2014).

Kennedy, M. (1996): Geld ohne Zinsen und Inflation. Goldmann, München.

Kindleberger, C. P. (1984): Die Weltwirtschaftskrise 1929–1939. 3. Auflage. dtv, München.

Kreiß, C. (2013), Profitwahn – Warum sich eine menschengerechtere Wirtschaft lohnt. Tectum, Marburg.

Krysmanski, H. J. (2012): 0,1 Prozent. Das Imperium der Milliardäre. Westend, Frankfurt am Main.

Lebenslagen in Deutschland. Entwurf des 4. Armuts- und Reichtumsberichts der Bundesregierung 17.9.2012.

OECD November 2011. Divided We Stand: Why Inequality Keeps Rising. Country Note Germany.

Piketty, T. / Saez, E. (2003/2013): Income Inequality in the United States, 1913–2002. In: Quarterly Journal of Economics, 118(1), 2003, S. 1–39 (aktualisiert und ergänzt in: Atkinson, A. B. / Piketty, T. (Hg.): Oxford University Press, 2007. http://eml.berkeley.edu/~saez/piketty-saezOUP04US.pdf (Zugriff: 22.7.2014).

Sachverständigenrat zur Begutachtung der gesamtwirtschaftlichen Entwicklung (SVR), Jahresgutachten.

Schwarz, F. (1933): Morgan – der ungekrönte König der Welt. Erstauflage 1924. 5. Auflage. Genossenschaft Verlag freiwirtschaftlicher Schriften, Bern.

Schwarz, F. (1951): Das Experiment von Wörgl. Genossenschaft Verlag freiwirtschaftlicher Schriften, Bern.

Statistisches Bundesamt: Statistisches Jahrbuch 2013. www.destatis.de/DE/ Publikationen/StatistischesJahrbuch/StatistischesJahrbuch.html (Zugriff: 22.7.2014).

Steiner, R. (1982): Vortrag vom 10. Januar 1919, Wien. In: Gesamtausgabe Band 188. Rudolf Steiner Verlag, Dornach, S. 82–102.

Steiner, R. (1995): Vortrag vom 14. April 1914, Wien. In: Gesamtausgabe Band 153. Rudolf Steiner Verlag, Dornach, S. 163–184.

Stiglitz, J. (2012): The Price of Inequality. Penguin, London.

Welzer, H. (2013): Selbst denken – Eine Anleitung zum Widerstand. 3. Aufl. S. Fischer, Frankfurt am Main.

Wilkinson, R. / Pickett, K. (2012): Gleichheit ist Glück. Warum gerechte Gesellschaften für alle besser sind. 4. Aufl. Zweitausendeins, Frankfurt am Main.

Sylvia Wetzel

Wer bin ich, wenn ich liebe?
Liebe, Mitgefühl und Verbundenheit im Buddhismus

Im Augenblick der Liebe scheint das wahre Wesen auf.
Tibetisch, 14. Jh.

Si duele no es amor. Wenn es wehtut, ist es keine Liebe.
Sylvia Wetzel (Seminartitel, Malaga 1998)

Was ist Liebe? Ich möchte in diesem Beitrag das schönste und tiefste Gefühl der Welt mit einigen Fragen umkreisen: Wer bin ich, wenn ich liebe? Was ist Liebe und womit verwechseln wir sie leicht? Was behindert oder blockiert sie? In welchem Kontext kann sie blühen? Gibt es eine Quelle für Liebe und falls ja, ist sie allen zugänglich und wie finden wir sie? Welche Auswirkungen hat die Liebe auf uns und die Welt?

Wenn ich liebe, bin ich Fülle

Wenn ich liebe, bin ich nicht dies und das. Denn wenn ich dies und das bin, bin ich begrenzt, und wenn ich begrenzt bin, fühle ich mich leicht bedroht. Wenn ich liebe, bin ich – Fülle. Wenn ich liebe, fühle ich mich nicht getrennt von anderen und von der Welt. Wenn ich liebe, fühle ich mich essentiell verbunden. Mit dem Fassbaren und mit dem Unfassbaren. Das ist Fülle. Im Wissen um die Fülle und im Vertrauen darauf kann ich die existentielle Getrenntheit mit Würde und Interesse annehmen und aushalten. Das ist meine erste These: Wenn wir lieben, sind wir in Kontakt mit der Fülle. Was bedeutet das? Und, falls es stimmt: Wie »geht« das? Es kommt darauf an, diese Dimension der Fülle in sich und anderen zu entdecken, darauf zu vertrauen und dieses Vertrauen immer wieder zu fördern. Bei sich und anderen.

160

Dazu ein Hinweis aus der tibetischen Tradition: »Im Augenblick der Liebe scheint das wahre Wesen auf«, sagt der Dritte Karmapa zu Beginn des 14. Jahrhunderts in seinem bis heute sehr geschätzten Mahamudra-Gebet, einer Beschreibung des ganzen spirituellen Weges in teils sehr rationaler und teils sehr poetischer Sprache. Was ist Liebe, wenn das stimmt? Im Augenblick der Liebe, so die These aus der tibetischen Tradition des Buddhismus, kommen wir in Kontakt mit der Fülle, mit der Ganzheit des Lebens, mit unserer Tiefendimension.

Was bedeutet Tiefendimension? Das können wir mit dem Symbol des gleichschenkligen Kreuzes, das viel älter ist als das Christentum, gut nachvollziehen. Der horizontale Balken steht für die Vielfalt unserer Erfahrungen, für die Unterschiede und Einzelheiten unseres Lebens. Der vertikale Balken steht für die Vision der Ganzheit, für das Unfassbare, für das Geheimnis des Lebens, das die theistischen Religionen Gott oder das Göttliche nennen. Die Buddhisten sprechen einerseits von Leerheit, wenn sie die Unfassbarkeit, die Offenheit betonen wollen, und andererseits von Buddha-Natur, wenn sie auf die Klarheit und Feinfühligkeit dieser Dimension hinweisen wollen. Dazu später mehr.

Wir Menschen leben im Schnittpunkt beider Dimensionen und haben Anteil an und Zugang zu beiden, und wir brauchen auch beide Dimensionen, damit wir die Fülle des Lebens entdecken und aus ihr heraus leben können. Solange wir glauben, unser Leben bestehe nur aus dem, was unsere Schulweisheit uns träumen lässt, nur aus dem, was wir mit den fünf Sinnen und mit dem linearen Denken begreifen und erfassen können, solange fühlen wir uns übertrieben abgetrennt, letztlich ohnmächtig und hilflos. Die Ahnung der zwar unfassbaren, aber doch spürbaren vertikalen Dimension des Lebens ermöglicht uns immer wieder eine schöpferische Distanz zur horizontalen Dimension der Vielfalt unserer Erfahrungen und damit das Beobachten und Hinterfragen unserer Ansichten und Meinungen, von emotionalen Reaktionsmustern und eingefahrenem Verhalten und ihren Auswirkungen auf unser Leben und das von anderen.

Vier Unterschiede zwischen Liebe und Anhaftung

Liebe als Ausdruck der Fülle hat kein Gegenteil. Sie ist das Aufscheinen unserer tiefen essentiellen Verbundenheit mit allen und allem, mit der ganzen Welt, der Verbundenheit mit dem Fassbaren und Unfassbaren. Wie diese Liebe entsteht und wie wir sie entdecken können, dazu komme ich gleich.

Jetzt möchte ich über einige Missverständnisse und Verwechslungen sprechen, die die Erfahrung der Liebe behindern. Immer wieder verwechseln wir das Gefühl der Anhaftung, des Anklammerns und des Brauchens mit Liebe, denn auch in diesen Haltungen gibt es starke Gefühle. Der Buddhismus nennt Anhaftung daher den *nahen Feind* der Liebe. »Nah«, weil wir die beiden Haltungen leicht verwechseln, und »Feind«, weil Anhaftung Liebe im Sinne von Fülle blockiert. Der *ferne Feind* der Liebe ist Hass. »Fern«, weil wir Hass selten mit Liebe verwechseln, und »Feind«, weil Hass die Liebe zerstören kann. Manche Menschen halten allerdings Neid und Eifersucht, Wut und Streit für einen Beweis großer und tiefer Liebe, weil wir uns mit diesen heftigen Emotionen sehr lebendig fühlen. Das glaube ich nicht.

Der Buddhismus nennt vier Unterschiede zwischen Liebe und Anhaftung, die mich seit über dreißig Jahren dazu inspirieren, genauer hinzuspüren und zu schauen, wenn ich Menschen mag oder mich von jemandem stark angezogen fühle. Manchmal hilft mir die bloße Frage: »Ist das jetzt Liebe oder Anhaftung?«, meine Gefühle klarer zu spüren und das eine nicht mit dem anderen zu verwechseln. Lassen Sie die Beschreibungen auf sich wirken, und schauen Sie, was sie in Ihnen auslösen. Jedes Modell ist eine Art Holzschnitt und fasst nie alle Facetten einer komplexen Erfahrung, es kann aber unsere Aufmerksamkeit schärfen. Zuerst nenne ich jeweils kurz die vier Unterschiede, dann stelle ich sie ausführlicher vor.

Anhaftung entsteht aus einem Gefühl des Mangels und Liebe aus einem Gefühl der Fülle. Anhaftung idealisiert und projiziert aus einem Gefühl des Mangels. Liebe sieht die andere Person realistisch. Anhaftung schwankt zwischen himmelhochjauchzend und zu Tode betrübt. Liebe wächst und nimmt zu. Mit Anhaftung leiden wir häufig, und Liebe tut allen gut.

- *Quelle*: Anhaftung entsteht aus einem Gefühl des Mangels. Ich fühle mich übertrieben getrennt von den anderen und der Welt und suche eine Verbindung im Konkreten. Ich fühle mich nicht gut genug oder zu kurz gekommen und halte fest an Menschen, Dingen und Umständen, die meinen Mangel kompensieren sollen. Anhaftung entsteht dann, wenn wir uns nur auf die Dimension des Fassbaren und Konkreten beziehen oder die beiden Dimensionen des Fassbaren und des Unfassbaren miteinander verwechseln. Im Unfassbaren fühlen wir uns im tiefsten Wesen, essentiell, unauflösbar mit allen und allem verbunden, wie auch immer wir die Quelle dieser Erfahrung nennen: ursprüngliches Lebensgefühl oder Natur, Buddha-Natur oder Gott, komplexe Kausalität, Netz des bedingten Entstehens oder lebendiger Kosmos.

Liebe ist ein Aufscheinen dieser essentiellen Verbundenheit. Und in dieser *essentiellen* Verbundenheit können wir unsere *existentielle* Getrenntheit als Individuen, als Einzelwesen schätzen und aushalten. Denn auch dann, wenn wir sehr vertraut sind mit der offenen, unfassbaren Dimension des Lebens, bleiben wir Einzelwesen. Einer meiner tibetischen Lehrer, Thubten Zopa Rinpoche, antwortete auf meine Frage nach der Bedeutung der Individualität mit einem Lachen: »Meine Nase bleibt meine Nase, und deine Nase bleibt deine Nase.« Ich bin davon überzeugt, dass der Dalai Lama selbst essen muss, wenn er Hunger hat, und auch selbst schlafen muss, wenn er müde ist, denn er ist und bleibt als Mensch existentiell getrennt von anderen Menschen, auch wenn er sich innigst mit allen Wesen und dem ganzen Universum verbunden fühlt.

Das gleichschenklige Kreuz ist für mich ein kraftvolles Symbol für die Verbindung des Fassbaren und Unfassbaren. Menschen leben im Schnittpunkt dieser beiden Dimensionen. Und Liebe entsteht, wenn wir die vertikale Dimension spüren *und* sie in der horizontalen Dimension ausdrücken. Wir leben in beiden Dimensionen und können keine auf die andere reduzieren. Liebe entsteht aus einem Gefühl der Fülle, in der vertikalen Dimension, und manifestiert sich in der horizontalen Dimension, in der Welt der zehntausend Dinge.

• *Sicht*: Anhaftung projiziert aus einem Gefühl des Mangels wunderbare Eigenschaften auf die andere Person, idealisiert ihre guten Seiten und ignoriert Schwächen oder redet sie schön. Sie projiziert die Rettung aus Ohnmacht und Mangel auf das Objekt des Begehrens und verliebt sich in das eigene Bild. Liebe als Ausdruck von Fülle sieht die andere Person realistisch mit ihren Stärken und Schwächen. Weil sie in der Fülle wurzelt, hat sie die Kraft, Unvollkommenheiten zu bemerken und auszuhalten und sogar als liebenswert und menschlich zu schätzen, bei sich und bei anderen. Mit den Augen der Liebe sehen wir unsere eigenen Stärken und die der anderen und können daher auch unsere eigenen Schwächen und die der anderen annehmen, ohne sie zu dramatisieren oder zu leugnen.

Es gibt einen deutlichen Unterschied zwischen der Idealisierung des Objektes meines Begehrens und einem liebevollen Blick. Die Augen der Liebe sehen das Beste in uns. Sie sehen uns so, wie wir gemeint sind, und da sie auf unsere Möglichkeiten vertrauen, fördern sie ihre Entfaltung. Wer uns viel zutraut, fördert unsere Fähigkeiten. Bei einer Idealisierung bleibt der positive Blick in der Regel auf *eine* Person beschränkt. »Mit den Augen der Liebe können wir *alle* Wesen in ihrer Schönheit sehen.« So formulierte es der bereits erwähnte tibetische Lama Thubten Zopa Rinpoche poetisch. Wenn im Augenblick der Liebe unser wahres Wesen aufscheint, lieben wir uns und die andere Person und die ganze Welt. Wir lieben in solchen Momenten sogar das rostige Gartentor, den Junkie, der uns anbettelt, und die Pennerin mit ihren drei riesigen Hunden. Finden wir nur *eine* Person wunderbar, handelt es sich um Anhaftung. Mögen wir manchmal uns selbst und die ganze Welt, stehen die Chancen gut, dass es Liebe ist.

- *Dynamik*: Anhaftung schwankt zwischen himmelhochjauchzend und zu Tode betrübt. Anhaftung schlägt um in Ärger, Wut und manchmal sogar Hass, wenn unsere Täuschungen auffliegen. Wenn das Verhalten der idealisierten Person nicht mit unserem Sehnsuchtsbild übereinstimmt oder die ganz gewöhnliche Person dahinter auftaucht, sind wir enttäuscht. Vielleicht hoffen wir auf ein Wunder, darauf, dass beim nächsten Mal – bei der nächsten Begegnung oder in der nächsten Beziehung – alles ganz anders wird. Oder wir sind frustriert, wenn unsere Erwartungen nicht erfüllt werden, ärgern uns über uns selbst oder über die anderen. Wir schieben dann uns selbst oder sogar der doch so geliebten Person die Schuld an unserer Enttäuschung zu.

  Die Sprache sagt es klar: Hinter jeder Ent-*täuschung* steht eine Täuschung. Enttäuschungen sind ein Hinweis auf überzogene Erwartungen und Idealisierung. Sie sind eine große Hilfe, wenn wir sie denn erkennen und lockern. Aber statt die Täuschung hinter einer Enttäuschung zu erkennen und unsere Vorstellungen, Erwartungen und Idealisierungen zu hinterfragen und zu überprüfen, machen wir etwas anderes. Wir halten mit aller Kraft an unseren bereits gescheiterten Vorstellungen und Erwartungen fest und werden wieder enttäuscht. Und wenn uns das erschöpft, hinterfragen wir unsere Vorstellungen immer noch nicht, sondern holen uns mit aufgewühlten Emotionen immer wieder neue Kraft zum Festhalten. Diese Dynamik von Idealisierung bzw. Täuschung und Enttäuschung strengt auf die Dauer sehr an.

  Liebe als Ausdruck der Fülle kann die anderen mit ihren Stärken und Schwächen sehen, hat Interesse an den Entwicklungsprozessen der anderen und wächst daher und nimmt zu, je länger und besser wir eine Person kennen.

- *Auswirkung*: In aller schmerzhaften Kürze lautet die buddhistische These: Wenn es wehtut, ist es keine Liebe – sondern Anhaftung. Ich habe einmal die spanische Version dieses Satzes als Titel für einen Kurs gewählt und er gefällt mir heute noch: *Si duele no es amor.* Die Dramen der Liebe sind also in Wirklichkeit keine Dramen der Liebe, sondern das Spiel von Anhaftung und Hass.

Liebe als Ausdruck von Fülle tut allen Beteiligten gut. Wir können nicht anders, als uns wohlzufühlen, wenn jemand sich selbst und uns bejaht, genau so, wie wir gerade sind. Und nicht deshalb, weil die Person nicht genau hinschaut und uns idealisiert, sondern weil wir uns erkannt und gesehen fühlen, mit unseren Stärken und Schwächen. Zumindest im Prinzip und mehr oder weniger.

Schrumpfformen von Weisheit: Anhaftung und Hass

Wir können die unterschiedlichen Spielarten von Anhaftung und Abneigung leichter erkennen und auflösen, wenn wir das Körnchen Weisheit, das in ihnen steckt, entdecken. Etwas zugespitzt formuliert, gehen die tantrisch-buddhistischen Traditionen von Indien, Tibet, China und Japan davon aus, dass alle »giftigen« oder »vergifteten« emotionalen Reaktionen »Schrumpfformen« tiefer Weisheit sind. In den drei Giften »Gier, Hass und Verblendung« sind Spielarten von Weisheit verborgen. Das ist ein ähnlicher Ansatz wie das, was wir hier im Westen »die Stärke hinter einer Schwäche« nennen. Was das aus buddhistischer Sicht bedeutet, möchte ich am Beispiel von Anhaftung und Hass, den nahen und fernen Feinden der Liebe, erläutern.

Die Tradition nennt diesen Ansatz, »die fünf Arten von Weisheit in den fünf Kleshas« zu erkennen. Der Sanskrit-Begriff *klesha* bedeutet wörtlich Fleck, Befleckung oder Schmutz. Zu den schon erwähnten drei Giften Gier, Hass und Verblendung kommen noch zwei sehr häufige Haltungen dazu: Neid und Eifersucht sowie Stolz, einschließlich des mangelnden Selbstwertgefühls, das als »sich selbst auslöschende Selbstüberschätzung« gilt, d. h. als Stolz auf die eigene Bescheidenheit oder Minderwertigkeit, nach dem Motto: »Mir geht es am schlechtesten von allen. Ich bin der

Dümmste.« Diese fünf Arten von schädlichen Emotionen werden als verzerrte Formen oder Schrumpfformen von Weisheit interpretiert.

Wie entdecken wir die Weisheit hinter aufgewühlten Emotionen? Weisheit fängt da an, betonte mein tibetischer Lehrer Lama Thubten Yeshe, wo wir eine Sache aus mehr als einer Perspektive betrachten können. Der Anfang jeder Weisheit ist *bemerken* oder *erkennen*: Wir bemerken eine Vorstellung oder Einstellung, ein Muster oder ein bestimmtes Verhalten. Ich spreche im Folgenden lieber von grundlegendem Gewahrsein statt von Weisheit, um die Schlichtheit dieses Ansatzes zu betonen. Die völlige Ausreifung dieser Fähigkeiten wird traditionell Weisheit genannt. Das Wichtigste ist hier, dass Sie die Veränderungskraft, die in diesem Ansatz steckt, ahnen. (Wetzel 2010)

Anhaftung und die Fähigkeit, Wert zuzuschreiben

Anhaften ist eine Schrumpfform, eine verzerrte Form des grundlegenden Gewahrseins, das unterscheiden und Wert zuschreiben kann. In dem Augenblick, in dem wir Anhaftung als Anhaftung *erkennen*, sind wir schon einen winzigen Schritt zurückgetreten. Erkennen und benennen schafft und ist der erste Schritt hin zu einer konstruktiven *Distanz* zu heftigen Emotionen oder emotional besetzten Erwartungen, Ängsten und Vorstellungen. Das sind dann schon zwei Perspektiven: das Erleben und das Erkennen der Emotion. Wenn wir Anhaftung als Anhaftung erkennen, können wir genauer hinschauen, und vielleicht entdecken wir dahinter die Fähigkeit der Zuschreibung.

Wir können diese These zumindest einmal ausprobieren und so tun, als ob wir das so sehen würden. Wir experimentieren mit der Vorstellung, dass die Person oder das Ding die wunderbaren Eigenschaften, die ich sehe, nicht objektiv »hat«, sondern wir die wunderbare und kreative Fähigkeit besitzen, einer Person, einem Ding oder einer Situation Wert zuzuschreiben. Wenn wir für einen Moment innehalten und uns über diese Fähigkeit freuen und »in ihr ruhen«, beruhigt sich unser ganzes System. Warum? Für einen Moment spüren wir keinen Mangel, wir fühlen uns nicht als Mangelwesen, sondern spüren eine Fähigkeit, einen Aspekt der unerschöpflichen Fülle.

Die Fülle von Möglichkeiten erlaubt es uns Menschen, unter den unterschiedlichsten Bedingungen, fast überall auf dieser Erde, zu überleben und sogar mit Würde und Selbstvertrauen zu leben. Wenn wir ein paar Wochen lang einmal am Tag hinter einer kleinen (!) Anhaftung die Fähigkeit entdecken, Wert zuzuschreiben, verändert sich unser Selbstwertgefühl. Wir fühlen uns fähig und wertvoll. Und vielleicht fällt uns dann sogar ein, dass wir diese Fähigkeit auch dazu nutzen können, denjenigen Menschen, Dingen und Umständen Wert zuzuschreiben, die uns guttun, und nicht nur dem, was unser Mangelgefühl nährt, weil wir es nicht bekommen oder halten können. Wenn wir mit dem Ansatz vertraut sind, können wir uns Schritt für Schritt auch den Objekten heftiger Begierden und leidenschaftlichen Begehrens zuwenden.

Wut und Klarheit

Ärger, Wut und Hass sind Schrumpfformen von Klarheit, des grundlegenden Gewahrseins der Wirklichkeit. Das ist die Fähigkeit, drei Aspekte klar zu unterscheiden: was da ist oder funktioniert, was fehlt oder nicht funktioniert, und dass sich alles auch wieder verändern kann und wird. In dem Augenblick, in dem wir eine der vielen Varianten von Abneigung, Abwehr oder Hass *bemerken*, sind wir schon einen winzigen Schritt zurückgetreten und erleben eine erste konstruktive *Distanz* zu unseren aufgewühlten Emotionen. Wir können dahinter die wunderbare Fähigkeit der klaren Erkenntnis entdecken. Im Augenblick der Abneigung funktioniert diese Art von Klarheit aber nur teilweise, denn wir achten nur auf einen Aspekt, auf das, was nicht da ist oder nicht funktioniert, und werden dann ärgerlich oder wütend.

Zur vollständigen Klarheit gehört, dass wir alle drei Aspekte bemerken können: nicht nur das, was nicht funktioniert, sondern auch das, was klappt, und schließlich, dass sich alles auch immer wieder verändern kann und wird. Wenn wir einige Momente in dieser Klarheit ruhen können, beruhigt sich unser ganzes System, denn wir spüren eine Fähigkeit. Wir erleben für Momente keinen Mangel, den wir mit dem Festhalten von Dingen und Menschen, Ansichten und Umständen zu beheben versuchen und daher auch keine Wut gegen das, was uns daran hindert. Sondern wir spüren einen Aspekt der unendlichen Fülle in uns, die Klarheit, die die ganze Situation sieht, und nicht nur das, was nicht funktioniert, was nicht da ist und nicht klappt.

Die Weisheit hinter Verblendung, Neid und Stolz

Ich möchte nun kurz auf die verborgene Weisheit in unseren Verblendungen, in Neid und in Stolz hinweisen. Es gibt mindestens drei unterschiedliche Ebenen von *Verblendung*: 1. das *Nichtwissen* um Buddha-Natur ist die tiefste und folgenreichste Art der Unwissenheit. Wenn wir nicht wissen, dass wir alle im Grunde in Ordnung sind, wird das Leben sehr schwierig, selbst dann, wenn es gut läuft. Aus diesem fehlenden Wissen über Buddha-Natur folgt 2. das Gefühl übertriebener *Getrenntheit*, und das versuchen wir dann 3. mit starren und verzerrten *Ansichten*, Meinungen und Vorurteilen zu kompensieren.

Welche Fähigkeit kann dahinter stehen? Damit wir Vorurteile und engstirnige Meinungen haben können, müssen wir zuvor irgendetwas wahrgenommen haben. Es ist natürlich sehr schwierig zu bemerken, dass eine »objektiv« richtige Meinung nur eine Meinung ist. Aber angenommen, wir erkennen ein Vorurteil als Vorurteil oder eine Meinung als eine Meinung, dann schimmert schon das grundlegende Gewahrsein des Spiegels dahinter auf, das uns erlaubt, viele Einzelheiten wahrzunehmen. Wenn wir also Meinungen als Meinungen erkennen, sind wir schon einen kleinen Schritt zurückgetreten und nehmen eine schöpferische Distanz zu ihnen ein. Wir ruhen für eine Weile in diesem spiegelgleichen Gewahrsein, das viele Einzelheiten und Aspekte wahrnehmen kann. Dann beruhigt sich unser System, denn wir fühlen uns fähig und ahnen unsere Fülle.

Hinter Neid und Eifersucht steht eine hoch entwickelte Fähigkeit, sehr viele Bezüge zwischen Dingen und Menschen wahrzunehmen. Wir sehen genau, wer wen wie lange anschaut und wer mit wem worüber spricht und wie man welche Dinge und Umstände zum eigenen Vorteil oder zum Nachteil von anderen nutzen könnte. Wir sind neidisch auf die guten Umstände usw. von anderen und werden eifersüchtig, wenn jemand die Zuwendung usw. bekommt, von der wir glauben, dass sie uns zusteht. Neid kann zu einem wunderbaren Weg werden, wenn wir ihn bemerken und erkennen, worauf genau wir neidisch sind. Dann überlegen wir, ob wir bereit sind, das zu tun (und zu lassen), was die beneidete Person alles tun (und lassen) muss, um ihre wunderbaren Umstände zu bekommen und zu sichern. Und dann fragen wir uns, was wir für wirklich wichtig halten und was wir dafür tun oder lassen müssen und wollen. So entdecken wir hinter Neid und Eifersucht das grundlegende Gewahrsein des klugen Handelns. Wenn wir diese Fähigkeit und Bereitschaft entdecken und ein wenig darin ruhen, beruhigt sich unser System und wir fühlen uns lebendig und fähig zu handeln und auch einmal nichts zu tun, wenn das die Klugheit fordert.

Nun zu Stolz und Minderwertigkeitsgefühlen. Diese Haltungen entstehen, wenn wir uns mit anderen *vergleichen*. Wir können uns aber nur mit anderen vergleichen, wenn es etwas gibt, das *gleich* ist. Entdecken wir das, worin wir uns gleich sind, kann ein Gefühl der Gemeinsamkeit entstehen und darin ruhen wir für einige Momente. Dann beruhigt sich unser System und wir haben es nicht mehr so nötig, uns über andere zu erheben, uns abzuwerten oder unser Licht unter den Scheffel zu stellen (Wetzel 2010).

Liebe im Kontext

Im Augenblick der Liebe scheint das wahre Wesen auf. Meine These ist: Das geschieht nicht nur im Augenblick der Liebe, sondern auch bei anderen heilsamen Gefühlen. Immer, wenn wir lieben oder Mitgefühl empfinden, uns freuen oder Gelassenheit erleben, scheint das wahre Wesen auf. In diesen Momenten entstehen diese erhebenden Gefühle (Kast 2011) oder heilenden Gefühle nicht neu, sondern in solchen Momenten scheint unsere Tiefendimension auf.

Mit anderen Worten: Heilende Gefühle sind spontaner Ausdruck unserer Tiefendimension. Diese Dimension kann immer dann aufscheinen, wenn sie für Momente nicht blockiert wird durch körperliche Anspannung oder Schmerzen, durch Trägheit oder aufgewühlte Emotionen, durch Vorurteile oder rigide Ansichten, durch Angst oder Unsicherheit. Das heißt schlicht: In Momenten der Offenheit von Herz und Geist zeigt sich unser wahres Wesen als heilende Gefühle.

Manchmal kann auch sehr großer körperlicher Schmerz, wie bei einem Unfall, oder sehr tiefes Leid dazu führen, dass alle Vorstellungen über uns und die Welt für Momente völlig in den Hintergrund treten, und auch dann kann die Dimension der Fülle aufscheinen, und wir erleben uns als eins mit allen und allem (Taylor 2010). In diesem Beitrag geht es aber vor allem um die Liebe und die mit ihr verbundenen heilenden Gefühle.

Die buddhistische Tradition nennt vier heilende oder unermessliche Haltungen, die spontaner Ausdruck unserer Tiefendimension sind: 1. Liebe oder Freundlichkeit, 2. Mitgefühl, 3. Freude und Mitfreude, 4. Gleichmut oder Gelassenheit, auf Pali *metta, karuna, mudita* und *upekkha*. Sie geschehen uns manchmal, und wir können sie nie erzwingen. Wir können uns ihnen aber annähern, indem wir uns mit diesen Haltungen beschäftigen und sie, so gut es geht, einüben.

Mit Liebe oder Freundlichkeit ist eine Haltung der Freundlichkeit uns und allen gegenüber gemeint, die aus dem tiefen Wissen um Verbundenheit entspringt. Mitgefühl wird verstanden als die Fähigkeit, sich in das eigene Leid und das von anderen einzufühlen, und als der tiefe Wunsch, Schmerz und Leid zu verringern und Wohlbefinden und Glück zu vermehren. Mit Freude sind wir fähig, uns an dem zu freuen, was da ist, bei uns und bei anderen, und Dankbarkeit für alles Gute im Leben zu spüren. Und trotz allem Leid das Leben grundsätzlich zu bejahen. Gleichmut oder Gelassenheit brauchen wir, damit wir nicht verzweifeln, wenn die Dinge anders laufen, als wir das gerne hätten.

Liebe plus oder: Eins plus drei ist Liebe

Damit Liebe kein bloßes Wort bleibt und auch keine hübsch drapierte und verkleidete Abhängigkeit, Anhaftung oder Besitzgier, braucht es die Hintergrundmusik der drei anderen heilsamen Haltungen. Im Augenblick der Liebe, der bedingungslosen Bejahung meiner selbst, einer geliebten oder geschätzten Person oder einer Gruppe von Menschen in ihrer Vielfalt, schwingen drei weitere Haltungen im Hintergrund mit: Mitgefühl, Freude und Gelassenheit. Fehlt eine dieser Haltungen, ist es keine Liebe, sondern Anhaftung in einer ihrer vielen Spielarten. Und Anhaftung schlägt um in Abneigung, Wut oder Hass, wenn unsere Erwartungen nicht erfüllt werden.

Zu Liebe gehört *Mitgefühl* mit meinem Leid und dem der oder des anderen. Und Mitgefühl ohne die drei weiteren Haltungen ist kein Mitgefühl, sondern Mitleid, und das schlägt um in Grausamkeit, weil uns das Leid schnell zu viel wird. Zu Liebe gehören *Freude* und *Dankbarkeit* über das, was da ist, was wir teilen, was wir genießen können. Freude ohne die drei weiteren Haltungen ist eine Art Aufgedrehtheit oder Idealisierung, und das schlägt schnell um in Neid und Eifersucht, weil wir uns als Mangelwesen fühlen. Zu Liebe gehört auch *Gleichmut* oder *Gelassenheit* mit dem, was nicht klappt oder fehlt, was wehtut oder uns widerstrebt. Gelassenheit ohne Freundlichkeit, Mitgefühl und Freude ist keine Gelassenheit, sondern kalte Gleichgültigkeit, aus Angst vor Verletzungen. Und die schlägt schnell um in Sorgen und Unruhe.

Gelassenheit ist nicht leicht, sondern eine große Herausforderung. Sie erwächst aus der tiefen Einsicht in die Gesetze des Lebens, in die drei Daseinsmerkmale, wie es im Buddhismus heißt: Leiden, Unbeständigkeit und Nicht-Ich oder Unkontrollierbarkeit, auf Pali *dukkha, anicca, anatta*. D.h. wir verstehen und akzeptieren, dass ein gewisses Maß an Leiden zum Leben gehört, sich alles immer wieder verändert und wir das Leben nie völlig in den Griff bekommen. Man kann es so auf den Punkt bringen: Wer nicht akzeptieren kann und will, dass das Leben unbeständig ist und wir es nie ganz in den Griff bekommen, leidet an diesen Lebensgesetzen. Und wer sie akzeptieren und bejahen kann, leidet weniger. Nach buddhistischer Auffassung führt die völlige Akzeptanz von nur zweien dieser beiden Lebensgesetze, von Unbeständigkeit und Unkontrollierbarkeit, zu einer beträchtlichen Verringerung des Leidens. In Anlehnung an die *resignative* TINA-Formel der aktuellen Wirtschaft und Politik – There is no alternative – könnten wir vom *realistischen* ANITA-Prinzip sprechen: Wer *ani*cca und ana*ta* – *ani* von *anicca*, *ta* von *anatta* – akzeptieren und bejahen kann, kann das Beste aus seinem Leben machen.

Sie merken, erhebende Gefühle sind keine Gefühlsduselei und auch kein Wellness-Programm, sondern eine Lebensaufgabe. Sie sind tatsächlich größer und tiefgründiger als unser Alltagsverstand mit seinem Input-Output-Denken meint. Liebe ist in diesem Sinn keine Sache und kein Ding und kein Etwas, das wir uns aneignen können, sondern ein Geschenk, eine Gnade. Aber wir können uns ihr annähern, und zwar systematisch und mit erprobten Methoden, z. B. indem wir uns mit den vier unermesslichen Haltungen – Liebe oder Freundlichkeit, Mitgefühl, Freude und Gleichmut oder Gelassenheit – vertraut machen und ihnen regelmäßig Platz in unserem Leben geben.

Drei Wege zur Tiefendimension: Offenheit, Klarheit, Feinfühligkeit

Zu Beginn habe ich gefragt: Wer bin ich, wenn ich liebe? Und meine Antwort war: Ich bin nicht dies und das, denn dann bin ich begrenzt und damit bedroht. Wenn ich liebe, bin ich in Kontakt mit der Fülle des Lebens, denn ich fühle mich essentiell verbunden mit allen und allem, was es gibt. Und dann kann ich die existentielle Getrenntheit mit Würde und Wertschätzung für Vielfalt und Unterschiede annehmen. Die These des tantrischen Buddhismus ist: Im Augenblick der Liebe scheint das wahre Wesen auf. Wenn das stimmt, ist Liebe ein Weg zum wahren Wesen. Und bereits unsere Sehnsucht nach Liebe kann als Beweis dafür interpretiert werden, dass wir ahnen, worum es geht. Denn wir können uns nur nach etwas sehnen, was wir kennen oder erahnen. Oder haben Sie sich schon einmal nach KRMPFFF gesehnt, nach etwas, das Sie weder kennen noch verstehen?

Was bedeutet »wahres Wesen« und wie können wir uns ihm annähern? Es gibt unterschiedliche Begriffe, die auf diese Tiefendimension hinweisen: Buddha-Natur, wahres Selbst, Nicht-Ich, uranfängliche Weisheit, reines Gewahrsein u. a. (Wetzel 2004). Meister Eckhart spricht vom »Seelenfünklein« und die Mystik vieler Traditionen vom »Göttlichen in uns«. Der Buddhismus geht davon aus, dass wir uns dieser Dimension gezielt und systematisch annähern können, weil *jede* Erfahrung, auch die alltäglichste, drei Merkmale hat, die auf sie hinweisen: Jede Erfahrung ist offen, klar und feinfühlig. Das sind keine Eigenschaften der Tiefendimension, denn sie ist letztlich unfassbar und entzieht sich einer eindeutigen begrifflichen Beschreibung, aber Wege zu ihr (Shikpo 1999, 2009).

Das erste Merkmal, *Offenheit*, bedeutet philosophisch formuliert: leer von jeder Zuschreibung. Jede Erfahrung ist leer von dem, was wir über sie denken. Und eine zweite Bedeutung: Wir wissen nie *ganz* genau, was war, was jetzt gerade geschieht und was geschehen wird. Unsere Zuschreibungen sind bestenfalls Finger, die auf den Mond zeigen, aber nie die Erfahrung selbst. Wir erleben immer

174

mehr, als wir begreifen, sagt der Quantenphysiker Hans-Peter Dürr (Dürr 2001). Begriffe, Vorstellungen, Konzepte sind grobe Annäherungen an ein Wunder, das wir nie völlig fassen können. Auch unser Ichgefühl bleibt ein Modell, eine Zuschreibung, eine bloße Benennung vieler komplexer Erfahrungen. Der Soziologe Niklas Luhmann (2000) spricht vom unmarkierten Raum, in dem Wissen möglich wird. Und er vermutet, dass, als die Menschen entdeckten, dass sie sich selbst beobachten können, sie so überwältigt waren von dieser Fähigkeit, dass sie sie Gott nannten.

Gott, Leerheit, Offenheit, unmarkierter Raum – alle diese Begriffe deuten darauf hin, dass das Leben ein Wunder ist, unfassbar und jenseits von Worten und Begriffen. Das meinen Buddhisten, wenn sie davon sprechen, dass alle Erfahrungen leer sind von unseren Zuschreibungen. Vielleicht begreifen wir irgendwann einmal auch, was dem Physiker Richard Feynman aufging: dass wir nur das begreifen, was wir selbst gemacht haben (in: Dürr 2010). Wären Offenheit und Leerheit aber alles, was wir *er*lebten, könnten wir nicht *über*leben.

Das zweite Merkmal jeder Erfahrung ist ihre relative *Klarheit*. Wir bemerken und verstehen genug, von uns und der Welt, um uns orientieren zu können und erstaunliche Dinge zu vollbringen. Ich glaube schon, dass 1968 ein Mann auf dem Mond herumspazierte und die amerikanische Flagge im Mondgestein hinterließ. Ich glaube an Flugzeuge und dass Mediziner Herzen verpflanzen können. Das ist möglich, weil es genug Klarheit oder Wissen in jeder Erfahrung gibt, dass wir nicht nur überleben, sondern gut leben können.

Das dritte Merkmal jeder Erfahrung ist *Feinfühligkeit*. Die buddhistische Tradition nennt es auch Mitgefühl. Jede Erfahrung, die wir machen, betrifft uns, sie geht uns ganz direkt an. Erfahrungen sind uns näher als das eigene Herz, heißt es manchmal poetisch. Der Buddhismus geht davon aus, dass wir fühlen können, weil alles mit allem verbunden ist, und spricht vom bedingten Entstehen. Einige Naturwissenschaften nennen es das Resonanzprinzip. Die Quantenphysik spricht von komplexer Kausalität (Jantsch 1984;

Dürr 2010). Selbst wenn wir uns abgeschnitten und getrennt fühlen oder gar nichts fühlen können: Diese Erfahrung spüren und fühlen wir hautnah. Sie geht uns sogar unter die Haut. Das ist Feinfühligkeit.

Mein Vorschlag ist jetzt, zunächst in unkomplizierten, undramatischen Erfahrungen diese drei Merkmale zu entdecken: Jede Erfahrung ist offen und letztlich unfassbar, klar genug zum Leben, und wir spüren sie mit großer Feinfühligkeit. Je häufiger wir diese Aspekte jeder Erfahrung bemerken, desto mehr kann uns aufgehen, wie sehr wir mit allem und allen verbunden sind. Wir fühlen uns verbunden und wir sind uns dessen gewiss, mit einer Gewissheit, die jedes Faktenwissen übertrifft. Mit diesem Vertrauen können wir vermutlich auch schwierige Erfahrung besser verarbeiten (Wetzel 2013).

Alles ist mit allem verbunden, d. h. auch wir selbst sind mit allen und allem verbunden. Man kann das auch Liebe nennen. Liebe im Sinne der Allverbundenheit wäre nach diesem Ansatz die allerrealste Dimension von Leben. Die Fähigkeit zur Resonanz macht Liebe möglich. Wie die Einzeller können auch wir Menschen rufen und antworten. Man könnte das Resonanzprinzip als die materielle Entsprechung von Buddha-Natur interpretieren. Es geht hier um eine Entsprechung und nicht um *die* monokausal lineare oder *die* komplex kausale *Ursache*, sondern um eine der vielen Perspektiven auf unser Leben neben anderen. Leben hat biologische, ökonomische, politische, psychologische, soziale, religiöse, poetische und künstlerische Dimensionen, die man nicht auf *eine* Dimension oder gar eine Perspektive reduzieren kann.

Schluss

Ich möchte zum Abschluss ein Lied singen, das diesen Ansatz auf den Punkt bringt. Die Melodie habe ich 2011, auf der Frühjahrstagung in Lindau, von Peer Abilgaard in der Morgeneinstimmung im Stadttheater kennengelernt und noch am selben Tag einen

176

neuen Text dazu verfasst: »Ich bin ein armes Würstchen ...«, frei
nach dem Kanon: »Ich armes welsches Teufli ...«

1.
Ich bin ein armes Würstchen,
bin müde vom Beklagen, Beklagen, bin müde meines Leids.
Ich hab verlor'n Vertrauen
in Glück und Seelenhei--il, Hei--il, in Glück und Seelenheil.
Schau her, ich hab's gefunden,
was du verloren gla--ubst, gla--ubst, was du verloren glaubst.

2.
Es ruht in deinem Herzen
dein Glück und Seelenhei--il, Hei--il, dein Glück und Seelenheil.
Du musst es nur bemerken,
dann bist du froh und frei--i, frei--i, dann bist du froh und frei.
Dann lebst du voll Vertrauen
in Glück und Seelenhei--il, Hei--il, in Glück und Seelenheil.

Literatur

Dürr, H. P. (2001): Wir erleben mehr als wir begreifen. Mit Marianne Österrei-
    cher. Herder, Freiburg im Breisgau.
Dürr, H. P. (2010) (Hg.): Physik und Transzendenz. Driediger, o. O.
Jantsch, E. (1984): Die Selbstorganisation des Universums. dtv, München.
Kast, V. (2011): Lass mehr Freude in dein Leben. Kreuz, Freiburg im Breisgau.
Luhmann, N. (2000): Die Religion der Gesellschaft. Suhrkamp, Frankfurt am
    Main.
Shikpo, R. (1999): Meditation und Achtsamkeit. Theseus, Berlin.
Shikpo, R. (2009): Wende dich niemals ab. Arbor, Freiamt im Schwarzwald.
Taylor, J. B. (2010): Mit einem Schlag. Knaur, München.
Wetzel, S. (2010): Hoch wie der Himmel, Tief wie die Erde. Meditationen über
    Liebe, Beziehungen und Arbeit. Theseus, Berlin.
Wetzel, S. (2013, 2002): Leichter Leben. Meditationen über Gefühle. Lehmanns
    Media, Berlin.

DANIEL KROCHMALNIK

»Sein Zeichen über mir heißt Liebe«[1]
Der vierfache Sinn des Hohelieds

1. Kanon, Kanone, Kanon und Fuge

Das Hohelied hat auch nach der sexuellen Revolution seinen Appeal nicht verloren. Kurt Flasch bringt das in einem Anhang zu Herders *Lieder der Liebe* mit einer kleinen Geschichte auf den Punkt. Ein Hotelgast kann nicht einschlafen, er greift zur Bibel, »*die in fast jedem Hotelzimmer der christlichen Bundesrepublik herumliegt*«, und schlägt das Hohelied auf. »*Gleich der erste Vers sagt ihm, was kommt: ›Er küsse mich, er soll mich mit seinen Küssen küssen!‹ Eine Frau spricht, was in der Bibel nicht gar häufig vorkommt, von ihren sexuellen Wünschen: Sie redet den Geliebten an: ›Ja, deine Liebe ist besser als Wein / und besser als der Duft deiner Salben. / Dein Name ist wie ausgegossenes Salböl, / darum lieben dich die jungen Frauen. / Zieh mich hinter dir her, wir wollen laufen. / Der König hat mich auf sein Zimmer gebracht. / Ausgelassen wollen wir sein, uns mit dir vergnügen.‹ Unser mitternächtiger Leser reibt sich die Augen. Ist er ins biblische Pay-TV geraten? Die junge Frau, die da jubelt, ist nicht allein. Es wäre der Ausbund seelischer Rohheit hier von Gruppensex zu sprechen* […]*«* (Flasch 2007, S. 164). Sogar ein bekennender Dionysiker wie Michel Mafesoli kann nicht widerstehen, schließlich versprechen die Verse noch tollere Räusche: »*Ja, gut tut mehr als Wein deine Minne*« (1,2b; 1,4; 4,11, B-R). Genau genommen mischt das Hohelied Wein mit Liebe (2,5; 5,1; 7,10; 8,2), die Liebe gibt sich auf Weinbergen (1,5 f.; 7,13; 8.11–12), in Weinschenken (2,4) und bei Weingelagen ein Stelldichein: »*Eßt meine Geliebten; / Trinkt ihr, meine Freunde, / Und werdet berauscht* […]« (5,1).

Amor und Bacchus mitten in der Bibel – ist das nicht ein Skandal? Wenn es einer ist, dann hat er dem Hohelied jedenfalls nicht geschadet, es erfreute sich gerade in den frömmsten Zeiten und Kreisen größter Beliebtheit. Es versteht sich von selbst, dass die mittelalterliche Liebeslyrik ausgiebig aus dieser unverhofften frommen Quelle schöpfte. In Herders oben genannter Sammlung stehen z. B. 43 deutsche Minnelieder nach Hoheliedart aus dem 14. Jh. Nur zu gerne reimt der Dichter zum vorgestellten Kuss einen wirklichen Überfluss: »*Mich kust ir minneclicher kus. Ein mündel der übergulde ein überfluz*« (ebd. S. 109). Ein Spezialist des Genres, Peter Wapnewski, schreibt, dass die weibliche Initiative, der »*inbrünstige, auffordernde, lockende Ton des Mädchens in manchen Pastourellen ohne das Vorbild des Canticum canticorum (nicht zu verstehen ist)*« (Wapnewski 1979, S. 144 f.) Erstaunlich ist aber die geistliche, mönchische Gefolgschaft Amors im Mittelalter. Hier sprechen schon die Zahlen Bände. Der Heilige Bernhard (1090–1153) legte das Hohelied Wort für Wort aus. Bis zu seinem Tod hatte er 86 Predigten verfasst – und war nur bis zu Kapitel 3 Vers 1 gekommen (Gilson 1936, S. 26 f., 121 ff.). Sein Ordensbruder Gilbert von Holyland († 1172) schaffte es mit 48 Predigten bis Kapitel 5, Vers 10 und ein dritter Bruder vollendete das Werk mit 120 Predigten – macht also insgesamt 254 Predigten über 117 Verse, das wären im Schnitt zwei Predigten pro Vers. Den ersten Kuss rechtfertigt der Heilige in seinem Sermon mit höflicher Kasuistik: »*Ich finde keine Ruhe, sagte sie, bis er mich küsst, mit dem Kuß seines Mundes. Ich bin dankbar, seine Füße küssen zu dürfen, dankbar auch, seine Hand küssen zu dürfen. Aber wenn er mich irgend gern hat, soll er mich küssen mit dem Kuß seines Mundes. Ich bin nicht undankbar – aber: ich liebe. Was ich bereits erlangt hab, ist, ich erkenne es an, zu viel für mein Verdienst, zu wenig aber für mein Verlangen. […] Scham ruft mich wohl zurück – aber: Liebe ist stärker. […]. Ich bitte, ich flehe, ich beschwöre: er soll mich küssen mit dem Kuß seines Mundes*« (9,2 f., zit. bei Müller 1983, S. 167, nach der Übersetzung von P. Dinzelbacher).

Niemand sage, die Mönche und Nonnen hätten das Hohelied

ekklesiologisch, mariologisch, psychologisch entschärft und lese nur die Kussszene in den volkssprachlichen Hohelied 1,1-Variationen der Begine Mechthild von Magdeburg (1212–1280): »*Da nam er si [Seele, D. K.] under sine gotliche arme und leite sin vetterliche hand uf ire brúste und sach si an ir antlút. Merke, ob si do út gekússet wart? In dem kusse wart sie do ufgeruket in die hoehste hoehi úber aller engel koere*« (III, 1, 2008, S. 78 f.) Im *Fließenden Licht der Gottheit* übertrifft die Hoheliedfrequenz die *aller* anderen Bücher der Bibel und Spitzenreiter unter den von Margot Schmidt identifizierten rund 150 Hohelied-Zitaten ist jener Kuss, HL 1,2. Der Puritanismuskritiker Mafesoli zitiert die Minnesängerin Gottes: »*Herr, minne mich sehr und minne mich oft und lange. Ich rufe Dich mit großer Gier, ich brenne unverlöscht in deiner heißen Minne*« und jubelt: »*Welcher Text wäre erotischer [...], den schönsten Seiten über die Liebe, die die Literatur bereit hält, steht er in nichts nach*« (Mafesoli 1982, S. 53; in etwa Mechthild I, 23, 1995, S. 23, 3–5 u. VII, 15, 1995, S. 283, 22– 24).

Bleibt die Frage: Was hat so ein unzüchtiger Text in der Bibel verloren? Verstoßen Orgien und Weingelage nicht gegen die sittenstrenge *biblical correctness*? Gottes Name kommt zudem im ganzen Lied nur ein einziges Mal vor – als Suffix der Liebesglut: *Flamme des HERRN, Schalhewet-jah* (8,6) –, ebenso der Name Israel (3,7). Aus diesem Grund haben moderne Kommentatoren wie Carol Meyers das Hohelied das »*›unbiblischste‹ aller biblischen Bücher*« genannt (Meyers, 1988, S. 177, zitiert bei: LaCocque/Ricoeur 1998, S. 411). Der Spezialist für biblische Poesie Robert Alter sieht in dem Text »*the most consistently secular of all biblical texts*« (Alter 1985, S. 185). André LaCocque schreibt, die Maske des großen Salomo diene dem wahren Autor oder, wie er meinte, der subversiven Autorin, lediglich dazu, dem repressiven Establishment ungestraft die Zunge herauszustrecken (LaCocque/Ricoeur 1998, S. 413).

Für Julia Kristeva ist die weibliche Figur des Liedes gar die Ur-Feministin: »Die liebende Schulamit ist die erste souveräne Frau vor ihrem Geliebten. [...] das Judentum [tritt] als eine erste Befreiung der Frauen hervor« (Kristeva 1989, S. 101).[2] Keine Frage,

Schulamit ist kein Liebchen, sie tritt dem Souverän mit seinem Harem als Souveränin, ja, als Domina entgegen (6,8): wie eine furchtbare Kriegsschar (Ajuma KaNidgalot, 6,4; 6,10), wie eine blendende Sonne, er erbebt vor ihrem herrischen Blick (Hirhiwuni 6,5) und fleht um Gnade: »Kehre von mir ab deine Augen« (6,5). Der Text liefert am Ende noch bessere, wenn auch dunklere Proben für eine Antizipation der Emanzipation als diese Rollenperversion: Die Braut behauptet ihre Autonomie gegenüber ihren Vormündern (8,10) und verweigert sich als Tauschobjekt gegenüber dem Herrscher: Mein Weinberg ist mein – dein Geld kannst du behalten! (8,12)[3] Die Liste verwunderter Ausrufezeichen moderner Leserinnen und Leser angesichts solcher biblischer Wunder ließe sich beliebig vermehren.[4] Doch die Verwunderung ist nur Ausdruck eines tief sitzenden Vorurteils, das gerade das Hohelied infrage stellt.

Nun wird man nicht bestreiten können, dass das Hohelied innerhalb der Bibel eine exotische Ausnahme darstellt. Blickt man auf die Bestimmung der unterdrückten Frau nach dem Sündenfall – »*nach deinem Mann sei dein Verlangen, und er beherrsche dich*« (*El Ischech Teschukatech WeHu Jimschal Bach*, Gen 3,16) – dann ist die Aussage: »*nach mir ist sein Verlangen*« (*Alaj Teschukato* 7,11; 2,16), ein überraschender Triumph des sogenannten schwachen Geschlechts. Wie überhaupt das Paradies des Hohelieds – hier erst fällt dieses Wort (4,13 // Neh 28; Qoh 2, 5) – ein Gegenstück zum Garten Eden ist, welcher erst seit der Septuaginta (LXX) παράδεισος, *Paradies,* heißt. Der umwallte Lustgarten (= *Pardes*) des Paradieses verhält sich zum Wonnegarten (= *Eden*) der Genesis wie *Paradise regained* zu *Paradise lost.* Aus der Beschreibung der Körperlandschaften etwa muss geschlossen werden, dass das Paar nackt oder nur leicht bekleidet war (♂: 7,7; ♀: 5,15): »*Mein Kleid ist ausgezogen, / Wie soll ich's wieder anziehen*« (5,3). Ja, Schulamit führt sogar einen öffentlichen Bauchtanz auf und liefert ihre Hüftbögen und Bauchrundungen den genießerischen Blicken aus (7,1–5). Nacktscham und Kleider machen aber nach der Bibel den ganzen Unterschied zwischen den Menschen vor und nach dem Sündenfall aus (Gen 2,25; 3,7.11.21).

Gewiss, das Hohelied ist nicht pornografisch, sobald es sich dem Schambereich nähert, wechselt es das Thema und lustwandelt in botanischen und zoologischen Gärten. Die Braut wird zur Wiese und der Bräutigam zum Wild, das auf »*Scheidebergen*« (*Hare Bater* 2,17 MM) weidet. Der Schlüssel zum metaphorischen Garten liegt aber vor aller Augen: »*Mein wohlverwahrter Garten / Bist du meine Schwester Braut! Dein Gewächs' ein Paradies / Mit Granaten, mit köstlicher Frucht* [...]« (4,12 f.). Was kann es dann bedeuten, wenn die Freundin auffordert: »*So gehe denn mein Freund / in seinen Garten / Und esse seine köstliche Frucht*« (4,16), und der Freund erwidert: »*Diese deine Höhe / Gleicht dem Palmenbaum, Den Trauben deine Brüste* / [...] *lass mich klimmen auf den Palmbaum / Ergreifen seine Zweige; Laß deine Brüste sein / Wie am Weinstock Trauben* [...]« (7,8–9), und die Freundin anbietet: »*Ich, tränke dich mit* [...] *süßem Most von meinen Granaten*« (8,2)?

Die Metaphern aus Fauna und Flora sind vielleicht dem zugeknöpften biblischen Euphemismus (*Laschon Nekija*) geschuldet, der gewöhnlich die ganze Sphäre von Leib, Liebe, Lust im hohen Bogen umschreibt, aber die Bilder des Hoheliedes verdecken nur notdürftig die nackten Tatsachen; die metaphorischen Feigenblätter enthüllen mehr als sie verhüllen und »*hinter [dem] Schleier hervor*« ist ihr Reiz noch größer (4,3, B-R). Ja, im Paradies des Hohelieds gibt es im Gegensatz zum Paradies der Genesis weder Verbot (Gen 1,16–17) noch Tod (8,6). Die Braut reicht, um im Bild zu bleiben, dem Bräutigam unschuldig ihre Äpfel und er greift und isst ungestraft davon (5,1). Schlomo und Schulamit, das ist ein Paar, wie Gott es sich vorgestellt hat: *Isch* und *Ischa* – Braut (*Kala*), Schwester (*Achot*), Freundin (*Reja*) in einem. Der Mann sucht seine andere Seite, seine bessere Hälfte (Gen 2,24), haftet ihr an (*Dwequt*, ebd.) sie werden ein Fleisch (*Bassar Echad*). Die idealisierenden Körperbeschreibungen der Vergötterten, die sie in atemlosen Nominalsätzen stöhnen (7,2–5), sind ein Echo jenes allerersten Satzes des Menschen beim Anblick der Traumfrau, die Gott aus ihm gebaut hat: »*Diesmal ist sies! Bein von meinem Gebein. Fleisch von meinem Fleisch! Diese sei gerufen Ischa, Weib, denn vom Isch, von Mann, ist sie genommen*« (Gen 2,23 B-R). Die 13 Wörter des sogenannten Bräutigamjubels beginnen, schließen und gipfeln im Demonstrativ »*diese*« (Hebr.: *Sot* 1., 7. und 13. Wort). Der traditionelle Kantillationsakzent »*Sarka Segol*« (gestreut-gehäuft) über »*Der Mensch sprach* –« gibt die Jubel-Tonart an. Gewiss, auch diese Paradiesgeschichte endet mit Vertreibung und Flucht – aber eine Flucht ins Paradies (8,14).

Die Frage, wie es dieses Nudistenparadies in den biblischen Kanon geschafft hat, stellt sich nur dann, wenn man den Kanon der Schriften – wie Jan und Aleida Assmann – als Bruder der Zensur begreift, als Kanone gleichsam des »*absolutistischen Wahrheitsstils*« (Assmann 1998, S. 21), die alles abschießt, was nicht korrekt scheint. Wenn auch einige Synagogen- und Kirchenväter mit den Buchstaben des Hohelieds gehadert haben (mJad III,5; IV,6; tSan 12,5.10; bSan 101a), wird ein solcher Kanon-Begriff dem biblischen Kanon jedenfalls nicht gerecht. Hätte so ein Begriff vorgeherrscht, fände die Kritik in der Bibel keinerlei Widersprüche – der Zensor hätte alle Unstimmigkeiten beseitigt.

Zunächst einmal ist *ta biblia* plural, eine Bibliothek, entsprechend plural sind auch die Kanones. In dieser Bibliothek stehen die jeweils maßgeblichen Werke: die herrlichsten Gebete (*Psalter*), die traurigsten Stadtuntergangsklagen (*Klagelieder*), die klügsten Sprüche (*Mischle*), die heftigste Gotteskritik (*Ijow*), der schlimmste Weltschmerz (*Qohelet*) und eben – das schönste Liebeslied (*Schir HaSchirim*). Dabei war nicht das Kriterium der Frömmigkeit ausschlaggebend, denn *Jesus Sirach* ist frömmer als *Qohelet*, die *Weisheit*, nicht zu reden von den *Oden Salomons*, sind erbaulicher als das *Canticum*. Entscheidend war vielmehr der Spannungsbogen. Kanon muss im Sinne von Kanon und Fuge verstanden werden: Zu jedem Punkt gibt es einen Kontrapunkt. In Genesis I gipfelt das ganze Schöpfungswerk im Menschen, in der Antwort auf Hiob (Hi 38–41) steht diese Pyramide Kopf: Nicht der Mensch ist die Krone der Schöpfung (Ps 8), sondern Leviathan, vulgo: das Nilkrokodil, ist der »*König*« der Tiere (*Melech*, Hi 39,26), nicht der Mensch ist das primäre Ziel der »Evolution« (*Reschit*), sondern *Behemoth*, ein

Ausbund an Animalität, vulgo: das Nilpferd (Hi 40,19). Hatte der Schöpfer in Genesis I sein ganzes Werk mit »*Alles sehr gut*« *(Kol ... Tow Me'od)* benotet (Gen 1,31), antwortet der schwermütige König im Buch Qohelet: »*Alles nichts!*« (*HaKol Hawel,* Koh 1,2). Mehr noch, die Rabbinen zählten im Eingangsvers von Qohelet: »*Nichtigkeit der Nichtigkeiten! sprach der Prediger, Nichtigkeit der Nichtigkeiten, alles ist nichts*« einschließlich der Plurale, sieben Nichtigkeiten entsprechend den sieben Schöpfungstagen – ein vollendeter Kontrapunkt (*Neged*) aus Sein und Nichts (rQoh 1,2,1 u. Raschi z. St.).

Ganz ebenso wäre nun das Paradies des Hoheliedes ein geglücktes Gegenstück zum gescheiterten Garten Eden und erst recht eine Gegenwelt zur lieblosen *conditio humana* jenseits von Eden (*Kidmat-Eden,* Gen 3,17–19.24; 4,16), zu den Dornen und Disteln des verfluchten Erdbodens (*HaAdama HaArura* 3,17), nicht zu reden vom Mord und Totschlag der Eisenzeit im Land *Nod* (Gen 4,16.22). Man muss sich die Komposition der Schrift wie die Redaktion der mündlichen Lehre vorstellen, die Gegenstimme wird gerade nicht unterdrückt (mEd I,5; Knauf 1998, S. 118–126): zu *Paradise lost* gibt es ein *Paradise regained,* zum *homo laborans* ein *homo amans* usw. Ja, das Hohelied selbst scheint nach diesem dialektischen Prinzip komponiert: Bilder unstillbarer Sehnsucht wechseln mit Bildern trunkener Erfüllung (2,4–6); Bilder unnahbarer Schönheit (5,14.15) mit solchen totaler Verschmelzung (7,10).

2. In den Gärten Salomons

Das Hohelied ist kanonisch gut vernetzt. Zunächst einmal ist es in salomonische Landschaften und Bauten eingebettet. Salomons »*Sänfte*« (*Apiron,* φορείον) aus »*Hölzern des Libanons*« (3,9) passen zu den Berichten des ersten Königsbuches, wonach sich der Herrscher ein Schatzhaus ganz aus Zedern (1 Kön 10,17) errichten ließ, »*Haus des Waldes Libanon*« genannt (*Bet Ja'ar HaLewanon,* 1 Kön 7,1–4), ferner zedergetäfelte Paläste (1 Kön 7,7), darunter den Palast für die Tochter des Pharao (1 Kön 7,8), auf die wiederum der Vergleich HL 1,9 mit der »*Stute an Pharaos Prachtgespann*« passt.[5]

Die in HL 4,9 evozierten wilden Gebirgslandschaften des Libanon und Antilibanon (*Chermon, Amana, Senir,* vgl. Deut 3,9) passen ferner zu den im 1. Buch der Könige Salomos berichteten engen Wirtschafts- und Kulturbeziehungen zum Libanon (1 Kön 5). Womöglich lagen diese Landschaften aber ganz in der Nähe des Palastes, denn schon die alten mesopotamischen Herrscher pflegten ihren Palast- und Jagdgarten, welchen die Perser und Meder *Paridaiza* und das Hohelied *Pardes* nannten, *Tamschil Labanana* oder *Tamischil Hamani,* d.h. nach Art des Libanon- oder Amanusgebirges (Antilibanon) anzulegen; es waren künstliche Paradiese, gleichsam Englische Gärten mit Minigebirgen mitten in der Stadt (Hultgård 2000, S. 13 f.).

Der Reichtum des Hofes an Schmuck und seltenen Gewürzen wird in den Annalen ostentativ ausgebreitet (1 Kön 10,2.10.11.14–25) und klingt in den Beschreibungsliedern des Hohelieds ständig an (1,10–11; 5,14–15). Die weinselige Liebe in der Laube (1,17) passt ferner zur »epikureischen« Lebensweise, die der Monarch sich nach Qohelet 2 gegen die Melancholie verordnet hat (Qoh 2, 1): »*Da dachte ich in meinem Herzen, meinen Leib mit Wein zu laben* […]. *Ich tat große Dinge: ich baute mir Häuser, pflanzte mir Weinberge. Ich machte mir Gärten und Lustgärten (Pardessim) und pflanzte allerlei fruchtbare Bäume (Ez Kol Peri) hinein; ich machte mir Teiche, daraus zu bewässern den Wald der grünenden Bäume.* […]. *Ich beschaffte mir Sänger und Sängerinnen und die Wonne der Menschen, Frauen in Menge*« (Qoh 2,3–6.8; Luther revidiert).

Salomon war ein weltbekannter Liebhaber. Die im Hohelied erwähnten sechzig Königinnen, achtzig Nebenfrauen und unzähligen Jungfrauen (6,8) verblassen vor der Statistik der Königsbücher: Er »*liebte viele ausländische Frauen neben der Tochter Pharaos: solche von Moaw, Edom, Sidon usw.* […] *er hatte siebenhundert fürstliche Frauen und dreihundert Nebenfrauen*« (1 Kön 11,1 u. 3). Das Königsbuch missbilligt den donjuanesquen Lebensstil des Monarchen, denn die Ausländerinnen schleppten ihre Götter ein und brachten schließlich den verführten Verführer zu Fall (1 Kön 11).

In der arkadischen Idylle des Hohelieds ist jedoch für nationalreligiöse Urteilssprüche kein Platz. Vielleicht hat ja jene ägyptische Braut auch schöne Dinge wie die Liebesdichtung nach Jerusalem gebracht, so wie der libanesische Verbündete Chiram die Baukunst (1 Kön 5). Denn in ihrem Land hatte diese Art von Lyrik eine uralte Tradition, die schon ein halbes Jahrtausend vor Salomon belegt ist. Hören wir eine ägyptische Schwester der Schulamit ihren Geliebten ansprechen: *»Ich bin deine Schwester. Ich bin für dich wie der Garten, den ich bepflanzt habe mit Blumen und mit allerlei süßduftenden Kräutern. Schön ist der Kanal in ihm, den deine Hand gegraben hat, bei der Kühlung des Nordwinds«* (zit. nach Volkmann 2000, S. 108). Mit Salomon möchte man ausrufen: *»Es gibt nichts Neues unter der Sonne, ein Ding von dem man spricht, schau das ist neu! – längst war es in den Zeiten, die vor uns gewesen«* (Qoh 1,9–10): die Schwester-Geliebte, die Gartenmetapher, der betörende balsamische Duft, die Hand des Geliebten durch die Öffnung, der Nordwind (*Zafon*).[6] Das Stück liest sich wenigstens in der Übersetzung von Adolf Ermann wie eine Vorlage zu HL 4,12–16 und 5,4.

Allerdings war Salomon nach der Bibel selbst ein weltberühmter Liedschreiber und Spruchdichter. Neben 3000 Gleichnissen (*Maschal*) schreibt ihm 1 Könige 5,12 genau 1005 Lieder zu. *»Er redete über die Bäume, von der Zeder auf dem Libanon bis zum Ysop, der herauswächst aus der Mauer: er redete über das Vieh und über die Vögel, und über das Gewürm und über die Fische«* (Vers 13). Für den Verfasser von *Mischle* (*Sprüche*) liegt in jedem Naturphänomen ein lehrhaftes Gleichnis (*Maschal*), so belehrt etwa die fleißige Ameise (*Nemala*) den Faulenzer (Spr 6,6–11 // 30,24). Warum also sollte er in der natürlichen Liebe nicht auch ein Gleichnis für höhere Dinge erblickt haben? Jedenfalls schildert Salomon in *Mischle* das Verhältnis des Weisheitsjüngers zu Frau Weisheit (*Chochma*) in ähnlichen Bildern und mit ähnlichen Beiwörtern wie das Liebesverhältnis im Hohelied: *»Sprich zur Weisheit, meine Schwester bist Du«* (Spr 7,4).

So wäre also auch noch die allegorische Auslegung des Hohelieds salomonisch gedeckt.

Die verfeinerte höfische Kultur schließt aber den waffenstarrenden Aufzug mitten in der Idylle nicht aus (3,7–10), der Friedensfürst ist auch nach den Königsbüchern hochgerüstet (1 Kön 5,6). Hierher gehören vielleicht die vielen martialischen Bilder der Braut: das Täubchen hat eine Nase wie ein ragender Spähturm, der auf die Feinde herabblickt (7,5), einen Hals wie eine Waffenburg mit tausend Schilden (4,4; 7,5), eine Brust wie Festungstürme (8,10), eine Erscheinung wie eine Kriegsschar (6,4.10), einen Tanzschritt wie Kriegsscharen (7,1). Um diese unbukolische Metaphorik zu deuten, muss man nicht gleich zu kultisch-mythologischen Erklärungen greifen (Ringgren 1962, S. 257, 285; Müller 1976, S. 23–41), wenn auch Vergleiche der vergötterten Geliebten mit Sonne und Mond (6,10) im Alten Testament eigenartig anmuten.

So viel kann man also ohne irgendwelche historische Hypothesen sagen: Das Hohelied Salomos hat innerbiblisch eine dichte salomonische Atmosphäre. Gewiss, die Lage des salomonischen *Pardes* wird nicht so penibel verortet wie die *Edens* in Gen 2,10–14, wo geradezu GPS-Daten angegeben werden. Damit lässt sich Eden präzise lokalisieren, wie neuerdings wieder der Altorientalist Manfred Dietrich aufgrund der Wasser- und Warenströme bewiesen hat. Eden lag ihm zufolge im Mündungsgebiet der beiden Zweistromsysteme Euphrat und Tigris (Mesopotamien) und Karkheh und Karun (Elam), das im Altertum im persischen Golf untergegangen war und heute wieder aufgetaucht ist. Im irakischen Qurna am Zusammenfluss von Euphrat und Tigris steht denn auch unter einem alten Baum am Ortsausgang ein Schild auf Arabisch und Englisch: »*On this holy spot where Tigris meets Euphrates this holy Tree of our father Adam grew symbolising the garden of Eden on earth*« (Dietrich 2001, S. 302–320). Die Gegend mutet heute freilich nicht sehr paradiesisch an, es sei denn, wir betrachten die Wüste als den Garten Allahs. Aber auch das Hohelied gibt mehr Informationen über den Ort des Geschehens preis, als man dem Lied zutrauen würde: Es ist eine »*Stadt*« (Hebr.: *Ir*, 3,2 f.; 5,7) mit »*Straßen*« (*Schuk*

187

3,2), »*Plätzen*« (*Rechow* 3,2) und »*Gärten*«, und sie kann ohne Zweifel als Jerusalem identifiziert werden. Der Hoheliedgarten lag offenbar an der Stadtmauer, wo sich nach der Nachricht aus dem 2. Königsbuch tatsächlich der Hofgarten befunden hat (*Gan HaMelech*, 25,4). Dort gaben sich die Pärchen Rendezvous und trieben, wie wir aus den prophetischen Gerichtsworten über Jerusalem wissen, noch verbotenere Dinge (Jes 65,3; 66,17). Dort in der Nähe der Weinberge lag womöglich auch jene Schenke (*Bet HaJajin*, 2,4), wo sich die turtelnde Jugend herumtrieb (*Benot Jeruschalajim* 1,5; 2,7; 3,5.10; 5,8–9.16; 8,4), dort patrouillierten aber auch die Mauer- und Sittenwächter (2,3; 3,3). Gewiss, die Liebe sucht auch im Hohelied das Weite, Exkursionen in exotische Landschaften außerhalb der sozialen Kontrolle (8,1): Obstgärten und Weinberge (2,13), Felder und Dörfer (7,12), Wüsten (3,6; 8,5) und Wadis (1,14), dabei handelt es sich aber eher um imaginäre und metaphorische Exkursionen. Der *Pardes* kann also im buchstäblichen Sinne (*Pschat*) verstanden, verortet und mit anderen antiken Stadt- und Palastgärten verglichen werden. Wer allerdings das Hohelied nur als Quelle von GPS-Daten betrachtet, verkennt seinen Charakter. Sicher ist es auch noch etwas mehr als das intime Journal eines Verführers, in dem er die schmachtenden Bekenntnisse seiner 1003. Eroberung festhält.

3. Rückkehr nach Eden

Das Hohelied gibt viele Winke, dass es nicht wörtlich verstanden, dass es »*anders gelesen*« (*Allegorie*) werden will. Die jüdische Bibelhermeneutik verlangt dafür gewöhnlich einen Nachweis oder wenigstens einen Hinweis, *Remes* (Wink). Es ist nicht immer leicht, einen Aufhänger für tiefgründige Auslegungen zu finden, und manchmal hängen gewaltige Schlussketten an einem Haar. Nicht so im Hohelied: Es herrscht ein Überfluss an ausdrücklichen Anweisungen, den buchstäblichen Sinn der Wörter im übertragenen Sinne zu verstehen. Es sind die ungewöhnlich zahlreichen Vergleiche, die mit oder ohne Partikel *Ke* oder *Kemo*, mit oder ohne Verb *DMH Le* eingeleitet werden. Das Lied beginnt, wie wir sahen, mit dem Vergleich von Kuss und Wein und endet mit dem öfter wiederholten Imperativ: »*Gleich einem Hirsch auf Würzgebirgen!*« (*Dme-Lecha LiZwi*, 8, 14; 2, 17) Vor allem aber die Zentralmetapher des Liedes, der Garten, wird in der arithmetischen Mitte des Textes (V. 57–59 von 117 Versen) ausdrücklich mit dem Körper der Frau gleichgesetzt:[7] »Ein *wohlverwahrter Garten* / *Bist Du, Schwester Braut!* / *Verschlossener Quell bist Du,* / *Brunnen siegelbewahrt;* / *Dein Gewächs ein Paradies,* / *Mit Granaten, mit köstlicher Frucht,* / *Mit Cypern und Narde.* / *Nardus und Krokus, Kanna und Zinamon,* / *Weihrauchstauden allerlei;* / *Aloe und Myrren* / *Und alle edle Würze.* *Wie Gartenbrunnen,* / *Quell lebendigen Wassers,* / *Die rieseln von Libanon*« (HL 4,12–14 MM).

Wenn aber die Frau – wie übrigens auch der Mann – in den Augen des anderen ein Garten, ein »*Würzbeetlein*« (*Arugat HaBossem*, ♂ 5,13; ♀ 6,2 MM), eine Duftwolke aus »*Würzstaub*« (♂ 3,6) ist, dann können umgekehrt alle im Lied verstreuten Geruchs- und Geschmacksnoten als olfaktorisch-gustatorische Bilder von Mann und Frau gedeutet werden. Dann stellen Gebote wie: »*Gleich einem Hirsch auf Würzgebirgen!*« unmissverständliche Aufforderung und Angebote wie: »*Dudaim* (Liebesäpfel) *duften schon;* / *Und über unserer Tür* / *Edle Früchte allerlei,* / *heurige und fernige,* / *Für dich, mein Lieber! aufbehalten*« (7,14) unwiderstehliche Verlockungen dar. Es ist kein Zufall, dass die Liebeslyrik aller Länder und Zeiten in blumigen, fruchtigen, grünenden, würzigen, holzigen, harzigen, erdigen Gärten voller tierischem Leben spielt: Die knospenden und treibenden Pflanzen, die üppigen Früchte und traubigen Blütenstände dienen als natürliche Zeichen der erotischen Kommunikation. Die duftenden und mundenden, die rieselnden und triefenden, die rauschenden und brunftenden Signale sind lauter eindeutige Vokabeln eines natürlichen *Discours amoureux*. So gesehen kann das ganze Hohelied als ein einziger Coitus-Euphemismus entziffert werden. Ja, man kann im sprunghaften Hin und Her, das eine fantasielose Literakritik dazu bringt, das Kronjuwel des Königsdichters und Dichterkönigs zu zerschlagen, einen *Je-vais-et-je-viens*-Rhythmus ablauschen.[8]

An diese Stelle müssten wir das ganze vortreffliche Kapitel *The Garden of Metaphor* aus Robert Alters *The Art of Biblical Poetry* (1985) setzen. Wir beschränken uns auf einen Auszug zu den Versen 2,16–17: »*Mein Freund ist mein; / Und ich bin sein, / Der unter Rosen weidet. // Bis der Tag sich kühlt / Bis die Schatten weichen, / Kehr um o Lieber! Gleich dem munteren Rehe, / Gleich dem jungen Hirschchen, / Über Scheideberge!*« Dazu Alter: »*The verb ›browses‹, ro'eh, which when applied to humans means ›to herd‹ and would not make sense in that meaning here, requires a figurative reading from the beginning. The only landscape, then, in this brief poem is metaphorical: the woman is inviting her lover to a night of pleasure, urging him to hasten to enjoy to the utmost before day breaks. The lilies and the ›cleft mountains‹ – others, comparing the line to 8:14, render this ›mountains of spice‹, which amounts to the same erotic place – are on the landscape of her body, where he can gambol through the night*« (Alter 1985, S. 195). Alter bemerkt treffend, dass hier das lyrische Gleichnis in die Handlung eingreift und zu einem erotischen Gebot wird: »*the woman tells her man that the way he can most fully play the part of the lover is to be like a stag, to act out the poetic simile, feeding on these lilies and cavorting upon this mount of intimate delight.*« In schriller Dissonanz zum moralischtheologischen Imperativ: »Werde gottgleich!« (nach Gen 1,26–27) steht hier der isorheme erotische Imperativ (*D'mut*): »Werde hirschbockgleich! Genieße dein animalisches Glück!«

Die erotische Auslegung des Hohelieds ist selbst schon ein Klassiker. Herder brach ihr in den besagten *Lieder der Liebe* (Ms 1772; EA 1778) noch anonym die Bahn, Goethe (Ms ca. 1775; 1987, S. 449–455) und Mendelssohn folgten ihm (JubA 10,1, S. 239–259). Herders Übersetzung der zentralen Gleichung des Hohelieds erinnert allerdings noch an das Mittelalter: »*Ein heiliger Garte bist du, meine Schwester Braut, / Ein heiliger Quell, ein versiegelter Brunn*« (Herder 1990, S. 454, Zeile 21 f.). Auch wenn er in seinem Kommentar keinen Zweifel am erotischen Trieb hinter der wu-

chernden Bildersprache hegt (ebd., S. 34), so klingt der Ausdruck
»*heiliger Garte*« doch noch nach dem *hortus conclusus* der Jungfrau
Maria, nach der Madonna im Rosenhag (Hennebo 1987, S. 56 ff.;
Haudebourg, S. 90ff). Goethe übersetzt neutraler; »*ein verschlossener* –«, Mendelssohn: »*ein wohlverwahrter* –«, Buber gar »*ein verrie-
gelter Garten*«, ohne dabei an einen Keuschheitsgürtel zu denken.

Die jüdische Tradition hat allerdings auch ohne Parthenogenese
und Zölibat im verschlossenen Garten ein Bild der Keuschheit
(*Znijut*) gesehen. In der aramäischen Übersetzung des Jonathan
ben Usiel wird Vers 12 denn auch so paraphrasiert: »*Deine Frauen,
die an Männer verheiratet sind, sind keusch wie eine keusche
Braut (Zenijan KeNinfe –* νύμφη *– Zenija) und wie der Garten
Eden, den niemand betreten darf* [...] *und deine Jungfrauen werden
in Zimmern bewahrt und geborgen und sind dort versiegelt wie die
Quelle lebendigen Wassers* [...]« (Riedel 1898, S. 25). Und noch in
der modernen amerikanischen Übertragung der *ArtScroll Sid-
dur* steht: »*As chaste as a garden locked* [...]« (vgl. Scherman 2002,
S. 302). Auch in dieser Deutung ist die Gartenmetapher zentral,
allerdings liegt die Betonung weniger auf »*Garten*« als auf »*ver-
schlossen*«, wie im eindeutig so gemeinten Wort der Braut: »*Ich bin
eine Mauer*« (*Ani Choma*, 8,10). Es ist unstrittig, dass die Absiche-
rung dieses keuschen Gegensinns ein wesentlicher Antrieb für die
Verrätselung des Hohelieds war und ist. Allerdings war das Hohelied für den Midrasch weder ein verschlüsselter Liebesroman noch
eine Broschüre über Familienreinheit (*Taharat HaMischpacha*), wie
etwa der eigenwillige neoorthodoxe Kommentar von R. Breuer
meinte (1912, S. IV–XXII).

4. Garten in der Wüste

Der lehrhafte Sinn (*Midrasch*) deutet sich im Text selber an, nämlich da, wo er von der Liebe (*Ahawa*) als solcher spricht (HL 2,4;
2,7; 3,5; 5,9; 8,4.6–7), so in der dreimal wiederholten Beschwö-
rung der Töchter Jerusalems: »*Was weckt ihr sie? / Was regt ihr auf,*

die Liebe, / Bevor es ihr gefällt?« (8,4) Unabhängig davon, was dieser eigenartige Schwur »*bei den Rehen und den Hinden der Flur*« bedeutet (2,7; 3,5; 8,4), etwa in der Liebe nichts zu überstürzen oder das Schäferstündchen nicht zu stören, er besagt auf jeden Fall, dass die Liebe ihrem eigenen Gesetz folgt, sie tut, was sie will (*Chafaz*). An der *Cour d'amour* der Schulamit ist das Gesetz der Liebe das Höchste: »*Stark ist die Liebe, wie der Tod; / Ihr Eifer wie die Hölle fest; / Ihre Glut der Blitze Glut, / Flamme des Herrn. / Starke Fluten / Löschen nicht die Liebe, / Ströme führen sie nicht fort; / Und gebe einer / Alles Gute in seinem Hause / Um die Liebe, / Sie verschmähen, verachten ihn*« (HL 8,6–7). Dagegen sind die Vormünder (8,8–10) und sogar der Herrscher machtlos (8,11–12).

Gespannt lauschen die *Auditeurs de la cour amoureuse* der Lehre der »*Bewohnerin des Gartens*« (*HaJoschewet BaGanim*, 8,13). Konnte das Lied bisher als intimes Tagebuch König Salomons gelesen, gar als erotischer Roman entschlüsselt werden, so bietet es sich nun als *Tractatus de amore* an. Hier kann ohne Vergewaltigung des Textes der *Drasch* (Hebr.: Auslegung) ansetzen, der aus einer Liebesbeziehung (*Prat*) Lehren über die Liebe zieht (*Klal*) und auf ganz andere Liebesbeziehungen überträgt. Der Midrasch beschränkt sich freilich nicht nur auf die Stellen des Liedes, in denen der Begriff Liebe explizit fällt; im Licht dieser Stellen bekommt vielmehr das Lied insgesamt einen typischen, exemplarischen Sinn. Das Hohelied bleibt zwar ein Lied und wird jedenfalls im klassischen Midrasch nicht zu einer philosophischen oder mystischen Abhandlung, aber es wird nun als paradigmatische Liebesgeschichte aufgefasst und ausgelegt. Was aber charakterisiert diese Liebesgeschichte? Es ist bis heute noch keinem Ausleger gelungen, die Handlung des Hoheliedes befriedigend zu rekonstruieren, obwohl es in den letzten 250 Jahren nicht an findigen Versuchen gefehlt hat. Gegen eine stringente *intrigue d'amour*, etwa ein Eifersuchtsdrama zwischen einem Hirt, Hirtin und Fürsten (Michaelis 1758, Jacobi 1771, Renan 1879, Hazan 1936), spricht, dass das Liebeslied nicht viel erzählt. Die acht Kapitel des Buches singen vielmehr acht Mal hintereinander nahezu das gleiche Lied:

I. »*O sage mir: / Wo weidest du?*« (1,7)

II. »*Ah sieh er kommt!*« (*Hine-Se Ba*, 2,8)

III. »*Ich suchte und fand ihn nicht*« (3,1).

IV. »*So komme denn mein Freund*« (4,16).

V. »*Stimme meines Lieben*« (*Kol Dodi*, 5,2).

VI. »*Wo ging er hin, dein Lieber?* (6,1)

VII. »*Komm mein Lieber*« (*Lecha Dodi* 7,12).

VIII. »*Flieh mein Geliebter!*« (*Berach Dodi* 8,14)[9]

Der *Dodi*, der »Den-meine-Seele-liebt« (*ScheAhawa Nafschi*), kommt ebenso plötzlich (3,6; 8,5), wie er wieder verschwindet (*Chamak Awar*, 5, 6): die Imperative »*Lecha Dodi!*« und »*Berach Dodi!*« wechseln einander ab. Auch wenn sich die leidenschaftlichen Anrufe der Liebenden wie in einem Duett entsprechen, man kann sich nie sicher sein, dass sie sich wirklich treffen, das Ende vom Lied, die Endstation ist: Sehnsucht, das Wesen der Liebe »*Liebeskrankheit*« (*Cholat-Ahawa*, 2,5; 5,8), mit all den dazugehörigen Symptomen. Die meisten der angeführten Titel sind übrigens zu echten Synagogenhits geworden: *Jedid Nefesch* (1,4), *Kol Dodi* (2,8), *Anim Semirot* (5,11 ff.), *Lecha Dodi* (7,12), *Berach Dodi* (8,14), wohl weil in jedem Liebeslied ein Gebet wie in jedem Gebet ein Liebeslied steckt.

Gehen wir also vom ersten Sehnsuchtslied aus, das beinahe unvermittelt auf den bacchantischen Taumel in der Ouvertüre folgt: »*O sage mir, / Den meine Seele liebt: / Wo* (*Ejcha*) *weidest du? / Wo* (*Ejcha*) *ruhst Du am Mittag? / Was soll ich schmachten hin und her*« (*ScheLama Ehjeh KeOtjah*, 1,7). Anspielungsreich wird hier der verheißungsvolle Name *Schlomoh* (שְׁלֹמה), der im Eingangsvers (»*LeReach Schemanecha Towim Schemen Turak Schemecha*«, 1,3) lautmalerisch duftet und tropft (Mendelssohn verdeutscht mit dem Salomo im Kopf: »*Wie lieblich duften deine Salben! Dein Name, wie Balsam ausgeschüttet*«, 1,3)[10], in eine vorwurfsvolle Frage *ScheLamah* (שַׁלָּמָה), »*denn warum?*«, verkehrt. Vor allem aber klingt im zweimal wiederholten Fragewort *Ejcha* das Leitmotiv des Klageliedes an: *Ejcha*, »*Wie?*«, »*Wie ist es möglich?*«, »*Wie* (*Ejcha*) *sitzt einsam die Stadt* […]« (KL 1,1) (Carlebach, S. 52).

Mit der Stadtuntergangsklage im Ohr wird in der Sehnsucht der Braut nach dem Bräutigam die Sehnsucht des Volkes im Exil (*Galut*) nach messianischer Erlösung (*Ge'ula*) hörbar, das Echo *Eijcha* wird zum hermeneutischen Schlüssel! Die aramäische Übersetzung der Frage der Braut nach dem Weg zum Bräutigam (1,7) wird entsprechend als Frage des Volkes nach einem Ausweg aus der Diaspora gelesen: »*Nun aber zeige mir, wie sie Nahrung und Wohnung finden werden unter den Völkern, deren Beschlüsse peinlich sind wie die Hitze und wie die Strahlen der Mittagssonne um die Sommersonnenwende, und bis wann sie zwischen den Herden der Söhne Esaus und Ismaels hin und her geworfen werden, die ihre Götzen zu Genossen zugesellen.*« Das Liebeslied wird zum Klagelied. Dafür ist die Einleitung zum klassischen Hohelied-Kommentar Raschis (1044–1105) ein typisches, programmatisches Zeugnis: »*König Salomon sah durch den heiligen Geist, dass es das zukünftige Schicksal Israels sein wird, von Exil zu Exil, von einer Katastrophe zur nächsten zu ziehen und in diesem Exil über die verlorene Herrlichkeit klagen und der ersten Liebe eingedenk sein werde, mit der Gott es aus allen Völkern sich erkoren hatte. Israel wird sprechen: ›Ich möchte hingehen und zu meinem ersten Mann (Gott) zurückkehren, denn es war mir damals besser als jetzt‹ (Hosea 2,9). Die Kinder Israel werden an Gottes Liebeserweise sich erinnern und an ihre eigene Untreue, die sie gegen ihn verübten, aber auch an die für das Ende der Zeiten ihnen von Gott verheißenen Wohltaten. Um dieses darzustellen, verfasste Salomo, vom heiligen Geist erfüllt, dieses Buch, als spräche in diesem eine Frau, die zu Lebzeiten ihres Mannes die Qual der Witwenschaft trägt, die sich nun nach ihrem Gatten sehnt, ihre Zugehörigkeit zum Freund bekennt, ihre Jugendliebe zu ihm erwähnt und ihre Untreue eingesteht*« (Schlomo Jizchaki [Raschi] 1892, S. 282). Die Liebesbeziehung bleibt gleich, nur die Bezugspersonen ändern sich: Anstelle des Gatten tritt Gott, anstelle der Gattin die Gemeinschaft Israel (*Kenesset Israel*) und anstelle des Bräutigamjubels das Moll der Elegie. Die Kollektivierung der Braut läuft allerdings auf eine Nationalisierung des Hohelieds hinaus, das sonst von nationalreligiösen Tendenzen frei ist.

Die rabbinische Deutung oder Umdeutung des Hohelieds gilt in der modernen Exegese als völlig indiskutabel, sie wird als Mystifikation des profanen Sinns durch sakrosankte Sublimierung denunziert (Schreiner 1981, S. 86). Das ist Unsinn, denn Allegorie heißt hier nie platonische Aufhebung des peinlich Sinnlichen ins Übersinnliche; die Erfassung der unfassbaren metaphysischen Beziehung schreckt gerade nicht vor den üppigsten physischen und erotischen Bildern zurück (Rühle 2004, S. 198). Was aber spräche dagegen, das Hohelied als Inbegriff einer Liebesgeschichte auf die leidenschaftlichste Liebesgeschichte der Bibel anzuwenden? Die Bibel selber macht es uns vor. Die Propheten greifen stets auf diese Metaphorik zurück, wenn sie die emotionale Bindung zwischen Gott und seinem Volk drastisch veranschaulichen wollen. Jesaja hat das Gleichnis prägnant zum Ausdruck gebracht: »*wie der Bräutigam sich freut mit seiner Braut, freut deiner sich dein Gott*« (*Messos Chatan Al Kala Jassis Alajich Elohajich*, Jes 62,5). Dieses Gleichnis steht aber auch hinter der Rede vom »*eifersüchtigen Gott*« (*El Qana*, Ex 20,5; 34,14; 5,9) und den furchtbaren Zornausbrüchen des betrogenen Gatten. Bis ins Einzelne hat der Prophet Hosea das Gleichnis durchgeführt und scheinbar auch persönlich durchlitten. Der Ehekrach zwischen Gott und Volk gipfelt allerdings in der Aussicht eines neuen Honeymoons: »*Darum siehe, ich will sie* (Frau Israel) *locken und sie führen in die Wüste, und ihr zu Herzen reden. / Und ich mache ihr Weinberge daraus, und das Tal der Trübsal zum Eingang der Hoffnung, und sie singt dort, wie in den Tagen der Jugend, und wie an Tagen ihres Auszugs aus Ägypten. / [...] Du wirst mich nennen mein Gemahl* (*Ischi*), *und wirst mich nicht mehr nennen: Mein Herr* (*Ba'ali*)*«* (Hosea 2,16–18).

Auch die späteren Propheten griffen auf dieses Gleichnis immer wieder zurück (Jes 1,21; Jer 2,2; Ez 16,4–63 u. 23,3–49; Jes 50,1; 54,6–7, 62,4–5). In Ezechiels nostalgischer Erinnerung an die Verlobung des ungleichen Paares klingen bis in die Wort- und Bildwahl hinein die Beschreibungslieder des Hohelieds an: »*Die Brüste waren gerundet und dein Haar war lang gewachsen, aber du warst nackt und bloß. / Und ich ging an dir vorüber, und sah dich, und siehe*

deine Zeit war die Zeit der Liebe (Et Dodim, HL), und ich bereitete
meines Gewandes Zipfel über dich und bedeckte die Blöße [...]. / Und
ich badete dich im Wasser [...] und salbte dich in Öl. Und ich kleidete
dich in Buntgewirktes, und zog dir Schuhe an von Seekuhleder, und
setzte dir einen Bund auf von Byssus, und bedeckte dich mit Seide. /
Und ich schmückte dich mit Schmuck und legte Bänder um deine
Arme, und ein Halsband um deinen Hals. / Und ich legte einen Ring
an deine Nase, und Reifen an deine Ohren, und eine prangende Krone
auf dein Haupt. / So warst du nun geschmückt mit Gold und Silber,
und dein Gewand war Byssus und Seide und Buntgewirktes; Kern-
mehl und Honig und Öl aßest du, und warst gar sehr schön« (Ez
16,7–13, dt. Heymann Arnheim, Zunz-Bibel). Hieran könnte man
bruchlos die Verse aus dem Hohelied anschließen: »*Anmutig sind*
deine Wangen in Perlenreihen, dein Hals in Schnüren. / Goldene Ket-
ten wollen wir dir machen mit silbernen Pünktchen« (HL 1,10–11,
dt. Michael Sachs, Zunz-Bibel).

Das Wort »Dod« (*Liebe, Geliebter, Liebhaber*), das im Hohelied
nicht weniger als vierzigmal vorkommt, ist eine zuverlässige Erken-
nungsmarke. Die rabbinische Allegorie folgt also der prophetischen
Metaphorik und verbleibt somit im Rahmen des biblisch Mögli-
chen, wenn sie das Hohelied konsequent als Allegorie auf den Exodus auslegt. So vergleicht etwa der Midrasch Rabba zum Hohelied
die Gewächse des Gartens mit der Mitgift Israels und der Morgen-
gabe Gottes auf der Hochzeitsreise durch die Wüste. »*Dein Ge-*
wächs ein Paradies, / Mit Granaten, mit köstlicher Frucht: Die Gemeinde Israel brachte Gott 13 verschiedene Gaben (nach Exodus
25,3 ff.), *die er mit gleicher Zahl erwiderte*« (nach Ezechiel 16,10–13,
HldR 4, 13, 2).[11] Garten und Wüste sind nur scheinbar Gegen-
sätze. Der Vergleich bezieht sich auf das Zeltheiligtum (Ex 25–40),
der abgeschlossene Umhof erinnert in der Tat an die Tempel- und
Palastparadiese (Hultgård 2000), die beim Propheten Ezechiel
auch öfter mit dem Garten Eden verglichen werden (Ez 28,11–15;
47,1–11; Levenson, 1976, S. 25–34).

Schließlich stützt ein ganz unverdächtiges, weil antirabbinisches,
karäisches Argument die Hohelied-Allegorie: der arabische Hohe-

lied-Kommentar von Jefet ben Ali aus Basra (920 n. d. Z.– ca. 991 n. d. Z.), den der Vater von C. G. Jung, Johann Paul Achilles Jung, in seiner Göttinger Inaugural-Dissertation ediert und teilweise übersetzt hat (HL I,–6). Auch der Karäer Jefet kollektiviert die Braut, divinisiert den Bräutigam und nationalisiert das Lied. Aber er hat dafür ganz andere exegetische Argumente als die Rabbinen. Zum zweiten Vers des Liedes »*Er küsse mich / mit Küssen seines Mundes*« stellt er fest: »*Wisse, daß dieses Lied vierfältig ist. Zuerst ist es das Wort der Gemeinde der Verständigen* (Adat Maskilim) [...]. *Zweitens ist es ein Wort, welches die Töchter Jerusalems (Benot Jeruschalajim) sagen. Drittens ist es das Wort der Gemeinde, eines zum anderen [...]. Viertens ist es die Antwort des Schöpfers [...]*« (Jefet, zitiert bei Jung 1862, S. 30). Der vierfache Schriftsinn bezieht sich bei Jefet nicht auf vier im Text angedeutete Bedeutungsebenen, sondern auf vier im Text eingenommene Perspektiven. Das Hohelied ist ja, wenigstens nach der traditionellen Autorisierung, ein Text von vertrackter Polyphonie. Der Autor (Salomon) spräche von sich in der dritten, gelegentlich in der zweiten Person, während er das Objekt seiner Begierde in der ersten Person sprechen ließe. Hinzu kommt, dass mit dem Chor der Töchter Jerusalems im Lied tatsächlich ein Kollektiv auftritt. Den Kommentar Jefets können wir hier nicht ausführlicher würdigen (Jefet 2010), zumal er das Lied nach Kräften vermännlicht und entsinnlicht. Jenen Kusswunsch legt er etwa in den Mund der »Verständigen« (Maskilim) der Gemeinde, die von Gott die Verwirklichung ihres sechsstufigen Erlösungsplans verlangen (Jung 1862, S. 31). Sein hermeneutischer Ansatz legt aber einen Gedanken nahe, den wir sonst nirgendwo gefunden haben. Das Hohelied ist in der Tat »*das Wort der Gemeinde*«, wenigstens der jüdischen Gemeinde, die es am Schabbat des Exodus-Festes aus einer besonderen Buchrolle verliest (*Megillat SchirHaSchirim*). Dabei identifiziert sich der Hörer spontan mit dem lyrischen Ich – hier also mit dem Braut-Ich –, es ist wie in jedem Liebeslied eo ipso kollektiv und der Leser ist von Natur aus Allegoriker.

5. Das himmlische Paradies

Zum Schluss noch ein kurzer Ausblick auf die esoterischen Deutungen des Hohelieds. Sie laufen in der jüdischen Hermeneutik unter dem Begriff *Sod, Geheimnis*. Es können mit Eliot R. Wolfson zwei Richtungen unterschieden werden: die ekstatische Richtung in der jüdischen Philosophie und der prophetischen Kabbala auf der einen Seite und die hypostatische Richtung in der theosophisch-theurgischen Kabbala auf der anderen Seite (Wolfson 2003, S. 111 FN; Idel 2005, S. 344–359). Beiden Richtungen geht es um die *unio mystica* (*D'wequt*): das eine Mal als Konjunktion der weiblichen Körperseele mit dem männlichen Weltgeist (Moses ibn Tibbon 2004, S. 201), das andere Mal als Union der Hypostasen der weiblichen Immanenz (*Schechina*) und männlichen Transzendenz (*Qadosch*). Beide Richtungen berufen sich auf den Namen *Schlomo*, den sie im Sinne einer ekstatischen Konfession als intellektuelle Vervollkommnung (= *Schlemut*) im Sinne einer brautmystischen Spekulation über den innergöttlichen *hieros gamos* (*Ziwwuga Qaddischa*) als inneren Gottesfrieden (= *Schalom*, nach bShebu 35b) deuten.

Die philosophischen Ekstatiker erkennen in der Suche der Braut den harten Weg zu den Sternen wieder. Gersonides deutet den Vers »*O sage mir, / Den meine Seele liebt: / Wo weidest du? / Wo ruhst Du am Mittag? / Was soll ich schmachten hin und her*« (1,7) in der Übersetzung Menachem Kellners so: »*This is the speech of the material intellect to the active intellect, which perfects it and actualizes it. [...] It said this by way of protest, because* [of] *impediments [...], which prevent it from attaining perfection*« (Kellner 1998, S. 28–29). Das Ziel dieses mühevollen Aufstiegs zur Unsterblichkeit wird nach Maimonides im Hohelied durch den Mundkuss symbolisiert, den er mit dem sogenannten Kusstod (*Mitat Neschika*) identifiziert (Moses Maimonides, More Newuchim III, 51, [Rambam] 1972, Bd. 2, 2, S. 355), bei welchem der durch göttliche Inspiration begeisterte Mensch (Gen 2,7; Qoh 12,7) durch göttliche Aspiration wieder im göttlichen Geist aufgeht (nach Num 33,38 und Deut

34,5) und der traditionell als gelindeste der 903 Exitusarten gilt (nach Ps 68,21). Die prophetische Kabbala beschränkt die Ekstase nicht auf den Exitus und sucht ihn etwa durch geeignete Atemtechniken jederzeit zu erreichen, wofür wiederum der Mundkuss bzw. die Mund-zu-Mund-Beatmung treffende Bilder abgeben: *Adbekuta DeRucha Berucha, Verbunden von Geisthauch zu Geisthauch*, wie das *Buch Sohar* sagt (Mischpatim in fine, II,124).

Aber das höhere Geheimnis (*Rasa*) hinter dieser Konjunktion der Körperseele mit dem aktiven Intellekt (νοῦς ποιητκός, אלעקל אלפעל) ist nach der theosophisch-theurgischen Kabbala die Kopulation der höheren Sphären. »*R. Schimon sagte*«, heißt es im *Sohar*, »*Wann immer die Gemeinschaft Israels mit dem Heiligen, gesegnet sei er, zusammen ist, so ist der Heilige, gepriesen sei er, in der Vollkommenheit und in der Freude, Segen ist über ihm und geht von ihm zu allen anderen aus*« (*Kol Simna DiChnesset Jisrael Ischtekachat BeQudscha Berich Hu, Qudscha Berich Hu BiSchlimu BeChedwa*, III,17a–b).

Das Exil der Gemeinschaft Israels (*Galut HaSchechina*) unterbricht diesen höheren Segensstrom. So liest der *Sohar* die Frage der Braut in Hohelied 1,7 als Ausdruck der Sorge um den Bräutigam: »*In der Stunde als die Knesset Israel ins Exil auszog, sprach sie zu ihm* (dem H. g. s. E.): ›*O sage mir, / Den meine Seele liebt: / Wo weidest du?*‹ [...], *d. h. woher beziehst Du die Nährstoffe, die Dir sonst aus der Tiefe des ununterbrochenen Stroms aus Eden kommen*«, ein Strom, der anderswo im *Sohar* mit den 13 Balsamflüssen des Paradieses (*Tlessar Nahare DeAfarsemona*, III,267b) entsprechend den 13 Spezereien und Leckereien des Hoheliedgartens beschrieben wird (II,132a). Die Gemeinschaft Israels sucht die Unterbrechung dieses Einflusses durch Akte der Einigung (*Jichuda*) wiederherzustellen, namentlich durch den Liebesakt. Ein Kabbalist des ausgehenden 15. Jahrhunderts, R. Jehuda Chajjat, hat diese theurgische Beeinflussung der innergöttlichen Liebesbeziehungen in die Formel gegossen: »*Vom unteren Koitus hängt der obere Koitus ab*« (Scholem 1973, S. 178 f.; Mopsik 1986, S. 84, FN 182; ders. 1993, S. 341–352).

Während es also die Ekstatiker auf das persönliche Seelenheil absehen und anstelle des kollektiven Exodus den individuellen Exitus setzen, symbolisiert der Hypostatiker die Überwindung des kollektiven Exils im Koitus. Logisch gesehen vollziehen die beiden Richtungen der Hoheliedauslegung nur eine weitere Übertragung der paradigmatischen Liebesbeziehung auf andere Paare: in der ekstatischen Richtung auf das Paar Anima und Intellectus, in der hypostatischen Richtung auf das Paar Immanenz (*Schechina*) und Transzendenz. Metaphorisch ist für beide Richtungen die *conditio judaica* ein Abbild der *conditio humana* und der *conditio divina*, d. h. der Gefangenschaft der Seele im Körper und Gottes in der Welt; beide sehen im Hohelied eine Odyssee aus dem Exil ins Domizil. So kann man schließlich sagen, dass der Liebeskern bei diesen isomorphen Transformationen immer gleich bleibt.

Ob es dafür noch Anhaltspunkte in der Bibel gibt? Auf die sapientiale Personifizierung der Weisheit als Partnerin des Weisheitsjüngers wurde oben schon hingewiesen. Hier muss auch noch auf die Hypostasierung der Weisheit als Gespielin Gottes in den Sprüchen Salomons hingewiesen werden (Spr 8,30), auf die die Hypostasenspekulation aufbauen kann. Übrigens hat auch die moderne mythologisch-kultische Auslegung das Hohelied als Götterhochzeit gelesen. So findet man für alle Auslegungsebenen und -traditionen Ansatzpunkte im Text selbst. Das Hohelied erweist sich somit als PaRDeS im hermeneutischen Sinn des Wortes:[12]

PaRDeS	Quadruplex sensus (vierfacher Schriftsinn)[13]	Hohelied (Gattung)	Exempel »Pardes« (Garten)	Handlung
פָּשַׁט (*Pschat*) = Wortwurzel (√) ausziehen	Litteralis	Tagebuch	Hofgarten	Exkursion
רָמַז (*Remes*) =√ andeuten	Allegoria	Liebesroman	Eden	Niederer Koitus
דָּרַשׁ (*Drasch*) =√ auslegen, predigen	Moralis	Tractatus De amore	Stiftszelt	Exodus

PaRDeS	Quadruplex sensus (vierfacher Schriftsinn)[13]	Hohelied (Gattung)	Exempel »Pardes« (Garten)	Handlung
סוד (Sod) =√ geheim halten	Anagogia	Ekstatische Konfession, Brautmystische Spekulation	Himmlisches Paradies	Exitus, Höherer Koitus

Der Text ist der Garten! »*Zum Nussgarten stieg ich hinab*« (*El Ginat Egos Jaradti*, 7,1) heißt nach der Kabbala auch, in die Tiefe des Textes einzudringen und die exegetischen Nüsse zu knacken.[14]

Anmerkungen

1   HL 2,4 (EÜ). Wir übersetzen das HL gewöhnlich nach Moses Mendelssohn (Sigel: MM), Michael Brocke, Daniel Krochmalnik (Hg.): Gesammelte Schriften, Jubiläumsausgabe (Sigel: JubA), Bd. 10,1, S. 239–258. Gelegentlich führen wir auch die Verdeutschung von Martin Buber an: Die Schrift, Bd. 4. Die Schriftwerke, 5. verbesserte Aufl. 1962. Schneider, Heidelberg 1980, S. 345–357 (Sigel: B-R) und vereinzelt die revidierte Luther-Übersetzung (L rev). Wenn die Stelle ohne Sigel angegeben wird, dann handelt es sich um ein Hoheliedzitat (Sigel: HL).
Bei der Zitierung der biblischen Bücher und der rabbinischen Literatur folgen wir dem Abkürzungsverzeichnis des Lexikons für Theologie und Kirche (Herder-Verlag), das in der Hauptsache dem in der deutschsprachigen Judaistik üblichen Abkürzungsverzeichnis der Frankfurter Judaistischen Beiträge, Heft 1, entspricht.
2   J. Cheryl Exum zitiert weitere ähnliche Kommentare, aber sie ist anderer Meinung, in: Brenner/Fontaine 2000, S. 25 ff.
3   Die beiden Stellen sind schwer zu deuten, ihr emanzipatorisches Potential betonen z. B. Herder 1990, S. 479–481; Hazan 1936, S. 223; Bühlmann 1997, S. 90–92.
4   Müller spricht angesichts derartiger Beschreibungslieder von einer »theomorphen Steigerung des Menschen« und identifiziert sie als mythologische Reminiszenzen (Müller 1991, S. 153). Seine Analysen zeigen immerhin, dass die Überhöhung der Figuren in der mystischen Deutung in den Beschreibungsliedern selber angelegt ist.
5   Die rossige Stute im Gespann wurde auch als Kriegslist eingesetzt, um die Hengste in der Schlachtordnung der Gegner in Aufregung zu versetzen, es handelt sich also um ein Bild der Paarungsbereitschaft.
6   Natürlich könnte man leicht noch weitere komparatistische Untersuchungen

anstellen. J. Schreiner, der das Hohelied als Kranz aus 27 eigenständigen Liedern unterschiedlicher Gattungen betrachtet, unterscheidet mit Friedrich Horst (1961) neun Formen des althebräischen Liebesliedes: Sehnsuchtslieder, Beschreibungslieder, Bewunderungslieder, Prahllieder, Selbstschilderung, Erlebnisschilderungen, Traumschilderungen usw. – und er findet für jedes Formbeispiel eine Parallele in den Tausendundein Nächten (1981, S. 76–80). Auch hier hatte Herder der modernen Exegese die Bahn gebrochen: »Lied der Lieder« hieß für ihn: »Perlen an einer Schnur« (Weidner 2011, S. 276).

7   Die Frau wird freilich auch mit Städten (HL 6, 4) – Jerusalem und die alte Residenzstadt Tirzah in den Bergen Ephraim – verglichen (1 Kön 14,17; 15,21).

8   Auch die Idee der Abfärbung des Inhalts auf die Form und den Rhythmus stammt von Herder. Er rechtfertigt die Ultrakurzverse seiner eigenen Übersetzung des Hohelieds, die auch Mendelssohn übernahm, damit, dass sich die Liebe stets kurz fasse: »*Ists Seufzer der Liebe, so ist es nur Hauch, nur Seufzer*«, Herder 1990, S. 484, Zeile 29. Wie sehr Mendelssohn Herders »*unschätzbare[s] Büchlein*« schätzte, hat er dem Verfasser in seinem Brief vom 20. Juni 1780, Br. Nr. 521, JubA 12, 2, S. 194 (s. Anm. 1), gestanden.

9   Ähnlich R. Alter 1985, S. 188.

10   Im Gegensatz der Lautmalerei des Qohelet 7,1: *Tow Schem MiSchemen Tow, Besser guter Name als köstlich Öl*, ist hier der Name das köstliche Öl.

11   Es ergeben sich folgende Entsprechungen:

Hohelied 4,12–5,2	Exodus 25,3–7	Ezechiel 16,10–13
1. Granatäpfel	Gold	Gold
2. Cypernblüte	Silber	Silber
3. Narde	Kupfer	Schmuck
4. Krokus	Blauer Purpur	Buntgewirktes
5. Kanna	Roter Purpur	Halsband
6. Kinamon	Karmesin	Armband
7. Weihrauchstauden	Byssus	Byssus
8. Aloe	Ziegenhaare	Seide
9. Myrrhe	Rote Widderfelle	Gewand
10. Allerlei Würze	Tachaschfell	Tachaschfell
11. Honig	Akazienholz	Krone
12. Wein	Onyxsteine	Nasenring
13. Milch	Gefasste Steine	Ohrreifen

12   Vgl. meinen Aufsatz: PaRDeS: Die Lehre vom vierfachen Schriftsinn im Judentum und Christentum. In: Gerber/Hoberg (2010), S. 61–82.

13   Collationes Patrum (Mönchsgespräche), XIV 8, zit. bei Dobschütz (1921), S. 3 u. Anm. 1 (hier weitere Belegstellen für das Paradigma).

14   Vgl. Krochmalnik (2006), S. 7–26.

Bibliografie

Übersetzungen

Goethe, Johann Wolfgang (1987): Das Hohelied Salomons (1775). In: Sämtliche Werke nach Epochen seines Schaffens, Bd. 1.2: Der junge Goethe 1757–1775. Hg. von Karl Richter. Hanser, München.

Herder, Johann Gottfried (1990): Salomons Hohes Lied (Ms 1772, EA 1778). In: Ulrich Gaier (Hg.): Volkslieder, Übertragungen, Dichtungen, Werke in zehn Bänden, Bd. 3. Deutscher Klassiker Verlag, Frankfurt am Main, S. 434–520; 1198–1263.

Herder, Johann Gottfried (2007): Lieder der Liebe. Die ältesten und schönsten aus dem Morgenlande. Nebst vier und vierzig alten Minneliedern. Mit einem Nachwort von Kurt Flasch. Süddeutsche Zeitung, München.

Mendelssohn, Moses (1985): Lied der Lieder Schelomos (posthum 1788). Werner Weinberg (Hg.): Schriften zum Judentum IV. Michael Brocke / Daniel Krochmalnik (Hg.): Gesammelte Schriften Jubiläumsausgabe (Abk.: JubA), Bd. 10,1. Frommann-Holzboog, Stuttgart-Bad Cannstatt, S. 239–252.

Riedel, Wilhelm (Targum) (1898): Die Auslegung des Hohenliedes in der jüdischen Gemeinde und der griechischen Kirche. Naumburg Verlag, Leipzig (mit einer vollständigen Übersetzung des Targum Pseudojonathan ben Usiel).

Scherman, R. Nosson (2002): Shir haSchirim. Song of Songs / An Allegorical Translation based upon Rashi with a Commentary anthologized from Talmudic. Midrashic and Rabbinic Sources by R. M. Zlotowitz. (ArtScroll Tanach Series). 14. Aufl. Mesorah Publications, New York.

Zunz, Leopold (1997): Die vierundzwanzig Bücher der Heiligen Schrift nach dem masoretischen Text; Die Heilige Schrift Hebräisch–Deutsch. Doronia, Stuttgart.

Kommentare

Abraham Ibn Esra (1874): Commentary on the Canticles (after the First Recension). Ed. and transl. by H. J. Mathews. Trübner, London.

Aggadath Shir HaShirim (1894; 1895; 1869). Ed. by S. Schechter. In: The Jewish Quarterly Review (JQR), VI (1894), S. 672–697; VII (1895), S. 145–163 u. 729–754; VIII (1869), S. 289320.

Bernard von Clairvaux (1937): Das Hohelied. 86 Ansprachen über die beiden ersten Kapitel des Hoheliedes Salomons, 2 Bde. Hg. von E. Friedrich, übersetzt von A. Wolters. G. Fischer, Wittlich.

Breuer, Raphael (1912): Die fünf Megilloth übersetzt und erläutert. Erster Teil: Hoheslied. A. I. Hofmann, Frankfurt am Main.

Bühlmann, Walter (1997): Das Hohelied. Neuer Stuttgarter Kommentar Altes Testament (NSK – AT), Bd. 15. Katholisches Bibelwerk, Stuttgart.

Esra von Gerona, s. Vajda, Georges.

Jefet ben Al (2010): Old Jewish Commentaries on the Song of Songs I: The Commentary of Yefet ben Eli. Edited and translated from Judeo-Arabic by Joseph Alobaidi. Peter Lang, Bern.

Levi ben Gerson (Gersonides) (1998): Commentary on Song of Songs. Translated from the Hebrew with an introduction and annotations by Menachem Kellner. Yale University Press, New Haven, CT / London.

Mechthild von Magdeburg (1995): Das fließende Licht der Gottheit, 2., neubearbeitete Übersetzung mit Einführung und Kommentar von Margot Schmidt (Mystik in Geschichte und Gegenwart, Abt. I, Bd. 11). Frommann-Holzboog, Stuttgart-Bad Cannstatt.

Mechthild von Magdeburg (2008): »Das fließende Licht der Gottheit«. Eine Auswahl. Mittelhochdeutsch/Neuhochdeutsch, hg. von Gisela Vollmann-Profe. Reclam, Stuttgart.

Midrasch Schir Ha-Schirim (nach dem ersten Anknüpfungsvers Spr 22,29 auch Midrasch Chasita genannt) (1993). Üb. v. August Wünsche. Bibliotheca Rabbinica. Eine Sammlung alter Midraschim Bd. II (1880). Nachdruck. Olms, Hildesheim (Abk.: HldR).

Mikraot Gedolot Pe'er WeHadar (Biblia Rabbinica zu den Propheten und Hagiographen) (1951). Fünf Megillot mit den Kommentaren von Raschi und dem Superkommentar: Sifte Chachamim v. R. Schabtai ben Josef Bass (1641–1718), Ibn Esra, Soforno, Minchat Schai, GR"A (R. Elija Gaon von Wilna), Mezudat David und Mezudat Zion von R. Jechiel Hillel ben David Aktschuller, Malbim. Hg. von Mekor HaSfarim. Jerusalem.

Moses Maimonides (Rambam) (1972): Führer der Unschlüssigen. Üb. u. Kommentar v. Adolf Weiß (1923). Einl. v. Johann Maier (Philosophische Bibliothek Bd. 184a–c). 3 Teile in 2 Bde. 2. Nachdruck. Meiner, Hamburg.

Moses Ibn Tibbons Kommentar zum Hohelied und sein poetologisch-philosophisches Programm (2004). Synoptische Edition. Übersetzung und Analyse v. Otfried Fraisse. De Gruyter, Berlin / New York.

Schlomo Jizchaki (Raschi) (1892): Hakdamah. Einleitung zum Hohelied-Kommentar. Übersetzung von Wilhelm Bacher. Die jüdische Bibelexegese vom Anfange des zehnten bis zum Ende des fünfzehnten Jahrhunderts. Trier, S. 281–282.

Ringgren, Helmer (1962): Das Hohe Lied. Das Alte Testament Deutsch, Tlbd. 16. Vandenhoeck & Ruprecht, Göttingen, S. 257–297.

Schmuel ben Meir (Raschbam) (2008): Perusch LaSchir HaSchirim. Hg. von Sarah Japhet. Jerusalem.

Teresa von Avila (2011): Gedanken zum Hohenlied. Gedichte und kleinere Schriften. Gesammelte Werke, Bd. 3. 2. Aufl. Herder, Freiburg im Breisgau.

Literatur

Alter, Robert (1985): The Art of Biblical Poetry. Basic Books, New York.

Assmann, Jan / Assmann, Aleida (Hg.) (1987): Kanon und Zensur. Archäologie der literarischen Kommunikation II. Fink, München.

Barth, Karl (1959): Die Kirchliche Dogmatik III/2. 2. Tl.: Die Lehre von der Schöpfung. Evangelischer Verlag, Zollikon-Zürich, S. 354–360.

Bernheim, Pierre-Antoine / Stavrides, Guy (2004): Das Paradies. Verheißungen vom glücklichen Jenseits. Dt. v. W. Grommes. Albatros, Düsseldorf.

Brenner, Athalyav (1999): Das Hohelied. Polyphonie der Liebe. In: Schottroff, Luise / Wacker, Marie-Theres (Hg.): Kompendium Feministische Bibelauslegung. Gütersloher Verlagshaus, Gütersloh, S. 233–245.

Brenner, Athalya / Fontaine, Carole R. (Hg.) (2000): The Song of Songs. A Feminist Companion to the Bible (Second Series). Sheffield Academic Press, Sheffield.

Carlebach, Joseph (o. J.): Das Hohelied. Nachdruck. Paderborn.

Dietrich, Manfred (2001): Das biblische Paradies und der babylonische Tempelgarten. Überlegungen zur Lage des Garten Edens. In: Janowski, B. Ego (Hg.): Das biblische Weltbild und seine altorientalischen Kontexte. Mohr Siebeck, Tübingen, S. 281–323.

Dobschütz, Ernst von (1921): Vom vierfachen Schriftsinn. Die Geschichte einer Theorie. In: Harnack-Ehrung. Beiträge zur Kirchengeschichte ihrem Lehrer Adolf von Harnack zu seinem siebzigsten Geburtstag (7. Mai 1921) dargebracht von einer Reihe seiner Schüler. Hinrichs, Leipzig, S. 1–13.

Ermann, Adolf (1923): Die Literatur der Ägypter. Hinrichs, Leipzig.

Flasch, Kurt (2007): Das Buch der menschlichen Liebe. In: Johann Gottfried Herder: Lieder der Liebe. Die ältesten und schönsten aus dem Morgenlande. Nebst vier und vierzig alten Minneliedern, mit einem Nachwort von Kurt Flasch. Süddeutsche Zeitung, München.

Gilson, Stefan (1936): Die Mystik des Heiligen Bernhard von Clairvaux. Dt. v. P. Böhner. G. Fischer, Wittlich.

Haudebourg, Marie-Thérèse (2004): Vom Glück des Gartens. Gartenparadiese im Mittelalter. Dt. v. Uta Korzeniewski. Thorbecke, Ostfildern.

Hazan, Albert (1936): Le Cantique des Cantiques enfin expliqué. Suivi de la belle et le patre. Librairie Lipschutz, Paris.

Hennebo, Dieter (1987): Gärten des Mittelalters. Artemis, München/Zürich.

Horst, Friedrich (1961): Die Formen des althebräischen Liebesliedes. In: Gottes Recht. Gesammelte Studien zum Recht im Alten Testament. C. Kaiser, München, S. 167–187.

Hultgård, Anders (2000): Das Paradies. Vom Park des Perserkönigs zum Ort der Seeligen. In: Hengel, Martin u. a. (Hg.): La Cité de Dieu. Die Stadt Gottes. 3. Symposium Strasbourg, Tübingen, Uppsala. Mohr Siebeck, Tübingen, S. 5–43.

Idel, Moshe (2009): Kabbala und Eros. Dt. von Elke Morlok. Verlag der Weltreligionen, Frankfurt am Main.

Imbach, Ruedi / Atucha, Inigo (2006): Amours plurielles. Doctrines médiévales du rapport amoureux de Bernard de Clairvaux à Boccace. Binlingue Latin / Italien-Francais. Editions du Seuil, Paris.

Jacobi, Johann Friedrich (1772): Das durch eine leichte und ungekünstelte Erklärung von seinen Vorwürfen gerettete Hohe Lied: Nebst einem Beweise, daß selbiges für die Zeiten Salomons und seiner Nachfolger sehr lehrreich und heilsam und eines heiligen Dichters würdig gewesen. Celle.

Jung, (Johann) Paul (Achilles) (o. J. [1862]): Über des Karäers Jephet arabische Erklärung des Hohenliedes (Diss.). Göttingen.

Keel, Othmar (1984): Deine Blicke sind Tauben. Zur Metaphorik des Hohen Liedes. (Stuttgarter Bibelstudien 114/115). Katholisches Bibelwerk, Stuttgart.

Knauf, Ernst Alex (1998): Audiatur et altera pars. Zur Logik der Pentateuch-Redaktion (Probevorlesung vor der Evangelisch Theologischen Fakultät Bern 1996). In: Bibel und Kirche, 53 (3/1998), S. 118–126.

Kristeva, Julie (1989): Geschichte von der Liebe. Dt. v. D. Hornig / W. M. Bayer. Suhrkamp, Frankfurt am Main.

LaCocque, André / Ricoeur, Paul (1998): Penser la Bible. Seuil, Paris, S. 386–476.

Levenson, Jon Douglas (1976): Theology of the Program of Restoration of Ezekiel 40–48 (Diss. Harvard). Missoulam Montana.

Löw, Immanuel (1967): Der Kuss. In: Monatsschrift für Geschichte und Wissenschaft des Judentums (MGWJ), 65 (1921), S. 253–276; 323–349. Wieder abgedruckt in: Wilhelm, Kurt: Wissenschaft des Judentums im deutschen Sprachbereich. Ein Querschnitt. Bd. II (Schriftenreihe wissenschaftlicher Abhandlungen des Leo Baeck Instituts 16/II). Mohr Siebeck, Tübingen, S. 641–676.

Krochmalnik, Daniel (2006): Im Garten der Schrift. Wie die Juden die Bibel lesen. Sankt Ulrich, Augsburg.

Krochmalnik, Daniel (2010): PaRDeS: Die Lehre vom vierfachen Schriftsinn im Judentum und Christentum. In: Gerber, Uwe / Hoberg, Rudolf (Hg.): Sprache und Religion. WBG, Darmstadt, S. 61–82.

Mafesoli, Michel (1986): Der Schatten des Dionysos. Zu einer Soziologie des Orgiasmus. Dt. v. Martin Weinmann. Syndikat, Frankfurt am Main.

Mayer-Tasch, Peter Cornelius / Mayerhofer, Bernd (Hg.) (1998): Hinter Mauern ein Paradies. Der mittelalterliche Garten. Insel, Frankfurt am Main / Leipzig.

McAuliffe, J. Dammen / Walfish, Barry D. / Goering, Joseph W. (Hg.) (2003): With Reverence for the Word. Oxford University Press, Oxford.

Meyers, Carol (1988): Discovering Eve. Oxford University Press, Oxford.

Michaelis, Johannes David (1758): De sacra poesi Hebraeorum praelectiones academicae Oxonii habitae. Notas et Epimetra Adiecit, Robert Lowth. Pockwiz & Barmeier, Göttingen.

Mopsik, Charles (Hg.) (1986): Lettre sur la sainteté. Le secret de la relation entre l'homme et la femme dans la cabale. Étude préliminaire, traduction et commentaire, suivie de Moshé Idel, métaphores et pratiques sexuelles dans la cabale. Verdier, Lagrasse.

Mopsik, Charles (1993): Les grands textes de la cabale I. Les rites qui font Dieu.

Pratiques religieuses et efficacité théurgique dans la cabale des origines au milieu di XVIIIᵉ siècle. Verdier, Lagrasse.

Müller, H.-P. (1976): Die lyrische Reproduktion des Mythischen im Hohelied. In: ZThK, 73 (1976), S. 23–41.

Müller, Hans-Peter (1991): Die lyrische Reproduktion des Mythischen im Hohelied. In: Ders: Mythos – Kerygma – Wahrheit. Gesammelte Aufsätze zum Alten Testament in seiner Umwelt und zur Biblischen Theologie (Beihefte zur Zeitschrift für alttestamentliche Wissenschaft). De Gruyter, Berlin/New York, S. 152–171.

Müller, Ulrich (1983): Mechthild von Magdeburg und Dantes »Vita Nuova« oder Erotische Religiosität und religiöse Erotik. In: Krohn, Rüdiger (Hg.): Liebe als Literatur. Aufsätze zur erotischen Dichtung in Deutschland. C. H. Beck, München, S. 162–176.

Pury, Albert de (2007): The Ketubim. A Canon within the Biblical Canon. In: Alexander, P. S. / Kaestli, J.-D. (Hg.): The Canon of Scripture in Jewish and Christian Tradition (Publications de l'Institut des Sciences Bibliques 4). Ed. du ZeÁbre, Prahins, S. 41–56.

Renan, Ernest (1879): Le Cantique des cantiques, traduit de l'Hebreu. Calman Lévy, Paris.

Rühle, Inken (2004): Gott spricht die Sprache der Menschen. Franz Rosenzweig als jüdischer Theologie – eine Einführung. Bilam, Tübingen.

Salfeld, Siegmund (1879): Das Hohelied Salomo's bei den jüdischen Erklärern des Mittelalters. Nebst einem Anhange: Erklärungsproben aus Handschriften. Julius Benzian, Berlin.

Scholem, Gershom (1973): Schechina, das passiv-weibliche Moment in der Gottheit. In: Ders.: Von der mystischen Gestalt der Gottheit. Studien zu Grundbegriffen der Kabbala. Suhrkamp, Frankfurt am Main, S. 135–191.

Schreiner, Stefan (Hg.) (1981): Das Lied der Lieder von Schelomo. Liebeslyrik aus dem alten Israel. 2. Aufl. Kiepenheuer, Leipzig/Weimar.

Vajda, Georges (1957): L'Amour de Dieu dans la théologie juive du moyen age. Vrin, Paris.

Vajda, Georges (1969): Le commentaire d'Ezra de Gerone sur le cantique des cantiques. Aubier Montaigne, Paris.

Volkmann, Helga (2000): Unterwegs nach Eden. Von Gärtnern und Gärten in der Literatur. Vandenhoeck & Ruprecht, Göttingen.

Wapnewski, Peter (1979): Waz ist minne. Studien zur Mittelhochdeutschen Lyrik. 2. Aufl. C. H. Beck, München.

Weidner, Daniel (2011): Bibel und Literatur um 1800 (Trajekte. Eine Reihe des Zentrums für Literatur- und Kulturforschung). Fink, München.

Wolfson Elliot R. (2003): Ascetism and Eroticism in Medieval Jewish Philosophical and Mystical Exegesis of the Song of Songs. In: McAuliffe, J. Dammen / Walfish, Barry D. / Goering, Joseph W. (Hg.) (2003): With Reverence for the Word. Oxford University Press, Oxford, S. 92–118.

Wünsche, August (1911): Der Kuss in Talmud und Midrasch, in: Brann, M. / Elbogen J. (Hg.): Festschrift zu Israel Lewy's Siebzigstem Geburtstag. Arno Press, Breslau, S. 66–109.

Anhang

Bildnachweis

90 Abb. 1: Der siebzehnjährige Erich Fromm mit seinen Eltern. Foto und Copyright by Literary Estate of Erich Fromm, c/o Rainer Funk.

91 Abb. 2: Erich Fromm 1920 als Student in Heidelberg. Foto und Copyright by Literary Estate of Erich Fromm, c/o Rainer Funk.

93 Abb. 3: Erich Fromm und Henny Gurland 1948 vor ihrem Haus in Bennington (Vermont, USA). Foto und Copyright by Literary Estate of Erich Fromm, c/o Rainer Funk.

94 Abb. 4: Annis und Erich Fromm im Jahr 1959 auf der Terrasse ihres Hauses in Cuernavaca. Foto und Copyright by Literary Estate of Erich Fromm, c/o Rainer Funk

95 Abb. 5: Annis und Erich Fromm in Locarno, etwa 14 Tage vor Fromms Tod am 18. März 1980. Foto von Thea Goldmann, Copyright by Literary Estate of Erich Fromm, c/o Rainer Funk.

129 Abb. 6: Individuelles Nettovermögen nach Dezilen in Deutschland 2002 und 2007. Aus: Frick, J. / Grabka, M. (2009): Gestiegene Vermögens-ungleichverteilung in Deutschland. Deutsches Institut für Wirtschafts-forschung (DIW), Berlin, Januar 2009, S. 59.

133 Abb. 7: Einkommensverteilung US, 1913–2002. Aus: Piketty, T. / Saez, E. (2003/2013): Income Inequality in the United States, 1913–2002. In: Quarterly Journal of Economics, 118(1), 2003, S. 1–39 (aktualisiert und ergänzt in: Atkinson, A. B. / Piketty, T. (Hg.): Oxford University Press, 2007, http://eml.berkeley.edu/~saez/piketty-saezOUP04US.pdf, S. 50.

135 Abb. 8: Tatsächlicher vs. nachhaltiger Wachstumspfad. © Christian Kreiß.

151 Abb. 9: Der Chiemgauer Kreislauf. © Christian Gelleri, Chiemgauer e.V.

Quellennachweis

62 Marie Luise Kaschnitz, Auferstehung. Aus: Gesammelte Werke in sieben Bänden, Bd. 5. © Iris Schnebel-Kaschnitz.

Kurzbiografien

Guy Bodenmann
Zürich. Prof. Dr., Professor für Klinische Psychologie an der Universität Zürich (CH). Arbeits- und Forschungsschwerpunkte sind Stress und Coping bei Paaren, Scheidungsvorhersage, Prävention von Beziehungsstörungen, Depression und Partnerschaft; Partnerschaftsstörungen und kindliche Störungen. Zahlreiche Veröffentlichungen, zuletzt: *Lehrbuch Klinische Paar- und Familienpsychologie* (2013), *Was Paare stark macht* (zus. m. C. Fux, 2013), *Verhaltenstherapie mit Paaren* (2014).

Karl Heinz Brisch
München. Dr. med. habil., Privatdozent, Facharzt für Kinder- und Jugendpsychiatrie und Psychotherapie, Psychiatrie und Psychotherapie, Psychosomatische Medizin, Nervenheilkunde. Psychoanalytiker für Kinder, Jugendliche, Erwachsene und Gruppen, spezielle Ausbildung in Traumapsychotherapie, Leiter der Abteilung für Pädiatrische Psychosomatik und Psychotherapie an der Kinderklinik und Poliklinik im Dr. von Haunerschen Kinderspital der Ludwig-Maximilians-Universität München, Dozent, Lehranalytiker und Supervisor am Psychoanalytischen Institut Stuttgart, viele Jahre im Vorstand der Gesellschaft für Seelische Gesundheit in der Frühen Kindheit (GAIMH). Forschungsschwerpunkte: frühkindliche Entwicklung, Entstehung von Bindungsprozessen und ihren Störungen. Zahlreiche Veröffentlichungen, darunter *Bindungsstörungen* (1999; in viele Sprachen übersetzt). www.khbrisch.de

Brigitte Dorst
Münster. Prof. Dr. phil., Diplom-Psychologin, approbierte Psychotherapeutin und Jung'sche Psychoanalytikerin, Professorin für Psychologie, Trainerin für Gruppendynamik, Supervisorin, Wissenschaftliche Leiterin der Internationalen Gesellschaft für Tiefenpsychologie e.V., Leiterin des Sophia-Zentrums für Meditation und spirituelle Psychologie in Münster. Arbeitsschwerpunkte: Symbolpsychologie, Analytische Psychologie und Gruppentherapie, weibliche Identität und Individuation, Transpersonale Psychologie und Spiritualität. Zahlreiche Veröffentlichungen, zuletzt: *Therapeutisches Arbeiten mit Symbolen* (2007), *Lebenskrisen. Die Seele stärken durch Bilder, Geschichten und Symbole* (2010), *C. G. Jung: Schriften zu Spiritualität und Transzendenz* (2013, Hg.).

Rainer Funk
Tübingen. Dr. theol., Psychoanalytiker in eigener Praxis, Erich Fromms letzter Assistent und Verwalter seiner Rechte, Vorstandsmitglied der Internationalen Erich-Fromm-Gesellschaft. Herausgeber (u. a. die *Gesamtausgabe* von Fromm in 12 Bänden) und Autor zahlreichen Publikationen über Fromm und zur Psychoanalyse des gegenwärtigen Menschen, u. a.: *Ich und Wir* (2005), *Der entgrenzte Mensch* (2011). fromm-estate@fromm-online.com

Verena Kast
St. Gallen. Prof. Dr. phil., Professorin für Psychologie und Psychotherapeutin in eigener Praxis, Dozentin und Lehranalytikerin am C. G. Jung-Institut Zürich, Ehrenpräsidentin der Internationalen Gesellschaft für Tiefenpsychologie e. V., Mitglied der Wissenschaftlichen Leitung der Lindauer Psychotherapiewochen. Arbeitsschwerpunkte: Psychologie der Emotionen, Grundlagen der Psychotherapie. Veröffentlichungen u. a. zu Kreativität, Trauern, Freude, Neid, Angst, Partnerschaft, Krisen, Symbolik, zuletzt: *Was wirklich zählt, ist das gelebte Leben* (2010), *C. G. Jung: Ausgewählte Schriften* (2011, Hg. zus. mit I. Riedel), *Interesse und Langeweile als Quellen schöpferischer Energie* (2011), *Imagination* (2012), *Die Blume des Glücks* (2012), *Seele braucht Zeit* (2013). kast@swissonline.ch

Christian Kreiß
Aalen. Prof. Dr., studierte Volkswirtschaftslehre und promovierte in München über die Große Depression 1929 bis 1932. Nach neun Jahren Berufstätigkeit als Bankier in verschiedenen Geschäftsbanken, davon sieben Jahre als Investmentbanker, unterrichtet er seit 2002 als Professor an der Hochschule Aalen Finanzierung und Wirtschaftspolitik. 2004 und 2006 hielt er an der University of Maine, USA, Master of Business Administration (MBA)-Vorlesungen über investment banking. Zahlreiche Veröffentlichungen, Vorträge, Rundfunk- und Fernsehinterviews zur aktuellen Finanzkrise, geplantem Verschleiß und Wegen in eine menschengerechte Wirtschaft. www.menschengerechtewirtschaft.de

Daniel Krochmalnik
Heidelberg. Prof. Dr. Dr. h. c., Professor für Jüdische Religionslehre, -pädagogik und -didaktik an der Hochschule für Jüdische Studien in Heidelberg. Privatdozent für Jüdische Philosophie an der Ruprecht-Karls-Universität Heidelberg. Schwerpunkte der Forschung: Jüdische Schriftauslegung, Jüdische Aufklärung und Jüdische Religionspädagogik. Zahlreiche Veröffentlichungen, u. a.: *Neuer Stuttgarter Kommentar – Altes Testament, Bde. 33/1; 33/3; 22/5* (2000–2003), *Was ist ein guter Religionslehrer? Antworten von Juden, Christen und Muslimen* (2009), *Im Garten der Schrift* (2006), *Gott nennen und erkennen. Theologische und philosophische Einsichten* (2011).

Kathrin Latsch
Hamburg. Diplom-Psychologin, Journalistin und seit 1990 freie Autorin für Reportagen, Fernsehberichte und Dokumentationen unter anderem für ARTE und das NDR-Fernsehen, Moderatorin vor allem in den Themenbereichen Wissenschaft, Bildung, Umwelt und nachhaltige Finanzwirtschaft. Seit der Finanzkrise 2008 Zusammenarbeit mit einem Netzwerk von Experten (MonNetA Money Network Alliance, www.monneta.org), die über alternative Geldsysteme und Gemeinschaftswährungen informieren und an Lösungen der Finanzkrise arbeiten, die allen Menschen dienen und nicht primär den Vermögenden.

Christiane Neuen
Münster/Ostfildern. Dr. phil., Lektorin für Psychologie und Lebenshilfe, im Vorstand der C. G. Jung-Gesellschaft Köln e. V., seit 2004 (Mit-)Herausgeberin der Tagungsbände der Internationalen Gesellschaft für Tiefenpsychologie e. V.

Wolfgang Teichert
Hamburg. Theologe und Publizist, Wissenschaftlicher Leiter der Internationalen Gesellschaft für Tiefenpsychologie e. V. Seit 2004 leitet er die Christliche Akademie in Hamburg. Vorher war er 20 Jahre lang Leiter der Evangelischen Akademie Nordelbien. Zehn Jahre lang arbeitete er als Publizist beim Deutschen Allgemeinen Sonntagsblatt. Er ist Lehrbibliodramatiker (GfB). Seit über dreißig Jahren ist er Mitglied der IGT.

Bärbel Wardetzki
München. Dr. phil., Pädagogin M. A., Diplom-Psychologin, approbierte klinische Psychotherapeutin, Gestalt-, Familien- und Verhaltenstherapeutin, Praxis für Psychotherapie, Supervision und Coaching. Vortrags- und Seminartätigkeit im In- und Ausland für Kollegen und interessierte Laien. Arbeitsschwerpunkte: Essstörungen und Sucht, Selbstwert- und Beziehungsprobleme von Frauen, Kränkungen und deren Überwindung. Autorin zahlreicher Artikel und Bücher zu den Themen Essstörungen, Narzissmus und Kränkungen, u. a.: *Weiblicher Narzissmus* (1991), *Ohrfeige für die Seele* (2000), *Eitle Liebe – Wie narzisstische Beziehungen scheitern oder gelingen können* (2010). info@baerbel-wardetzki.de

Sylvia Wetzel
Ludwigsfelde. Publizistin und buddhistische Meditationslehrerin, Studium der Slawistik und Politik, Ausbildung in der tibetischen Tradition seit 1977 und zwei Jahre Praxis als Nonne. Mit ihrem kritischen Blick auf Kultur und Geschlechterrollen in Ost und West ist sie eine Pionierin des Buddhismus in Europa. Für Menschen in sozialen, helfenden und heilenden Berufen hat sie spezielle Entspannungsübungen und kognitive Modelle entwickelt. Seit 2000 gemeinsame Fortbildungen für Psychotherapeutinnen mit Prof. Luise Reddemann. Autorin mehrerer Bücher, zuletzt: *Achtsamkeit und Mitgefühl. Mut zur Muße statt Hektik und Burnout* (2014). Zusammen mit Luise Reddemann: *Der Weg entsteht unter deinen Füßen* (2011), *Kontexte von Achtsamkeit* (2011). www.sylvia-wetzel.de

Das Hohelied – die Sprache der Liebe

Ingrid Riedel
Stark wie der Tod ist die Liebe
Das Hohelied
Mit Bildern von Renate Gier

Format 22 x 25 cm
152 Seiten
durchgehend vierfarbig
mit 13 Abbildungen
Hardcover
ISBN 978-3-8436-0436-9

Das Hohelied der Bibel, eine einmalige Sammlung von Liebesliedern aus dem Alten Israel, beschreibt in wundervollen Bildern die Sehnsucht zweier Liebenden. In den leidenschaftlichen Gesprächen zwischen Sulamith und Salomo schwingen alle Farben und Düfte des Orients mit. Wer jenseits von Kitsch und Jargon Sprache und Bilder für die große Liebe sucht, findet im Hohenlied eine Fundgrube voll Überraschungen.
Die Interpretationen der bekannten Jungianerin und Theologin Ingrid Riedel und die eindrücklichen Bilder von Renate Gier erschließen die berühmten Bibelverse auf ganz neue Weise. Dieses schön gestaltete Buch ist eine Quelle der Inspiration für alle, die sich von der Kraft der Liebe berühren lassen möchten.

 **PATMOS**   www.patmos.de

Tiefenpsychologie und Spiritualität

C.G. JUNG

SCHRIFTEN ZU
SPIRITUALITÄT UND
TRANSZENDENZ

Ausgewählt und herausgegeben
von Brigitte Dorst

EDITION C.G. JUNG

Brigitte Dorst (Hg.)
**C. G. Jung: Schriften zu Spiritualität
und Transzendenz**

Format 14 x 22 cm
264 Seiten
Hardcover mit Schutzumschlag
ISBN 978-3-8436-0222-8

Im Welt- und Menschenbild der Analytischen Psychologie C. G. Jungs ist Spiritualität von ganz besonderer Bedeutung. So schreibt Jung in einem Brief: »Die entscheidende Frage für den Menschen ist: Bist du auf Unendliches bezogen? Das ist das Kriterium seines Lebens.« Auch der therapeutische Prozess ist nach seiner Auffassung eng mit Spiritualität verbunden: »Das Problem der Heilung ist ein religiöses Problem.«

Die Jung'sche Analytikerin Brigitte Dorst versammelt in diesem Auswahlband die wichtigsten Schriften C. G. Jungs zum Thema Spiritualität und Transzendenz und erläutert in einer Einleitung die Bedeutung spiritueller Dimensionen in Jungs Leben und Werk.

PATMOS   www.patmos.de